U0083036

基督教文化研究丛书

主编 何光沪 高师宁

八编 第 6 册

冠西东来
——咸同之际丁韪良在华活动研究

郑媛元 著

花木兰文化事业有限公司

国家图书馆出版品预行编目资料

冠西东来——咸同之际丁韪良在华活动研究／郑媛元 著－－
初版－－新北市：花木兰文化事业有限公司，2022〔民111〕
目 2+250 面；19×26 公分
（基督教文化研究丛书 八编 第 6 册）
ISBN 978-986-518-695-1（精装）
1.CST：基督教 2.CST：传教史

240.8   110022051

基督教文化研究丛书
八编　第六册　　　　　ISBN：978-986-518-695-1

冠西东来
——咸同之际丁韪良在华活动研究

作　　者 郑媛元
主　　编 何光沪 高师宁
执行主编 张　欣
企　　划 北京师范大学基督教文艺研究中心
总 编 辑 杜洁祥
副总编辑 杨嘉乐
编辑主任 许郁翎
编　　辑 张雅淋、潘玟静、刘子瑄　美术编辑 陈逸婷
出　　版 花木兰文化事业有限公司
发 行 人 高小娟
联络地址 台湾 235 新北市中和区中安街七二号十三楼
　　　　　电话：02-2923-1455／传真：02-2923-1452
网　　址 http://www.huamulan.tw 信箱 service@huamulans.com
印　　刷 普罗文化出版广告事业
初　　版 2022 年 3 月
定　　价 八编 16 册（精装） 台币 45,000 元

版权所有 请勿翻印

冠西东来
——咸同之际丁韪良在华活动研究

郑媛元 著

作者简介

郑嫒元，毕业于北京大学，先后获得文学学士、教育学硕士和哲学博士学位。2005 年蒙恩受浸，十余载于北美中华福音神学院（China Evangelical Seminary North America）、加拿大克里威廉神学院（Carey Theological College）接受基督教神学教育，获 MACM（Master of Arts in Christian Ministry）硕士学位。2016 年加拿大维真神学院（Regent College）访问学者。致力于中国基督教历史及宣教士的研究。2019 年赴以色列宣教。加拿大西三一大学神学研究院（ACTS of Trinity Western University）中文部客座教授。

提　　要

1840 年鸦片战争是中西文明在近代中国的首次正面撞击，"天下国家"之中国的门户及其自足发展的模式被打破，晚清中国遭遇"千年未有之变局"，晚清特别是同治时期的清政府，开始重新认识中国以外的西方世界。

《天津条约》签订后，凭借一系列条约条款的约定和保护，基督新教的宣教活动在晚清中国全面展开，宣教士们将西方的文明及先进的科学技术，和基督的福音一道带进中国。美国长老会宣教士丁韪良于 1850 年来华时，恰逢中国历史重大转折时期，并从此置身中西文化的冲突与交融中逾六十载。

本论文以咸同之际丁韪良在华活动为主线，以其在 1858-1869 年间所参与的三个主要历史事件——签订《天津条约》、翻译《万国公法》、任同文馆总教习——展开研究，以点带面，以人见事，以事见史，以史而知人之所是。尝试将研究延展至基督新教入华宣教史以及近代中国现代化进程的历史范畴，特别是同治中兴时期，它不但是本研究的背景，也是丁韪良活动的价值和合理性的根源，从其中观察丁韪良思想和活动之贡献的历史地位。

本论文尝试跨越"以西方为中心"或"以中国为中心"的对立，以全球化世界的角度，在中西互动和交流之间，去看丁韪良在历史中的角色、基督教在中国的传播、以及对中国的现代化进程的影响和作用。从"同时"的角度，对互相关联、或与发生的事件相关联的其他人物和关系进行整理研究。尝试采用"中国现代化进程因素模式"来解释这一段时期丁韪良的在华活动给基督教在华宣教史、以及晚清中国的现代化进程带来的影响；以"文化交流模式"阐释《万国公法》的翻译以及同文馆的创办及其意义；以"开化计划模式"解释这一时期新教宣教士在中国兴办教育、医院、慈善、文化出版等事业的动机和贡献。

作为最著名的来华宣教士之一的丁韪良，为中国带来了两样最宝贵的东西：一是《万国公法》，让中国开始认识世界；二是现代西方教育模式，他在三十年同文馆生涯中于教育、翻译、出版等方面的努力，帮助中国人和平地打开了沟通世界的一扇窗。

关键词：丁韪良，新教宣教士，天津条约，万国公法，京师同文馆

"基督教文化研究丛书"总序

何光沪 高师宁

　　基督教产生两千年来，对西方文化以至世界文化产生了广泛深远的影响
——包括政治、社会、家庭在内的人生所有方面，包括文学、史学、哲学在内
的所有人文学科，包括人类学、社会学、经济学在内的所有社会科学，包括音
乐、美术、建筑在内的所有艺术门类……最宽广意义上的"文化"的一切领
域，概莫能外。

　　一般公认，从基督教成为国教或从加洛林文艺复兴开始，直到启蒙运动或
工业革命为止，欧洲的文化是彻头彻尾、彻里彻外地基督教化的，所以它被称
为"基督教文化"，正如中东、南亚和东亚的文化被分别称为"伊斯兰文
化"、"印度教文化"和"儒教文化"一样——当然，这些说法细究之下也有
问题，例如这些文化的兴衰期限、外来因素和内部多元性等等，或许需要重估。
但是，现代学者更应注意到的是，欧洲之外所有人类的生活方式，即文化，都
与基督教的传入和影响，发生了或多或少、或深或浅、或直接或间接，或片面
或全面的关系或联系，甚至因它而或急或缓、或大或小、或表面或深刻地发生
了转变或转型。

　　考虑到这些，现代学术的所谓"基督教文化"研究，就不会限于对"基督
教化的"或"基督教性质的"文化的研究，而还要研究全世界各时期各种文
化或文化形式与基督教的关系了。这当然是一个多姿多彩的、引人入胜的、万
花筒似的研究领域。而且，它也必然需要多种多样的角度和多学科的方法。

　　在中国，远自唐初景教传入，便有了文辞古奥的"大秦景教流行中国碑颂
并序"，以及值得研究的"敦煌景教文献"；元朝的"也里可温"问题，催生
了民国初期陈垣等人的史学杰作；明末清初的耶稣会士与儒生的交往对话，带

来了中西文化交流的丰硕成果；十九世纪初开始的新教传教和文化活动，更造成了中国社会、政治、文化、教育诸方面、全方位、至今不息的千古巨变……所有这些，为中国（和外国）学者进行上述意义的"基督教文化研究"提供了极其丰富、取之不竭的主题和材料。而这种研究，又必定会对中国在各方面的发展，提供重大的参考价值。

就中国大陆而言，这种研究自 1949 年基本中断，至 1980 年代开始复苏。也许因为积压愈久，爆发愈烈，封闭越久，兴致越高，所以到 1990 年代，以其学者在学术界所占比重之小，资源之匮乏、条件之艰难而言，这一研究的成长之快、成果之多、影响之大、领域之广，堪称奇迹。

然而，作为所谓条件艰难之一例，但却是关键的一例，即发表和出版不易的结果，大量的研究成果，经作者辛苦劳作完成之后，却被束之高阁，与读者不得相见。这是令作者抱恨终天、令读者扼腕叹息的事情，当然也是汉语学界以及中国和华语世界的巨大损失！再举一个意义不小的例子来说，由于出版限制而成果难见天日，一些博士研究生由于在答辩前无法满足学校要求出版的规定而毕业受阻，一些年轻教师由于同样原因而晋升无路，最后的结果是有关学术界因为这些新生力量的改行转业，后继乏人而蒙受损失！

因此，借着花木兰出版社甘为学术奉献的牺牲精神，我们现在推出这套采用多学科方法研究此一主题的"基督教文化研究丛书"，不但是要尽力把这个世界最大宗教对人类文化的巨大影响以及二者关联的方方面面呈现给读者，把中国学者在这些方面研究成果的参考价值贡献给读者，更是要尽力把世纪之交几十年中淹没无闻的学者著作，尤其是年轻世代的学者著作对汉语学术此一领域的贡献展现出来，让世人从这些被发掘出来的矿石之中，得以欣赏它们放射的多彩光辉！

2015 年 2 月 25 日
于香港道风山

导　论

从中国史学的研究角度，十九世纪鸦片战争直至民国的中国近代历史，充满着动荡和变数，尽管历史学家和各界学者论断纷杂，战争、西方"入侵"始终是不变的主旋律，"屈辱"与"挨打"、"侵略"与"反侵略"占据着主导模式。

从基督教在中国传播历史的研究角度，这一时期是继明末清初天主教之后的又一个发展高峰期。以西方的新教宣教士（Protestant Missionaries）为主体的传教活动，无疑成为众多学科研究的重点。宣教士们怀抱着传播基督福音拯救灵魂的神圣目的来到中国，主动学习和了解中国的语言和文化。在与中国社会的互动中，一部分宣教士开始立志改变中国的教育，拯救中国的文化，希望进而改变中国人对基督福音的无知。在近代中国的教育、医疗、慈善、文化出版、科技制造等各个领域里，宣教士们成为这段历史的参与者和见证者，某种程度上也成为中国近代历史的"引领者，阐释者和记录者"（Leader, Interpreter, and Recorder）。[1]

若以 1842 年作为中国近代历史的开端，到 1912 年 2 月 12 日清帝退位，在晚清的最后七十年中，有一位西方宣教士经历了其中的六十余载。丁韪良（William Alexander Parsons Martin D.D, L.L.D, 1827.4.10-1916.12.17），美国北长老会（Presbyterian Church in the United States of America）宣教士，1850 年来到中国，1916 年在北京去世，除去几次短暂的返美，[2] 其他时间都是在中国

1　王静：《"觉醒的中国"：传教士眼中的辛亥革命》，华中师范大学博士论文，2012 年。

2　丁韪良离开中国的时间分别是：1860 年 1 月 31 日-1862 年 8 月；1868 年 7 月 17 日-1869 年 9 月 20 日；1894 年 5 月-1897 年 1 月；1902 年 3 月 15 日-9 月。1905 年 7 月 9 日-1906 年初。总的时间大致两年。

度过。若论在中国生活时间最长的外国宣教士，可能无出丁韪良其右的，[3]他"享有北京最老的外国人之盛名"。[4]正如亚瑟·布朗（Arthur J. Brown）所言，无论是在年龄上还是在中国持续的服务时间上，他都是在中国的外国宣教士中最资深的。[5]论到对中国社会的政治、文化、生活变革的影响和贡献，在中国近代的教育史、法学史、外交史、中西文化交流史等诸多学科的史学研究中，关于丁韪良及其著作的研究也是范围相当广泛。

一、研究选题的内容、意义

1. 丁韪良其人

丁韪良（W.A.P. Martin），又名"惪三"，"冠西"，[6]美国北长老会宣教士，许多学者将其比作"十九世纪的利玛窦"。在其寓居中国的六十六年中，丁韪良最大的愿望并为之不懈努力的，就是希望使基督教文化、西方工业文明

---

3 丁韪良在中国的时间超过 60 年，这可能是在所有来华传教士中时间最长的。据笔者不完全统计，同时期以下传教士在中国的时间分别为：艾约瑟（Joseph Edkins, 1823-1905）57 年（1848-1905）、杨格非（Griffith John, 1831-1912）57 年（1855-1912）、包尔滕（Johnshaw Burdon, 1826-1907）54 年（1853-1907）、戴德生（James Hudson Taylor, 1832-1905）52 年（1854-1905）、李提摩太（Timothy Richard, 1845-1919）46 年（1870-1916），狄考文（Calvin Wilson Mateer, 1836-1908）45 年（1863-1908）、卫三畏（Samuel Wells Williams, 1812-1884）43 年（1833-1876）。谭树林认为卫三畏是美国新教传教士在华时日最长的人，似不准确。见其著作《传教士与中西文化交流》，北京：三联书店，2013 年，第 141 页。另笔者在美国长老会历史学会的"丁韪良"档案中看到"三元老"的图片，背后注明戴德生来华日期是 1854 年 3 月 1 日，杨格非来华日期是 1855 年 9 月 24 日。

4 王文兵：《丁韪良与中国》。北京：外语教学与研究出版社，2008 年，473 页。

5 Rev. Arthur J. Brown, D.D., LL.D., *Rev. W. A. P. Martin, D. D., of China*. The Missionary review of the world, v.40, 1917, p.195.

6 丁韪良口授、赵受恒笔述：《花甲忆记》，上海广学会，1910 年（宣统二年），弁言。赵受恒称之为"冠翁……讳韪良，号惪三"，"冠西"是清朝总理衙门大臣恭亲王奕訢所送，意为赞誉其中国学问冠于泰西，丁韪良所著的《格物入门》，即注"丁冠西著"。王文兵对丁韪良的名字颇有研究和整理，参见王文兵：《丁韪良与中国》。北京：外语教学与研究出版社，2008 年，2-3 页，注释 2。
赵受恒，字仲山，山东牟平人，从学于丁韪良，与晚年丁韪良关系亲密。曾笔述丁韪良之《花甲忆记》、《天道覈较》（1908）、《天道覈较直解》（1911）和《圣经略选》（1914），将丁韪良的《喻道传》译成官话《喻道新编》（1911），为华北书会重刊的 1907 年版《天道溯原》作中、英文序言（1912 年）。参考王文兵："此《花甲忆记》非彼《花甲忆记》：丁韪良 A Cycle of Cathay 中译本勘误补正"。《近代史研究》，2008 年第四期，151 页。

与中国的帝制相融合，期待这个世界上最古老、人口最多和最保守的帝国得以彻底振兴。[7]为了这个使命，他将自己一生中四分之三的时间奉献给了基督教在华传播事业，以及近代中国的教育、文化的发展和推进。因着丁韪良在中国的贡献和影响力，1914 年 4 月他 87 岁生日的时候，获时任民国总统袁世凯赠"学海耆英"；[8]1916 年 12 月在北京辞世时，被时任中华民国总统黎元洪称赞为"泰山北斗"。[9]当时的《民国日报》评价他为东西之媒介，若没有他的努力，"西方思想之灌输入华，必更为延缓，致有不利于东西两方者也"。[10]

丁韪良 1827 年 4 月 10 日出生于美国印第安纳州（Lavonia, Indiana）的一个牧师家庭，毕业于印第安纳大学（The University of Indiana, class of 1846）和新奥尔巴尼神学院（Presbyterian Theological Seminary at New Albany），[11]1849 年 1 月 29 日正式成为美国北长老会海外传教使团的宣教士，随即被派往中国宁波传教站（当时开放的五个通商口岸之一）。1849 年 11 月 23 日，这个 22 岁的美国宣教士，携新婚妻子[12]从波士顿出发，经过 134 天的海上漂泊之后，于 1850 年 4 月 10 日到达中国。在宁波专心宣教十年，1863 年迁居至北京，四十余年从事新式教育，晚年（1906 年）重回美国北长老会，以荣誉宣教士的身份"实望兴基督圣教"，直到 1916 年 12 月 17 日病逝于北京，享年 89 岁。作为一代先驱的宣教士，他在中国的生活和工作，留给后人的是范围相当广泛的思考和争论，而这种争论常常超出了单纯的教会范畴或学术范畴。

---

7 丁韪良著，沈弘译：《中国觉醒：国家地理、历史与炮火硝烟中的变革》。北京：世界图书出版公司北京公司，2010 年。序，10 页。

8 "The Life and Work of the Late Dr. W.A.P. Martin", The Chinese Recorder, Vol. XLVIII, Feb. 1917, p. 123. 袁世凯的长子袁克定曾师从丁韪良学习经济学、国际法以及《圣经》。参见 Brown, Rev. W. A. P. Martin, D. D., of China. 亦见于王文兵：《丁韪良与中国》，470 页。

9 丁韪良著，沈弘译：《中国觉醒》，出版后记，235 页。

10 上海：《民国日报》，《丁韪良博士小传》（1917 年 12 月 23 日）；《美国丁韪良先生逝世》（1917 年 12 月 30 日）。援引自王文兵：《丁韪良与中国》，4 页。

11 这所学校后来搬迁至芝加哥，并入 Hanover College，改名为 McCormick Seminary。

12 笔者在美国费城的长老会历史学会档案（RG360）中找到丁韪良的信息卡，上面清楚记载，丁韪良于 1849 年 11 月 23 日与 Julia Vansant 结婚，而他们出发来中国的日期也是 1849 年 11 月 23 日。

丁韪良是一个"背景比较复杂的历史人物"，[13]在中国他是拥有诸多身份的"多面人"（many-sided man）：美国人，宣教士，牧师，美国政府的翻译，清政府官办学校校长，教育家，西学传播者，法律学者，作家，翻译家，中国通……，足见其涉猎领域的广泛性。他是第一个把宁波方言拼音化的外国人，第一个把国际法和政治经济学引入中国的外国人，第一个成为中国清政府官办学校总教习的外国人（京师同文馆和京师大学堂），他也有可能是第一个把电报介绍到中国的外国人。[14]在丁韪良去世后，其母校美国印第安纳大学发表的一篇纪念文章中称："这所大学曾经培养了许多的政治家、神职人员、律师、教师、作家、学者和士兵，去服务于他们的时代，并为母校增添光彩。但是当我们回顾丁韪良博士（Dr. Martin）的一生时，可以看见没有任何人可以融合以上所有的品质去服务他们的同胞……他在同文馆的教学包括地理、算术、自然哲学、希腊和罗马的历史、基督教（Evidences of Christianity）等。"[15]这是对丁韪良生平和事业的高度总结和褒奖。

在众多身份中，丁韪良首先是、也始终是一位宣教士。他以宣教士的身份来到中国，一生以传播上帝的福音为使命，在宁波的十年中他专心传道，在北京四十年的教育生涯中，他也从未放弃最初的宣教士的使命。到了晚年，他仍旧是满怀希望的展望未来，希望中国将成为基督教国家中的一员。[16]他所属差会美国长老会对他的评价是，在丁韪良的一生中，无论他从事哪一个领域的工作，以怎样的身份，即便是在为中国的清政府工作，"他从不允许他对基督的忠诚被掩盖，他以声音、笔墨和日常生活，活出'基督是一切'（Christ was all and in all）"。[17]即便他曾经离开宣教士的职位四十余年去从事西学教育，但仍旧被盛赞为"有史以来至少在中国的美国宣教士群体中，丁韪良是拥有最宽基座和最高塔顶的金字塔"，因着他的工作和不懈努力，"也许在未来某个遥远的日子里，中国人将开始明白，一个西方学者将其漫长而

---

13 丁韪良著，沈弘译：《中国觉醒》，译者序，1 页。

14 [美]丁韪良著，沈弘、恽文捷、郝田虎译：《花甲忆记：一位美国传教士眼中的晚清帝国》。桂林：广西师范大学出版社，2004 年，202 页。Martin, W.A.P., *A cycle of Cathay, or, China, south and north, with personal reminiscences*, New York, Chicago, Toronto: Fleming H. Revell Company, 1896. p.299-300.

15 Hon. John W. Foster, *An Appreication of Dr. W.A.P. Martin*, Indiana University Alumni Quarterly, Vol. IV. C.E.Pauley & Co., Indianapolis, 1917, pp.129, 132.

16 W.A.P.Martin, *The Awakening of China*. New York: Doubleday, Page and Company, 1907. Preface, viii.

17 Rev. Arthur J. Brown., *Rev. W. A. P. Martin, D. D., of China*. p.202.

富有成果的一生奉献给中国的真正意义，那就是为了服务人类和上帝的荣耀。"[18]他被称作是"在中国的新教宣教士的涅斯托尔[19]（The Nestor of Protestant Missions in China）。

丁韪良也可称得上是最了解中国的外国人之一，他自己也认为甚至比当时的许多中国人还了解中国：

> 我曾经在宁波居住过十年，在上海也住过一年，……我在北京住了四十年，最近又在扬子江畔的武昌住了三年，那里是了解华中的最佳地点……我还走访过六个省份，我对十八个行省[20]中的十个省份都有切身的了解，并收集到了珍贵的第一手资料。[21]

他在晚年的时候撰写回忆录《花甲忆记》：

> "'花甲'者何？自余抵华，至今始周一甲也。'忆记'者，回忆六十年内，华洋外交情形，渐易渐善，中国之进步，较前代尤文明也。"[22]

回忆来华至今花甲一周，"递经四朝，屡见进步。"[23]他在亲身的经历中感受着中国的变迁，因着长期在中国的生活以及对中国文化的了解，对中国充满深厚情感，对于中国改革进程的深度和真实性的见证也是与日俱增。

丁韪良也是一位多产的作家，一生笔耕不辍，著作等身。根据沈弘的总结，他"一生著述浩如烟海，已知其下落的就有八部英文著作、四十二部中文译著，以及 156 篇报刊文章和大量尚未出版的文章、报告、信札、回忆录和自传。"[24]他也翻译了大量的西学著作，内容涉及宗教、法律、科学、文学、

18　Ibid.
19　Ibid. 涅斯托尔 Nestor，希腊神话中皮洛斯国王，以睿智著称。也是荷马两部史诗中的人物，《伊利亚特》中涅斯托尔是一位长寿的智者，经常向武士们讲述自己早期的战绩以激励他们去战斗；《奥德赛》中涅斯托尔教导奥德赛的儿子 Telemachus 在特洛伊战争（the Trojan War）期间要忍受的痛苦和考验。在西方一些语言里 "nestor" 用来指"睿智、阅历丰富的长者"。以上解释参见维基百科 "Nestor（mythology）" 词条。
20　丁韪良列出的十八个行省是：广东，广西，福建，浙江，江苏，山东，直隶，山西，陕西，甘肃，河南，湖北，湖南，安徽，云南，四川，江西，贵州。
21　丁韪良著、沈弘译：《中国觉醒》，4 页。
22　丁韪良口授、赵受恒笔述：《花甲忆记》。上海广学会，1910 年（宣统二年），1 页。
23　丁韪良著、沈弘等译：《花甲忆记》，序。
24　沈弘："丁韪良：如何评价他在北大校史中的地位？——与陈平原教授商榷"。乐黛云、李比雄主编：《跨文化对话》第八期，上海文化出版社，2002 年，8 页。

教育、天文、游记等等，以英文翻译中国神话传说和诗歌五十多首，[25]领域相当广泛。1894 年他的作品《中国的传说及其诗歌》（*Chinese Legends and Other Poems*），是献给在 1893 年去世的妻子，他们在 1849 年结婚当天就登上了开往中国的船，丁韪良在开篇写道："纪念我的爱妻，她的爱使生活成为诗歌，她的存在是永恒的灵感"。[26]1907 年在上海举行的中国百年纪念大会（The China Centennial Conference in Shanghai）上，其所著《天道溯原》（*Evidences of Christianity*）高票当选为"在中国出版的最好的一本书"。[27]丁韪良辞世后，当时北京的一份中文报纸在追忆文章中写道："丁韪良博士去世了，但他仍然活着，以他的言语、著作以及被他触摸过的生命，他永远地活在中国。"[28]

　　作为长期生活在中国的美国人，丁韪良凭借着自己高超的中文水平以及对中国历史和文化的广泛而深入的了解，赢得了美国政府和中国清政府双方面的需要和双重信任，在许多重大的问题上，他所担当的角色不仅仅是翻译，更多的是非官方的但却可信赖的顾问。[29]从早年参加《天津条约》谈判起，即获得各国驻华公使的信赖。到了晚年，1905 年 11 月 16 日他曾受到美国总统罗斯福的接见，交谈的内容是关于美国排斥华工法案问题；[30]丁韪良 80 岁生日那一天（1907 年），美国总统威尔逊以及美国部分教育界人士约 60 余人，赠送锦旗以表彰他在中国所取得的巨大成就。十九世纪末曾在北京出任美国驻华公使的田夏礼（Hon. Charles Denby）称他为"最著名的在华美国人"。[31]首位为丁韪良作传的美国记者 Albert Porter 曾经写到：

25　关于丁韪良英译诗歌的研究，可参见郝田虎的《论丁韪良的英译中文诗歌》（国外文学，2007 年第 1 期，45-71 页），及其所编制的"丁韪良英译中文诗歌目录"；王剑的博士论文《晚清文化背景下的丁韪良翻译活动研究》（北京大学博士论文，2014 年），其中也有"丁韪良英译中国诗歌"列表。

26　W.A.P. Martin, *Chinese Legends and Other Poems*. Shanghai: Kelly & Walsh, The TienTsin Press, 1894. 1912 年第二版书名为 "*Chinese Legends and Lyrics*", Shanghai: Kelly & Walsh limited, 1912. 丁韪良的妻子 Julia Vansant, 1849 年结婚，与丁韪良一同来北京，育有四子。1893 年在北京逝世。

27　*Rev. W. A. P. Martin, D. D., of China*, p.201. 《天道溯原》，苏松上海美华书馆，同治八年（1869）出版。

28　John W. Foster, *An Appreication of Dr. W.A.P. Martin*, p.135.

29　Arthur J. Brown, *Rev. W. A. P. Martin, D. D., of China*. p.198.

30　*The Awakening of China*, p.151. 沈弘译：《中国觉醒》，190 页。

31　John W. Foster, *An Appreication of Dr. W.A.P. Martin*, p.134-135.

如果问这样一个问题：谁是当今中国最非凡的两位外国人？答案可能只有一个，那就是赫德爵士[32]和丁韪良博士（Sir Robert Hart and Dr. Martin）！在许多方面他们二人的生涯是并行的，两个人居住在中国都超过了半个世纪，会讲非常棒的中文，两个人都使自己成为了中国政府所必需的人物，赫德爵士管理晚清海关，丁韪良博士是国际法问题的顾问，两个人也都获得了中国皇帝颁赐的特殊荣誉。而丁韪良博士对中国的影响却更加的广泛而持久。[33]

丁韪良一生获得许多荣誉。凭借其在中国的宣教以及《万国公法》的翻译，1860 年美国拉法耶特学院（Lafayette College）授予他神学博士学位，1870 年纽约大学（New York University）授予他法学博士学位，1899 年普林斯顿大学（Princeton University）也授予他法学博士学位。[34]他曾当选为国际法研究院（l'Institut de Droit International）[35]和 la Société de Legislation Comparée 的会员。在中国，1885 年任京师同文馆总教习期间获光绪皇帝赐三等顶戴，1898 年任京师大学堂总教习时获赐二等顶戴。[36] 1913 年教会汇文大学堂（Peking University）授予丁韪良文学博士学位。[37]

32 罗伯特·赫德（Robert Hart，1835-1911），英国人，1854 年来到中国，担任晚清海关总税务司 1863-1908）。

33 Albert Porter, *An American Mandarin*, August 24, The Outlook, v.86, 1907, pp.884. 可参考王文兵：《丁韪良与中国》，北京：外语教学与研究出版社，2008 年，2 页。

34 "*The Life and Work of the Late Dr. W.A.P. Martin*", The Chinese Recorder, Vol. XLVIII, Feb. 1917, p. 116, footnote.

35 或称为国际法学会，为国际法研究和发展贡献的私人组织，其会员由组织邀请加入，为在国际法方面有学术成就者。1873 年 9 月 8 日在比利时成立。1904 年获诺贝尔和平奖。尚未有资料表明丁韪良加入的时间以及加入的方式。1883 年，丁韪良将其编撰的《陆战法手册》（Les lois de la guerre sur terre）翻译成中文，由同文馆出版。

36 Arthur J. Brown, *Rev. W. A. P. Martin, D. D., of China*. p.201. 关于丁韪良京师大学堂总教习身份，学界多有争议。光绪二十四年（1898）六月上谕记载"至派充西学总教习丁韪良，据孙家鼐面奏请加鼓励，著赏给二品顶戴，以示殊荣。"（清实录卷四二二，第 10 页）。曾任京师大学堂编书局分纂的罗惇曧在其《京师大学堂成立记》中称："美国教士丁韪良为总教习，实权皆在丁韪良，科学课程，管学不能过问。"原载于《庸言》第一卷第十三号，民国二年六月。参见陈学恂：《中国近代教育史教学参考资料》（上册），北京：人民教育出版社，1993 年，第 455 页。相关研究可见沈弘："丁韪良：如何评价他在北大校史中的地位？——与陈平原教授商榷"。陈平原："不被承认的校长——老北大的故事之六"，《读书》，1998 年 4 月刊，114-123 页。

37 王文兵：《丁韪良与中国》，473 页。暂时未找到原文出处《京津泰晤士报》（Peking

沈弘认为，"与其把丁韪良定义为一名带着宣教士身份来'西化'中国人的洋政客，倒不如说他是一位纯粹的汉学家和教育改革家更恰当。"[38]他的确是汉学家、教育改革家，而宣教士则是他唯一一生不变的身份。丁韪良的每一种身份，确实都是学者不断去研究和探讨的话题。正是由于丁韪良身份和贡献的多样性和跨时代性、跨区域性，也为确定研究范围（时间与事件）带来一定的难度。

2. 研究范围（时间与事件）的界定及研究的意义

1850 年（道光三十年），丁韪良以宣教士的身份来到中国时，适逢鸦片战争之后，根据清政府和西方国家签订的一系列条约，各国传教使团被准许在五个通商口岸[39]建立教堂进行宣教活动。丁韪良所属的美国北长老会也在这个时期开始建立宣教站，不断派遣宣教士来到中国。回顾丁韪良在中国的生活（1850-1916 年），他历经清朝五代皇帝（道光、咸丰、同治、光绪、宣统）以及民国，可谓以外国人的身份经历中国近代史诸多重大历史事件（鸦片战争、亚罗战争、中法战争、中日甲午战争、日俄战争以及国内的太平天国运动、戊戌政变、义和团运动、清朝倾覆、中华民国建立等）的第一人，用一生见证着"中国改革运动进程的深度和真实性"。[40]丁韪良曾在宁波宣教十年；1858 年、1859 年（咸丰八年、九年）两次北上协助美国使团参与和清政府的《天津条约》谈判；[41]1863 年（同治二年）来到北京，建立长老会北京宣教

---

and Tientsin Times, June 21, 1913）。汇文大学堂，其前身是同治十年（1871 年）美国美以美会（American Methodist Episcopal Mission）亚斯立教堂附设之蒙学馆，光绪十年（1884 年）在其基础上成立"怀理书院"（Wiley College），1888 年增设大学部，名为"汇文书院"（Peking Academy），意寓"融汇中西文化之精华"。1904 年改名为"汇文大学堂"（Peking University），1918 年，与华北协和大学（the North China Union College）、北京华北女子协和大学（North China Union Women's College）合并为"燕京大学"，迁入今天北京大学校址。参见张美平：《民国外语教学研究》，杭州：浙江大学出版社，2012 年，96-97 页。

38 丁韪良著、沈弘等译：《汉学菁华：中国人的精神世界及其影响力》。北京：世界图书出版公司，2010 年，331 页。

39 五个通商口岸为：广州、厦门、福州、宁波、上海。

40 丁韪良著、沈弘译：《中国觉醒》，序，11 页。

41 据杨靖筠《北京基督教史》记载：丁韪良 1859 年来到北京，协助美国外交官约翰·戴维斯（John Davis）与清政府办理交涉。1864 年第二次随美国公使进驻北京。此与历史略有出入。杨靖筠：《北京基督教史》。北京：宗教文化出版社，2014 年，34 页。

站,并创办"崇实馆"(Truth Hall School);[42]1865 年接受美国公使蒲安臣(Anson Burlingame)和英国公使威妥玛(Thomas Wade)的推荐,在京师同文馆中任教习,教授英文和国际法;1869 年(同治八年)辞去了美北长老会宣教士身份的丁韪良,在京师同文馆执掌总教习二十五年,直至 1894 年(光绪二十年)因身体的缘故辞职;1898 年任京师大学堂总教习;1902 年应张之洞的邀请出任位于武昌的官办大学的校长;[43]晚年丁韪良重新回到长老会成为荣誉宣教士,直到 1916 年病逝于北京,结束了其在中国漫长的宣教生涯。

丁韪良在中国生活的时代背景同样是复杂多变的。丁韪良曾撰文形容:"中国是当今世界正在发生的最伟大运动的舞台……它的目的不是改朝换代,而是具有一个更为崇高的目标和更为深刻的动机,它所承诺要做到的事情是让这个最古老、人口最多和最保守的帝国得以彻底振兴。"[44]可见他对中国这个古老国度的变革和未来充满乐观和希望,也正是因着这个过于乐观的希望,使他将一生奉献在中国,对他来说,最后的结果是要为上帝赢得中国。

在丁韪良生活的如此漫长的历史时期和复杂多样的事件当中,如何确定本研究的时间范围和事件,成为研究者首先要解决的问题。

2.1 研究的时间范围

本论文以丁韪良为研究主体,在其八十九年的人生岁月(1827-1916)、和六十余年(1850-1916)在中国生活的漫长时间跨度中,本研究将时间范围特别界定为 1858-1869 年的十二年间。

在中国古法传统中,六十年为一"甲子",是一个轮回;十二年为一"纪",[45]也是一个轮回。丁韪良自己曾将他在中国的年日称为一"花甲",而 1858-1869 年这一"纪"在其中意义非凡。探寻丁韪良的生活和事业轨迹,自 1850 年来到中国后,在宁波宣教布道的十年是稳定的宣教士生活,期间也有兴办学校从事教育,但尚在美北长老会宣教士的职责范围内。而自 1858 年开始,丁韪

42　崇实馆:1865 年建立,实为长老会的会所,后改名为奉真堂,是后来亚斯立堂(崇文门教堂)的外堂。参见左芙蓉:《基督教与近现代北京社会》。成都:巴蜀书社,2009 年,9 页。

43　Hon. John W. Foster, *An Appreication of Dr. W.A.P. Martin*, p.129, 133. 也可参考 Arthur J. Brown, *Rev. W. A. P. Martin, D. D., of China*, p.200.

44　丁韪良著、沈弘译:《中国觉醒》,译者序,8 页。

45　《国语·晋语四》:"文公在狄十二年,狐偃曰:'蓄力一纪,可以远矣。'"韦昭注:十二年,岁星一周为一纪。"

良的生活进入变化和动荡之中，似乎总是在寻找着下一个方向和定位，直到接受了总理衙门的聘任，他的生活再度稳定，在京师同文馆总教习的位置上辛勤耕耘近三十个春秋。由此可见，1858-1869 年是丁韪良一生重要的转变期，也正是这种转变奠定了他在中国生活的主基调，从而在中国的近代史以及基督教在华宣教史中都留下了浓重而无法忽略的一笔，占据一席重要的位置。

这段时期，在中国的近代历史上同样重要。陈旭麓先生曾指出："人们多注意 1840 年的划时代意义，实际上 1860 年同样是一个重要年份，就社会观念的新陈代谢来说，它比 1840 年具有更加明显的标界意义。"[46]如果十九世纪六十至九十年代被称为"洋务运动"时期的话，本研究的时间段恰逢其萌芽和发端期。中国历史的发展轨迹在这一阶段开始发生了质的变化，从封闭的封建社会开始向半殖民地半封建社会转变，从前世界中心的"天朝大国"，遭遇专制落后、无能挨打、丧权辱国。咸同之际的晚清，面临着政治上和外交上剧烈的变动，中国传统的夷夏观念、"万邦来仪"的地位不断地被打破，清政府被迫调整以适应新的世界局势。[47]从某种意义上又可以说，这个时期是近代中国将走向何处的历史转折节点。

从研究基督新教传入中国的历史来看，从 1807 年英国伦敦会（London Missionary Society）宣教士马礼逊（Robert Morrison）首次来华，新教来华的历史分成几个阶段：1807-1842 年为准备时期，1842-1860 年为奠定根基时期，而 1860 年后为新教在中国宣教事业的发展时期。"在中国，所有传教事业实质上的进展都开始于十九世纪六十年代。五十年来先驱者们已经奠定了一定的基础，但是直到十九世纪六十年代，传教事业才扎下了根，并取得了实质意义上的发展。"[48]1842 年，基督教在中国的信徒仅有 6 人，1854 年为 350 人，1865 年为 2000 人，到 1876 年，达到 13035 人。[49]丁韪良不但是基督新教在中国宣教历史的参与者和见证人，他在奠基阶段和发展时期所起的作用和影响，也是不容忽视的。

---

46 陈旭麓：《近代中国社会的新陈代谢》。上海社会科学院出版社，2006，109 页。

47 段昌国：《恭亲王奕訢与咸同之际的外交与政治纠纷》（1858-1865）。台北：花木兰文化出版社，2010 年，59 页。

48 ［英］苏慧廉（William Edward Soothill）：《李提摩太在中国》。桂林：广西师范大学出版社，2007 年，21 页。

49 *Records of the General Conference of the Protestant Missionaries of China*, Shanghai, May 7-20, 1890, p.735.

从中国基督教历史研究的角度出发，1858 年可以称作是基督教在中国传播新纪元的开始，清政府对基督教的宗教政策开始发生重大转变，允许宣教士自由宣教的范围不断开放，而基督新教自身在中国的宣教形态也自此开始发生巨大的变化，学者的研究范式也开始发生转变。正如鲁汶大学汉学家钟鸣旦教授（Dr. Nicolas Standaert）所记述的，直到二十世纪六十年代初期，西方学者们主要关心的问题还是"宣教士是怎样把当时的基督宗教介绍给中国的"；[50]而到了二十世纪六十至七十年代，随着新的研究框架"接受类框架"的兴起，研究者开始提出新的问题："对基督教和其他西方文化的传入，中国人做出了怎样积极或消极的反应？"而研究的中心，也从作为传播者的宣教士，而转为作为接受者的中国人。[51]始于十九世纪六十年代的基督教宣教史，恰恰可以很好地回应和了解"中国人对于基督教和西方文明的传入，做了哪些积极的和消极的反应"。

从西学东渐下基督教以及西方文化对中国传统文化的影响这一研究角度出发，晚清无疑是中国历史上基督教和西方文化对中国传统文化及教育冲击最强烈的时期，也成为中西文化交流最活跃的时期。马深在考察儒家文化和基督教文化对中英两国民族精神的影响时得出一个结论："纵观鸦片战争至中华人民共和国成立之前的这个历史发展轨迹，不难发现，西方基督教文化与中国本土儒家文化之间的相互较量是这段历史演变的主题"；[52]而"中英鸦片战争的较量，是基督教神学与儒家俗学的比拼；是有信仰的基督教知识集团与无信仰的儒家士大夫群体的博弈；是崇尚自由的基督教平等文化与奉君权至上的儒家等级文化之间的抗衡。战争的结果，儒家文化以失败告终。"[53]由此他进一步断言"知识分子对推动中国社会系统进化无力作为。"[54]研究中发现，1860 年后，西方文化与中国传统的儒家文化的博弈无处不在，冲突日趋激烈，探讨这一时期基督教文化在中国近代史中的作用和影响，无疑也是我们反思中国传统文化并不断寻求进步和发展的动力和期望所在。

50 李天纲：《中文文献与中国基督宗教史研究》。收录在张先清编：《史料与视界——中文文献与中国基督教史研究》。上海：上海人民出版社，2007 年，4 页。

51 [比利时]钟鸣旦：《中国基督宗教史研究的史料与视界》。收录在张先清编：《史料与视界——中文文献与中国基督教史研究》。上海：上海人民出版社，2007 年，33 页。

52 马深：《英格兰精神与基督教文化：透视中华文明》。北京：知识产权出版社，2013 年，148 页。

53 马深：《英格兰精神与基督教文化：透视中华文明》，247 页。

54 马深：《英格兰精神与基督教文化：透视中华文明》，148 页。

以史为鉴，可以知兴替。这一中国清政府的传统统治、中西关系、教育文化、思想观念等都在发生急剧转变的重要时期，对于中国近代历史的变迁，对于同时代的西方宣教士，以及对于丁韪良本人有着怎样的意义，同样值得研究和关注。而这种转变当中，不仅是丁韪良个人的转变，也是中国清政府对外来文化和宣教士态度的转变，更是新教宣教士在中国的宣教理念和方式上的转变。这是笔者以 1858-1869 年为本研究之时间范围的考量，而发生在这段时期内与丁韪良相关的三件大事，是确定本研究时间范围的另一个重要因素。

2.2 研究的历史事件之历史结构

沈弘评论说，丁韪良"为中国带来了两样最宝贵的东西，从而帮助中国人和平地打开了沟通世界的第一扇窗：一是翻译《万国公法》，这是中国首次引进西方国际法；二是带来了现代西方教育。"[55]纵观丁韪良在华六十六年，虽然轨迹纵横交错，但 1858-1869 年间发生的三件大事——参与《中美天津条约》的谈判、翻译并出版了惠顿的《万国公法》、出任第一所官办学府京师同文馆的总教习——注定了他在中国近代史上的重要地位，构成了丁韪良从一名宣教士到教育家嬗变的三部曲，也成为中国近代史进程中政治、外交、教育的三个主旋律，从中更可以看到新教宣教士在中国宣教历史的进程和宣教策略的演变。丁韪良似是无意间被卷入了这一个轮回，但一切又似乎都在定数当中。

丁韪良的著作《汉学菁华》，字里行间所流露的，是他在中国的长期生活中，在与中国的文人士大夫们的交流和交往中，对中国人内在的精神生活的深刻体会和了解，其中有这样一段话："一系列的条约，将中国带入与西方各国之间的更紧密关系中，而通过永久性使馆的建立进行相互交往，引导中国将注意力转向了万国公法。"[56]其中包含了这一阶段中国与外国的关系的转变，也恰如其分地描述了他个人生涯的转变。三个关键词：条约，外交，万国公法，可以清晰见到三件事情之间的关系：条约的签订迫使晚清政府开始睁

---

55 丁韪良著、沈弘等译：《汉学菁华：中国人的精神世界及其影响力》。出版后记，331 页。

56 W.A.P. Martin, *International Law in Ancient China*, XXII of *The Lore of Cathay，or The Intellect of China*. President of Chinese Imperial University, New York, Chicago, Toranto, Fleming H. Revell Company, 1901. pp.427. 可参考本书中译本，丁韪良著、沈弘等译：《汉学菁华》，291 页。

开眼睛看他们之前完全不了解的世界，《万国公法》的翻译帮助中国更好更准确地了解世界，而同文馆的设立和教育正是帮助中国更好地进入世界，与世界相交。这三个事件成为清朝历史中的重要转变契机，构成了咸同年间政治、外交、文化发展的部分主题词。

从基督新教传入中国的历史来看，条约的签订使新教在中国更大范围内的传播成为可能并受到保护，宣教士在其中的努力也起到了至关重要的作用。同时因着中国整体的社会形态和社会需要发生了变化，导致了基督教宣教方式和策略的改变，在传播福音发展信徒的同时，宣教士们成为近代中国教育、文化、社会、医疗等各个领域改革的参与者和主要推动力量。丁韪良的活动，正是近代在华宣教士活动的缩影和写照，是这段时期历史的记录和阐释。

本研究将集中研究在 1858-1869 年间发生在丁韪良生活中的三个重要事件：参与《中美天津条约》的签订（1858 年）、翻译《万国公法》（1863 年）、以及出任京师同文馆总教习（1869 年）。这三个事件之间是紧密连接又是相互影响的，研究将涉及近代中国的条约史、国际法史、教育史、外交史以及基督教宣教史。本研究意在从这三个事件中，探寻丁韪良个人、以及基督新教宣教士群体的在华活动，如何对晚清中国的社会变革和中国现代化进程的发展产生影响。

2.3　研究的意义

从在华宣教整体历史的研究来看，针对利玛窦以及十七世纪来华的天主教宣教士，学者中如邓恩（George Dunne）、史景迁（Jonathan Spence）、孟德卫（David Mungello）、孙尚扬等，对他们在汉学和文化传播方面的成就都作过深入的探讨；然而，对于十九世纪初来华的第一批新教宣教士，学界却一直没有予以应有的关注。[57]美国汉学家、哈佛大学教授费正清（John King Fairbank, 1907-1991）在 1968 年就呼吁："必须研究宣教士在中国活动的历史"。[58]赖德烈（Kenneth Scott Latourette, 1884-1968）更早在 1928 年就曾断言："未来的历史学家将发现，在华传教是过去三个世纪中最重要的运动之一。"[59]

57　[美]雷孜智（Michael C. Lazich）著、尹文娟译：《千禧年的感召：美国第一位来华新教传教士裨治文传》。桂林：广西师范大学出版社，2008 年，引言，1 页。

58　参考顾长声：《传教士与中国近代化》。上海：上海人民出版社，2013 年，383 页。

59　Kenneth Scott Latourette: *A History of Christian missions in China.* New York: The MacMillan Company, 1929. p.5.

近代基督教在华宣教史可以说是近代中国历史的重要组成部分，是值得认真研究和进一步深入探讨的。以世界历史发展进程的视角，"人类文明的进程与宗教的兴起和传播有着极为密切的关系"，担负着对文化发扬其精华，剔除其糟粕的任务。[60]十六世纪利玛窦（Matteo Ricci, 1552-1610）和天主教宣教士作为中西文明交流的媒介，开创了"西学东渐"、"中学西传"之先河，促进和加速了明末清初中国社会的进步和文明进程，其价值和贡献为中外学者所共同承认并受到普遍的尊重。鸦片战争之后在华的新教宣教士们做了同样的甚至更多的工作，他们"极大地扩充了西方人关于中国的认知，并且向中国传播了大量关于西方文明的信息。"[61]其结果却是褒贬不一，究其主要原因在于，宣教士们参与了中国与西方国家之间第一批外交条款的谈判，这正是对他们的评价毁誉参半之处。无论怎样，宣教士带来的西方文明以及现代的政治、教育、外交模式，对晚清中国产生了冲击和挑战，中国传统社会和文化伦理观念发生了自上而下的裂变，这一切为晚清的文明进程提供了契机，为中西外交接触和文化交流拉开了序幕。

在中国近现代历史上发生的重大历史事件和社会变迁中，新教的宣教士都参与其中。赖德烈认为宣教士肩负着书写中国历史的引领者（leader）、阐释者（interpreter）和记录者（recorder）的三重角色，[62]引领者的角色可以见仁见智，而宣教士作为"记录者"的重要性却是不容置疑的，宣教士们在大量的书信、日记、传记、回忆录中，从不同的侧面记录了他们亲身经历的那段历史，成为研究中国近代史的重要资料。因着他们的记录、阐释和宣传，让西方世界可以更加清晰和全面地认识当时的中国。可以说对宣教士的研究，事实上是对我们自己历史的研究和反思。如果我们能做到"不从硬性的政治经济来研究传教士，不用纯粹的学术思想来考虑传教士"，[63]而是愿意去进入他们独特的跨文化历程，承认他们在晚清跨文化交流对话中的作用和贡献，穷本探源，反求诸己，对我们自身的收获和价值将是无可估量的。

从个体来看，丁韪良是在新教最初进入中国的这段时期里最充满争议的宣教士之一。长年研究丁韪良的美国学者柯饶富（Ralph Covell）曾撰文写

---

60 卓新平：《神圣与世俗之间》。哈尔滨：黑龙江人民出版社，2004 年，399 页。

61 雷孜智：《千禧年的感召》。引言，1 页。

62 Kenneth S. Latoutette, *Function of the Missionary in the Writing of Chinese History*, The Chinese Recorder, Vol. XLVII, 1916, p.822-824.

63 段怀清：《传教士与晚清口岸文人》。广州：广东人民出版社，2007 年，3 页。

道："当一个宣教士在基督教见证中进入另一种文化时，什么是他最恰当的角色：是最适合他恩赐的？还是最被对方文化理解的？或是一个能与国家领导人建立良好关系的角色？是宗教的天职？是世俗的职务？这些重要的问题和答案早在二十世纪之前就已经讨论过了，而丁韪良在中国的生活和事奉赋予了它们特殊的意义。"[64]丁韪良的活动和存留下来的著作正是那段历史最好的记录和阐释，至于是否发挥了"引领者"的作用，可在研究中去观察，思考。

综上所述，无论是丁韪良作为个体，还是新教宣教士整体，对他们的研究是必要的，有意义的。本研究拟抛开政治和神学的考虑，尽量单纯地观察在历史中的丁韪良以及宣教士们的活动，考察他们在基督新教进入中国的传播过程中、在中西文化交流和碰撞中、以及在晚清中国的现代化进程中的作用和影响。

国内外对丁韪良的研究不在少数，在阅读文献的过程中感到略显不足的，首先是有些概念或观点存在界定模糊。仅就与本研究相关的几点讨论如下：

（1）"清朝"或"晚清"。首先是年代问题，因为丁韪良经历了五朝皇帝，加上民国，整个中国的社会始终处于动荡和变化当中，政治的背景是不停变化的，所以如果只是单纯地将其放在"清朝"这个大背景下，就会在很多事情的理解上欠缺客观和公正。正如前期自康熙禁教，雍正和乾隆对基督教的态度也是有区别的，到了咸丰和同治，政策和社会环境发生了巨大的变化。如果条分缕析各个皇帝的时代，则内有乾坤。所以本研究将会特别注重年代问题，在时间上会主要以皇帝的年号为主，可清楚知道是在哪个皇帝的统治下发生的事情；附加以公元纪年，可帮助现代读者清晰历史脉络。如咸丰十年（1860）、同治元年（1862）。在本研究的时间范围内，"禁教"和"同治中兴"无疑是主要的时代背景，会首先阐述和厘清概念。

（2）"基督教"或"宣教士"。丁韪良被称为"十九世纪的利玛窦"，大多依他们二人的传教方式以及对中国文化的理解和热爱而言。但新教宣教士和天主教宣教士是不尽相同的群体，影响他们的传教方式和传教理念的因素也不一样。这其中起决定作用的关键因素是十六世纪的宗教改革。忽略了这个因素，会对新教宣教士的很多宣教活动和策略产生误解或不解。而宣教

---

64 Ralph Covell. *The Legacy of W.A.P. Martin*. International Bulletin of Missioanry Research, January 1993, p.28-31.

士自身的身份、其成长环境和受教育背景、以及他们受基督教影响形成的世界观和价值观、所属差会的宗派背景和教义，又都不尽相同，这也会影响到我们对宣教士活动的认知和评价，需要我们在研究的时候改变我们自身的意识形态和思维方式，同时区分个体与群体。

李秋零曾提议要客观评价在历史上为中华民族作出重要贡献的宣教士："将其传教士的身份、信仰切割开，仅仅抽象地从人道主义等方面去评价，似乎其贡献与其信仰毫无关系"是不够客观公正的，"对传教士的评价应该回归到他的传教士身份"。[65]这也应该是历史学研究应当有的客观、公正的学术态度，也是笔者在本研究中力求秉持的。

（3）"中国"与"西方"。研究历史，需要归回历史，将研究的事件和人物放置在历史的情境中，而不是现实的情境中。利玛窦所处时代的西方和清朝，与丁韪良所处时代的西方和清朝，双方自身状况发生了变化，实力的抗衡也发生了变化，而彼"清朝"更非今"中国"，这也是在研究新教宣教士历史的时候，对西方强大认识的不足、以及单纯的爱国情怀所带来的问题。笔者在写作的过程中也偶尔会发生"中国"、"清朝"或"清政府"的概念和情感偷换问题，常引以为戒。

另外本研究中特别注意，当我们把中国人放在中国的语境中研究的同时，也需要把西方人放在西方的语境和背景中去思考，而不是以我们的道德尺度或认知观念简单化地解释他们的思想和活动。

（4）跨学科研究的问题。在中国学术界相当长的一段时间里，中国基督教历史的研究基本属于边缘学科，附属于历史学、社会史、思想史、哲学史或宗教史等研究范畴之下。由于丁韪良多重身份的特殊性以及参与历史事件的跨领域性，所以除了基督教历史，本研究还将涉及咸同之际中国的国际法史、外交史、近代教育史等领域。

由于丁韪良在中国生活的时间跨度之长和所经历事件之繁多，笔者发现在许多学者过往的研究中，难免出现年代、事件、人物关系等的混淆和不实。如下文："1865 年，丁韪良申请在宁波城郊设立传教区，被美国长老会驳回，他向普通民众布道的理想几乎破灭。丁韪良于是毅然辞去了长老会的职务，来到北京。这个时候他已经意识到，要在中国传播福音，必须走明朝来华的传教士

---

65 "社科院研讨会肯定传教士殉道精神"，2017 年 11 月 13 日。http://vaticaninsider.lastampa.it/vatican-insider-cinese/articolo/articolo/45778/

利玛窦等人的路，那就是先传播科学，打动高层。"[66]整段叙述似与历史本身有非常大的出入。在本研究中，笔者希望能通过对史料的研究和呈现，还原历史的本来；对以往研究中出现的语焉不详、或以讹传讹之处进行考察，使本研究建立在扎实的史料的基础之上，除了前人的研究，也大量参考了丁韪良的私人信件、长老会传教差会的档案、基督教期刊、著作、宣教士传记及回忆录等。

2.4 研究的难度

本研究选择了一个敏感的时代（鸦片战争之后的咸同之际），以及一群敏感的人物（西方基督新教宣教士），将面对的也是敏感的话题。正如香港学者梁家麟所说，十九世纪，当基督新教进入中国的时候，恰值中国面临着千古不曾有的巨变，而"传教与不平等条约的关系，一直以来皆为华人教会避讳谈论，因为它除了牵涉敏感的政治因素外，亦关联了许多复杂的神学问题如政教关系、对传教历史的评价等，故此很难教人心平气和地讨论。"[67]在做这一部分的研究时，笔者深刻体会到"学术与教会双重之轭"的压力。

费正清曾坦言：在十九世纪的中西关系中，新教宣教士是被研究的最少而又最有意义的人物，然而"中国学者不情愿研究外国特权时期教会之于中国的贡献"。[68]对于许多中国学者来说，他们认为鸦片战争之后的新教具有"传教加条约"的破坏性，[69]正如罗冠宗所讲，"基督教的传入是同帝国主义对中国的入侵分不开的，而且被殖民主义、帝国主义所利用。"[70]杨靖筠也认为，"新教的传入与西方殖民者以武力开道、进行侵略密不可分……其得以真正在华立足则是凭着鸦片战争后签订的不平等条约"。[71]新教宣教士既是中西文化交流的媒介，又被指责为"西方国家图谋中国的主要发动者和推动者"。[72]虽然这种说法具有时代性，依旧给研究这段时期的基督教历史带来很大的难度。

---

66 此段文字仅为举例之用，出于尊重，故未标明作者和出处。

67 梁家麟：《福临中华——中国近代教会史十讲》。香港：天道书楼有限公司。2009年2月，50页。

68 Barnet and Fairbank, *The Place of Protestant Writings in China's Cultural History, Christianity in China-Early Protestant Missionary Writings*, p.2. 参考王文兵：《丁韪良与中国》，1页。

69 [美]费正清等：《剑桥中国晚清史》。北京：中国社会科学出版社，2006年，上卷：544页。

70 参见罗冠宗主编：前事不忘后事之师：帝国主义利用基督教侵略中国史实述评。北京：宗教文化出版社。2003年9月。前言，2页。

71 杨靖筠：《北京基督教史》。北京：宗教文化出版社。2014年2月。11，13页。

72 雷孜智：《千禧年的感召》，318页。

关于中国近代史，毛泽东在其 1939 年所著的《中国革命与中国共产党》中，定义了近代中国社会的性质：自周秦以来，"三千年来的中国社会是一个封建的社会"，而"自从 1840 年的鸦片战争以来，中国已经一步一步的变成了一个半殖民地半封建的社会"，正是"由于外国资本主义的侵入，才使这个社会的内部发生了重大的根本的变化……对中国的社会经济起了分解的作用"。[73]中国近代史长期以来被定义为是充满灾难、落后挨打的屈辱史，是中华民族抵抗侵略的斗争史。李育民在《中外条约与近代中国研究丛书》的总序起首句即为："中国进入近代，是从西方列强用大炮强迫清政府接受不平等条约开始的。"[74]这种观念长期影响并主导着对中国近代史相关问题的研究。

涉及到基督教在近代中国宣教的历史，基调与近代史的描述是一致的。原中国基督教协会会长曹圣洁在为《中国基督教（新教）史》作序中，强调"基督教近代在中国的传播是靠着殖民主义侵略势力及不平等条约的庇护；外国宣教士听命于传教差会，而差会总的说来是竭力维护本国政府利益的。"[75]他承认宣教士在中国兴办的教育、医疗、慈善、介绍西方文化等事业对中国现代化发展的促进作用，为中国人民做了大量好事，但同时认为"外国传教士中有人自觉地为侵略政策服务"。[76]耿昇在为谢和耐的著作《中国与基督教——中西文化的首次撞击》所作的《代重版序》中，特别强调了在该领域的研究上，首先就是要把鸦片战争之前的入华耶稣会士，与鸦片战争之后、特别是在中外不平等条约签订之后的新教传教士区别开来，因为后者是"依赖不平等条约和西方的坚船利炮，在半封建半殖民地的中国为所欲为，不少人成了帝国主义和殖民主义的军事、经济与文化侵略的工具或马前卒。"[77]

必须承认，条约确实使宣教士获益，基督教在华的宣教事业也确实是因着条约的保护而得以在中国迅速传开，宣教士对于中国近代社会的影响也随

---

73 毛泽东：《中国革命与中国共产党，一九三九年十二月十五日》。上海：华东新华书店，1949 年，3、6 页。

74 李传斌：《基督教与近代中国的不平等条约》。长沙：湖南人民出版社，2011 年，总序，1 页。

75 罗伟虹主编：《中国基督教（新教）史》。上海：上海人民出版社，2016 年，序二，3 页。

76 罗伟虹主编：《中国基督教（新教）史》，序二，3 页。

77 [法]谢和耐（Jacques Gernet）著、耿昇译：《中国与基督教——中西文化的首次撞击》（*Chine ET Christianesme: La premiere confrontation*）。北京：商务印书馆，2013 年，i 页。

之深入而广泛，这与条约本身所具有的法律效力有关，也与宣教士参与了条约的谈判过程有直接关系（本论文会在第二章作进一步的研究），更与这个时期的中西方世界变局的发展相关联。正如费正清所言，在华的新教宣教士们力图改变中国人的思想和心灵，他们最大程度地深入到中国人的生活中，也是在所有外国人中对中国本土事务涉及最深的，他们"这种积极参与的双重角色给他们带来历史性的矛盾，在有些人眼里，他们是中国人的救星，至少是慈善家，但在另一些人眼里，他们却是文化帝国主义者。"[78]顾长声也承认宣教士对中国社会具有双重的影响，一方面他们将中国的历史与现状介绍给西方社会，使西方各国增加了对中国文化的了解；与此同时向中国传播先进的西方文化，给封建的中国社会"注入了大量的西方资本主义文化、资本主义的价值观、伦理观和生活方式"，[79]他们既"对晚清中国现代化运动特别是思想文化的变革产生重要影响"，但宣教士提出的"泛基督教论"和鼓吹只有基督教才能救中国的"基督教救中国说"，又是"造成对中国现代化的误导"。[80]如何正确而理性地看待宣教士在基督教传播和文化传播的双重身份和作用，也是本研究需要面对的课题。

对这一段历史时期的人物和事件研究中出现的一些概念，是本研究将面临的另一个难题，诸如"鸦片战争"、"不平等条约"等。本文无意探讨他们的含义及其表述正确与否，也无意探讨其发生的原因、背景及其过程。只是使用这一为中国各界普遍认知和接受的历史名词作为本研究的一个重要背景，因此不会对这段历史作过多的赘述和探讨，必须涉及时则"述而不论"。在学术研究的范畴内，笔者接受费正清的观点，"如何评价基督教传教团体对中国的贡献是一个真正的难题。这可能是一个无法解决（nonoperable）的问题，不能用任何结论性的方式来回答。"[81]因此本研究中以史料和相关学术研究的成果为基础，以丁韪良的活动和思想为主要研究，以基督教在华宣教史和中国现代化进程为两条主线，呈现所研究人物在历史中的互动和相关事件的发展。

78 [美]费正清著、吴莉苇译：《新教传教士著作在中国文化史上的地位》，《国际汉学》2003 年第 2 期，119-131 页。

79 顾长声：《传教士与近代中国》。上海：上海人民出版社，2013 年，377 页。

80 顾长声：《传教士与近代中国》，513-514 页。

81 费正清：《五十年回忆录》。John King Fairbank: *Chinabound--Fifty Year Memoir*, Harper & Row Publishers, New York, 1982, p. 113。参考顾长声：《传教士与近代中国》，384 页。

二、学术史研究综述

本论文的目的是通过对丁韪良在咸同之际在华活动的研究，诠释鸦片战争之后基督新教在华宣教活动的发展，以及丁韪良等宣教士对近代中国现代化进程的影响和贡献。本论文选择了三个主要事件进行研究：丁韪良与《中美天津条约》的签订、丁韪良翻译《万国公法》，以及丁韪良与京师同文馆。学界研究可谓方兴未艾，成果纷呈，同时由于这段历史时期的特殊性，中国社会的急剧转型，以及中外交流的空前活跃，研究者的研究范式、以及所持有的立场和意识形态往往影响了对历史事件的客观评价，也存在主观臆断和史实陈述混乱等问题。

1. 关于晚清历史与签订条约的学术研究

1.1 关于中国近代史的研究

1991 年出版的《晚清外交史》，[82]作者杨公素由于个人的学习和工作经历（1931 年进入东吴大学学习，1935 年进入燕京大学，日本投降后从事外交工作），他心中的中国近代历史就是帝国主义侵华史，因此不注重历史编年，而"着重探讨西方列强损害中国主权、割据中国领土、享受各种特权、争夺势力范围等方面的具体问题。"

台湾方面，段昌国的《恭亲王与咸同之际的政治与外交纠纷》[83]重点研究咸同之际的典型代表人物恭亲王奕䜣，通过对奕䜣的深入分析，来看晚清政情的迂回曲折，从中反映晚清政治上的基本瘕症。萧一山的《清代通史》[84]、包遵彭、李定一、吴相湘编纂的《中国近代史论丛》，[85]吴相湘的《近代史事论丛》、[86]《晚清宫庭实纪》，[87]李恩涵的《近代中国外交史事新研》[88]等，从不同的进路，联袂为晚清近代史的研究提供了值得参考的资料。

---

82 杨公素：《晚清外交史》。北京：北京大学出版社，1991 年。

83 段昌国：《恭亲王奕欣与咸同之际的外交与政治纠纷》（1858-1865）。台北：花木兰文化出版社，2010 年。

84 萧一山编：《清代通史》。上海：华东师范大学出版社，2006 年。

85 包遵彭，李定一，吴相湘编纂：《中国近代史论丛》。台北：正中书局。民国 66-民国 68 年（1977-1979）。

86 吴相湘：《近代史事论丛》。传记文学出版社，民国 67 年（1978）。

87 吴相湘编著：《晚清宫庭实纪》。台北：正中书局，民国 77 年（1988 年）。

88 李恩涵著：《近代中国外交史事新研》，台北：台湾商务印书馆股份有限公司，2004 年。

国外的研究中，费正清等的《剑桥中国晚清史》，[89]叙述了从道光年间到辛亥革命时期的中国历史，从政治、经济、军事、文化等各个方面，综合系统地研究了晚清社会的历史变迁。其中上卷第四章是伯克利大学历史教授小弗雷德里克·韦克曼关于鸦片战争以及《南京条约》的论述；第五章费正清论述了"条约制度的形成"，第九章刘广京教授关于"清代的中兴"的研究。第十一章中也有关于"条约与传教活动"的研究与探讨。书中所附《参考文献介绍》既是研究综述，为其他研究者提供了非常好的研究参考。全书内容广泛，以丰富的史料描绘近代中国的社会全貌。此书也反映和代表了西方学术界对中国近代历史研究的水平和方向，为我们多方位了解中国近代历史提供了丰富的内容。

费正清等人整理的两部赫德日记：《步入中国清廷仕途——赫德日记1854-1863》[90]、《赫德与中国早期现代化——赫德日记（1863-1866）》[91]，通过任职海关45年的总税务司赫德的日记，对研究19世纪50~60年代中外之间错综复杂的关系和历史事件，是具有特别价值的历史记录，从总理衙门和西方国家官员的交往中，帮助后人管窥历史。

马士曾在中国海关工作三十余年，作为赫德的重要助手、并兼任京师同文馆的英文教习，直接参与过近代史中的很多重大事项，掌握大量第一手原始资料和档案。他写的有关中国问题的《中华帝国对外关系史：1834-1860冲突时期》[92]，从历史的眼光叙述和阐明在特定的场合和特定的时期中发生着的特定的事件，并给予每个事件应得的历史地位，成为研究中国近代史、特别是对外关系史的参考资料。

89 [美]费正清等：《剑桥中国晚清史》（上、下卷）。北京：中国社会科学出版社，2006年。

90 赫德著，傅曾仁等译：《步入中国清廷仕途：赫德日记1854-1863》，[美] 凯瑟琳·F·布鲁纳（Bruner, Katherine Frost），费正清，理查德·J·司马富编。北京：中国海关出版社；2013年1月。

91 赫德著，陈绛译：《赫德与中国早期现代化——赫德日记（1863-1866）》。司马富·约翰·K/费正清等编，北京：中国海关出版社，2005年。

92 [美]马士著、张汇文等合译：《中华帝国对外关系史》（*The International Relations of the Chinese Empire*）。北京：商务印书馆，1963年。马士，美国人，1874毕业于哈佛大学，同年入职清朝海关总署服务，是总税务司赫德的主要助手。1878年开始兼任京师同文馆英文教习。1909年退休，回到英国。

1.2 关于"同治中兴"的研究

美国历史学家芮玛丽（Mary Clalaugh Wright）所著《同治中兴：中国保守主义的最后抵抗 1862-1874》，[93]重点围绕晚清的"同治中兴"，详尽叙述了同治政府为挽救腐败的清王朝，在经济、政治、外交、文化、教育、军事等各个方面所做的努力和采取的措施。书中清晰阐释了"中兴"产生的社会历史条件、内在机制以及最终失败的原因，是研究晚清"同治中兴"的经典之作。

何文贤所著《文明的冲突与整合——"同治中兴"时期中外关系重建》，[94]从研究范式的转变、中外文资料的相互引用中，深入探讨了中外关系中的本质与内涵，从列强在"同治中兴"期间的态度和立场出发，对"侵略"与"合作"进行了重新甄别。值得肯定的，是作者注意到了恭亲王奕訢所代表的清政府主动改变的变化，但在论述的过程中依旧有很浓烈的反帝情绪。

其他关于"同治中兴"的研究，另有汪敬虞《近代中国社会和中西关系的实质问题》，[95]与其他学者就一些实质性和概念性的认知问题进行了探讨；蔡慧珍的《同治时期之教育改革并与同时期之日本教育改革做比较》；[96]白文刚的《文祥与同治中兴》；[97]陈旭麓的《近代中国社会的新陈代谢》；[98]王学斌的《同治中兴的二五计划》等。[99]

1.3 关于基督教宣教士与不平等条约的研究：

王铁崖编撰的《中外旧约章汇编》[100]是一本内容极其丰富的资料书，汇编了从 1689 到 1949 年，近代中国与外国缔结的各类约章 1182 个，比较侧重于 1842 年后清王朝与外国政府签订的条约，被称为是目前为止对中外旧约章收罗最完备的编著，对研究中国近代的各个条约极具参考价值。

---

93 [美]芮玛丽（Mary Clalaugh Wright）著、房德邻等译：《同治中兴：中国保守主义的最后抵抗 1862-1874》（The Last Stand of Chinese Conservatism: The Tung-Chin Restoration, 1862-1874），北京：中国社会科学出版社，2002 年。

94 何文贤：《文明的冲突与整合——"同治中兴"时期中外关系重建》，厦门：厦门大学出版社，2006 年。

95 汪敬虞："近代中国社会和中西关系的实质问题"。《近代史研究》，1990 年第 1 期，1-26 页。

96 蔡慧珍："同治时期之教育改革并与同时期之日本教育改革做比较。《中国行政评论》第 8 卷第四期，民国 88 年（1999），139-160 页。

97 白文刚：文祥与"同治中兴"。《历史教学》，2004 年第 7 期，61-65 页。

98 陈旭麓：《近代中国社会的新陈代谢》。上海：上海社会科学院出版社，2006 年。

99 王学斌：同治中兴的"二五计划"。《中国经营报》，2017 年 3 月 27 日，第 E01 版。

100 王铁崖编：《中外旧约章汇编》。北京：三联书店，1957-1962 年。

李传斌的著作《基督教与近代中国的不平等条约》，[101]收编在李育民主编的《中外条约与近代中国研究丛书》系列中。作者尝试在国际法视野下研究基督教与近代中外不平等条约，以条约特权的产生、实行及社会影响为中心，认识近代中国的基督教、近代中国的政治与外交、近代中国的思想观念等。作者认为，鸦片战争开启了中国历史上的不平等条约时代，《中英南京条约》标志着中国闭关自守的破产，《天津条约》和《北京条约》确立了"准统治权"性质的条约制度，从此中国被纳入了资本主义的"世界国家秩序"，从一个与世界隔绝、独立自主的封建国家，沦为半殖民地国家，社会性质发生了变化。作者认为传教士在中国扩大传教事业和教育事业，其目的就是试图改造中国的国民性，在道义上和精神上支配中国人民。作者也同时承认了条约的积极作用，认为条约是关于国家间互相权利和义务关系的书面协议，广泛而又深刻地影响了近代中国各个领域的社会变迁，而这有助于中国建立近代外交关系，有利于中国走向近代，融入世界。

罗冠宗主编《前事不忘后事之师：帝国主义利用基督教侵略中国史实述评》，[102]其副标题已经明确将基督教定性为帝国主义侵略中国的工具，其中收录了沈承恩的三篇文章：《传教士与鸦片战争》、《传教士与"望厦条约"》、《传教士与第二次鸦片战争和中美"天津条约"》。[103]这些文章多以谴责美国参与鸦片贸易，并且从对华贸易中获取了高额利润；美国政府派使节与中国签约是在传教士的鼓吹和极力主张下促成的，其最根本的目的是美国在华的商业利益和特权，"利益均沾"。而传教士的贡献更多是为战争制造舆论，如裨治文的《中国丛报》，对英美的对华政策有非常大的影响，"传福音"是殖民政策的工具。

李育民在《晚清中外条约关系中的平等内容探析》的研究中，提到了"晚清时期的整体性平等条约"，[104]认为其中的综合性条约具有建交性质，构建缔约国之间的基本关系，并确立彼此的法律地位。中国与西方各国之间签订的

---

101 李传斌：《基督教与近代中国的不平等条约》。长沙：湖南人民出版社，2011 年。

102 罗冠宗主编：《前事不忘后事之师：帝国主义利用基督教侵略中国史实述评》。北京：宗教文化出版社，2003 年。

103 此书尚编入了徐如雷的《传教士与太平天国》、沈承恩的《传教士与戊戌变法》、王煜华的《传教士与八国联军入侵》，因与本论文研究时代和主题不同，不详加论述。

104 李育民：晚清中外条约关系中的平等内容探析。《安徽史学》，2017 年第 1 期，6-17 页。

各类不平等条约中，有符合近代国家关系及其交往规则的条款，如承诺尊重中国的领土主权，规定了国家间的交往方式和规则。作为《天津条约》续约的中美《续增条约》（即《蒲安臣条约》，1868 年），承诺尊重中国领土主权。萧一山也认为，该约"确涵蕴了尊重中国领土完整，主权独立，并以平等地位待遇中国的原则"，是"皆按平等互惠之精神，此为中外定约以来最合理之事"。[105]李育民在《基督教在近代中国的传教特权》[106]中，从条约条款中分析习教权、护教权、地产权等特权的获得，并将东正教与新教相作比较；《晚清时期条约关系观念的演变》[107]则从清政府层面，系统考察晚清条约关系观念，探讨中国在从传统到现代观念的转变中逐渐看到国际法的重要性，并从国际法角度对近代条约有了新认识；在《晚清中外条约关系的畸形法律性质论析》[108]中，提出了"一般国际法"和"特殊国际法"的概念，并根据"特殊国际法"认定中国与西方国家之间的条约是片面和畸形的。

关于参加条约谈判的宣教士的研究中，谭树林的研究重点在参加《望厦条约》谈判的美国医生宣教士伯驾、参加《中美天津条约》谈判的宣教士卫三畏，如《卫三畏与中美文化交流》[109]、《中美望厦条约再研究——以美国传教士伯驾与〈望厦条约〉的关系为中心》收编在其著作《传教士与中西文化交流》[110]中，其中共收入了 18 篇来华宣教士的研究论文。耿昇对法国宣教士艾嘉略在鸦片战争和不平等条约的签订中的活动进行了研究。[111]雷孜智在《千禧年的感召：裨治文传》[112]第五章《传教士外交：服务政治的诱惑与危险》中，记载了美国第一位来华新教宣教士裨治文参加顾盛使团和中美《望厦条约》经过的前前后后，成为研究宣教士参加条约谈判极具价值的参考文献。

105 萧一山：《清代通史》（下卷）。上海：中华书局，1986 年，861 页。

106 李育民：基督教在近代中国的传教特权。《文史》第 45 辑。北京：中华书局出版社，1998 年。177-192 页。

107 李育民：晚清时期条约关系观念的演变。《历史研究》，2013 年第 5 期，83-98 页。

108 李育民：晚清中外条约关系的畸形法律性质论析。《湖南师范大学社会科学学报》，2017 年第 1 期，1-9 页。

109 谭树林：卫三畏与中美文化交流。《齐鲁学刊》，1998 年第 6 期，114-118 页。

110 谭树林：《传教士与中西文化交流》。北京：三联书店，2013 年。

111 耿昇：传教士与远征军——法国传教士艾嘉略第二次鸦片战争亲历记。《杭州师范学院学报（社会科学版）》，2005 年第 4 期，19-29 页。

112 [美]雷孜智（Michael C. Lazich）著、尹文涓译：《千禧年的感召：美国第一位来华新教传教士裨治文传》。南宁：广西师范大学出版社。2008 年。

香港学者梁家麟《福临中华——中国近代教会史十讲》[113]中，第三章专门讨论了《传教与不平等条约》，他承认学界对此话题的避讳谈论，也道出这个话题的重要，希望通过认清基督教传入和发展的背景，从而了解中国人的排外情绪、对宣教士的历史性指控、以及反教事件。对"基督教是帝国主义侵华的工具"这一话题，也进行了分析和探讨。

国外的研究中，很多学者根据条约研究中美早期关系以及美国对华外交，如费正清所著《美国与中国》[114]一书，从政治学、经济学、社会学等研究角度，分析中国传统社会及在近代发展过程中所遇到的种种问题，并提供了许多延展性的全面而深入的解释。赖德烈的《早期中美关系史 1784~1844》，[115]泰勒·丹涅特的《美国人在东亚》[116]是利用所见到的政府档案编写的，对 19世纪美国政府的远东政策予以了较全面而深入的研究，帮助我们了解十九世纪的后七十年教会是如何影响美国对华外交的。天主教神甫卫青心所著《法国对华传教政策：清末五口通商和传教自由 1842-1856》（上、下册），[117]同样利用了法国外交部档案馆、罗马传信部和梵蒂冈档案馆收藏的史料，系统和集中地论述了中法《黄埔条约》签订前后的中法外交关系、法国对华政策、晚清政府对基督教的态度等，不仅对研究中法关系史，对同时代的相关研究都具有重要的参考价值。中国学者也有相关的研究，如李定一的《中美早期外交史》，[118]仇华飞的《早期中美关系研究 1784-1884》。[119]

其他关于不平等条约的研究有：马文辉《晚清时期（1840-1911）中国对不平等条约的认知研究初探》，[120]认为清政府以及社会各主要阶层对不平等条约的危害性认识是一个逐渐加深的过程；宋丽珏《晚清国际法话语评价研究》，[121]对《中英南京条约》、《中美望厦条约》和《中美天津条约》进行研究，通

113 梁家麟：《福临中华——中国近代教会史十讲》。香港：天道书楼，1988 年。

114 [美]费正清：《美国与中国》。北京，商务印书馆，1971 年。

115 [美]赖德烈：《早期中美关系史 1784~1844》，北京：商务印书馆，1963 年。

116 [美]泰勒·丹涅特著，姚曾廙译：《美国人在东亚——十九世纪美国对中国、朝鲜和日本政策的批判的研究》。北京：商务印书馆，1959 年。

117 卫青心著，黄庆华译：《法国对华传教政策：清末五口通商和传教自由 1842-1856》（上、下册）。北京：中国社会科学出版社，1991 年。

118 李定一：《中美早期外交史》。台北：传记文学出版社，1978 年。

119 仇华飞：《早期中美关系研究 1784-1884》。北京：人民出版社，2005 年。

120 马文辉：晚清时期（1840-1911）中国对不平等条约的认知研究初探。《剑南文学（经典教苑）》，2011 年第 9 期，250 页。

121 宋丽珏：晚清国际法话语评价研究。《学术交流》，2015 年第 8 期，93-98 页。

过条约中使用的语汇去看晚清国际法的概念、原则和规则以及国际法的观念和意识。许俊琳的《中法〈北京条约〉第六款"悬案"再研究》[122]围绕中法《北京条约》第六款关于"外国教会在内地置产"做了专门研究；陈顺意、马萧《从面子理论看近代中国不平等条约的翻译策略》试图通过考察《南京条约》、《虎门条约》、中英《天津条约》和《望厦条约》四个不平等条约的翻译，去发现和证明参加谈判的英美传教士采用了归化、弱化、模糊化等翻译策略；李振勇在《近世中国平等观念之演变——以不平等条约为视角》[123]中认为，西方列强与近代中国签订的一系列不平等条约，唤醒了知识精英和民众对于西方平等观念的认识。

关于条约对清政府基督教政策的影响，王治心的《中国基督教史纲》、顾长声的《传教士与近代中国》中都有涉及。郭卫东的《转折——以早期中英关系和南京条约为考察中心》，[124]对《南京条约》及其附约的条款进行了逐次的考辨，如领事裁判权、片面最惠国待遇等，进一步观察清朝西教政策的变迁。《清朝禁教政策演变的若干问题》[125]则主要是根据历史资料考察了天主教"弛教"政策的演变过程，在鸦片战争后式微的天主教却在传教政策的演变中做出不凡贡献。他的研究引起笔者的兴趣和关注，他在研究中主要参考的史式徽《江南传教史》、[126]以及王庆成的《清代西教在华之环境——康雍乾道咸朝若干稀见文献考释》，[127]也成为笔者在做这一部分研究时的主要参考。

关于晚清政府基督教政策的转变的研究中，于本源的《清王朝的宗教政策》、[128]杨大春的《晚清政府基督教政策初探》[129]系统探讨了晚清政府的基督

122 许俊琳：中法《北京条约》第六款"悬案"再研究。《东岳论丛》2016 年第 1 期，68-78 页。

123 李振勇：近世中国平等观念之演变——以不平等条约为视角。《求索》，2016 年第 2 期，54-58 页。

124 郭卫东：《转折——以早期中英关系和南京条约为考察中心》。石家庄：河北人民出版社，2003 年。

125 郭卫东：清朝禁教政策演变的若干问题。《安徽史学》，2000 年第 1 期，38-44 页。

126 [法]史式徽（J.de.la.Serviere）著，天主教上海教区史料译写组译：《江南传教史》。上海：上海译文出版社，1983 年。

127 王庆成：清代西教在华之环境——康雍乾道咸朝若干稀见文献考释。《历史研究》，1997 年第 6 期，40-52 页。

128 于本源：《清王朝的宗教政策》。北京：中国社会科学出版社，1999 年。

129 杨大春：《晚清政府基督教政策初探》。北京：金城出版社，2004 年。

教政策，王立新也在研究中探讨了晚清政府对基督教和传教士的政策。[130]其他学者如胡建华、[131]陈重耕、[132]莫宏伟、[133]程印学、[134]王雅丽[135]等也进行了相关话题的研究。顾卫民在其研究《近代中国的保教权问题》、[136]以及他的著作《基督教与近代中国社会》[137]中，谈到了条约制度和传教权利。刘万伟的硕士论文《从严禁到宽容：清政府基督宗教政策的演变（1840-1874）》[138]，对道光二十年到同治十三年这段期间晚清政府的基督宗教政策的演变做了专门的研究，重点在于清政府限制基督教发展的政策和措施，对驰教政策形成的原因和教案问题也做了初步的探讨。

2. 关于《万国公法》的学术研究

国际法的输入及其对晚清社会的影响是一个非常值得关注的研究课题。学界关于《万国公法》的研究呈现跨领域研究的趋势。

早在三十年代，蒋廷黻以《国际公法输入中国之起始》[139]介绍了丁韪良翻译《万国公法》的过程及应用，认为国际法输入中国始于丁韪良的《万国公法》。学界多有学者围绕这一说法展开研究，探讨国际法输入中国的起源问题。张卫明对学界关于国际法的研究综述进行了回顾与前瞻，他关于讨论晚

---

130 王立新：晚清政府对基督教和传教士的政策。《近代史研究》，1996 年 5 月，224-240 页。

131 胡建华：论成丰朝的限教政策。《近代史研究》，1990 年第 1 期，66-83 页。

132 陈重耕：基督教在中国近代传教权的攫取。《文山师范高等专科学校学报》，2003 年第 1 期，40-42 页。

133 莫宏伟：道咸年间清政府的基督教政策述论。《怀化学院学报（社会科学）》，2004 年第 1 期，44-47 页。

134 程印学：清政府的基督教政策与基督教在贵州民族地区的传播。《商丘师范学院学报》，2004 年第 3 期，70-73 页。

135 王雅丽：从条约来看晚清禁教政策的解冻。《湖北职业技术学院学报》，2006 年第 1 期，45-48 页。

136 顾卫民：近代中国的保教权问题。《当代宗教研究》，2002 （2），24-30 页。

137 顾卫民：《基督教与近代中国社会》。上海：上海人民出版社，2010 年。

138 刘万伟：《从严禁到宽容：清政府基督宗教政策的演变（1840-1874）》，宁波大学 2013 年硕士论文。

139 蒋廷黻：《国际公法输入中国之起始》。《政治学报》（北平），北平：清华大学政治学会，1932 年第 2 卷，61-64 页。王文兵书中关于此文的注释有误，应为 1932 年而非 1933 年；非"台北"清华大学，而是"北平"清华大学。见《丁韪良与中国》，"引言：学术史回顾"，4 页。张卫明在其博士论文《晚清中国对国际法的运用》（2011，第 2 页）以及《晚清国际法研究回顾与前瞻》（2006）一文中同样是有误的。

清国际法研究史的文章《晚清国际法研究回顾与前瞻》、[140]《近二十年晚清国际法研究的回顾与前瞻》，[141]都围绕学界关于国际法首次输入中国的时间、晚清知识分子对国际法的态度、国际法与晚清外交的关系等方面所进行的研究进行了回顾，也为未来研究的趋势进行了展望。

杨焯的《丁译〈万国公法〉研究》[142]是一部研究丁韪良《万国公法》的专著，重点在于文本考察和翻译策略的研究。作者认为《万国公法》的问世来自三方面的力量：清政府的需要，以美国政府为首的国际势力的推动，以及以丁韪良为代表的宗教团体的诉求。[143]此种说法略有勉强，本研究得出的结论更多地偏向于是丁韪良个人的行为，因为看到了清政府的需要，而清政府自身确实也已经认识到了对国际法的迫切需要，这两者是促成《万国公法》得以出版并推行最主要的原因。

林学忠之《从万国公法到公法外交：晚清国际法的传入、诠释与应用》[144]一书，清晰梳理了关于晚清西方近代国际法传入中国之历史的研究历程，认为大多数研究的视野局限在了丁韪良的国际法翻译事业上，而忽略了对国际法的来源、国际法的应用及其意义的探讨，因此作者将晚清国际法的传入之研究，置于中国从传统帝国走向近代主权国家、从中华秩序走向世界秩序的过程中，其研究的重点是从国际法的传入、诠释及应用的角度重构晚清接受国际法的过程，以及在中国近代外交及国家体制变动问题上的影响和意义。作者认为丁韪良翻译的《万国公法》虽然带给中国很大的冲击，但对中国思想界的影响力不大，更多地是在器用的层面上被利用，但作者也肯定了丁韪良在介绍西方国际法理论论著上的贡献。

从历史研究的角度，王铁崖之《中国与国际法——历史与当代》[145]讨论了国际法在中国的发展，谈到了春秋战国时期的国际法问题，以及近代中国

---

140 张卫明：晚清国际法研究回顾与前瞻。《西华大学学报》（哲学社会科学版）.2006年第 4 期，92-96 页。

141 张卫明：近二十年晚清国际法研究的回顾与前瞻。《法律文献信息与研究》，2007年第 3 期，13-22 页。

142 杨焯：《丁译〈万国公法〉研究》。北京：法律出版社，2015 年。

143 杨焯：《丁译〈万国公法〉研究》，3 页。

144 林学忠：《从万国公法到公法外交：晚清国际法的传入、诠释与应用》。上海：上海古籍出版社，2009 年。

145 王铁崖：中国与国际法——历史与当代。《中国国际法年刊》（1991），北京：中国对外翻译出版公司，1992 年，13-17 页。

与国际法，他同样认为国际法被正式系统地介绍到中国始于丁韪良的《万国公法》。田涛的《国际法输入与晚清中国》[146]系统地梳理和考察了晚清国际法的输入过程及其影响，探讨国际法对晚清外交的现实性影响，并试图说明中国对国际法这一西方知识体系的反应方式。其中第二章重点是丁韪良翻译的《万国公法》与晚清国际法系统输入之开端，第三章中也梳理了同文馆时期的国际法译著。其他同类的研究还有何勤华的《〈万国公法〉与清末国际法》；[147]程鹏的《西方国际法首次传入中国问题的探讨》[148]详细探讨了近代西方国际法究竟从何时开始，通过什么具体事实首次传入中国。以《万国公法》为学位论文研究的也很多，如洪燕《同治年间万国公法在中国的传播和应用》、[149]张卫明《晚清中国对国际法的应用》、[150]张素芳《晚清时期中国对万国公法的理解及其运用》。[151]

从法学的角度研究《万国公法》，余甬帆《〈万国公法〉的译入对中华法系的影响：补充抑或是瓦解？》[152]一文，认为《万国公法》作为历史上第一部进入中国的西方法学译著，冲击了传统的中国法律观和中华法系。何勤华的《传教士与中国近代法学》[153]阐述了西方传教士在西方法学传入、中国近代法学观、法律制度和原则以及概念术语等的诞生、中国近代法学人才的养成等各个方面所起的奠基作用。部文情则在硕士论文的研究中，通过描述传教士的编译书籍、创办报刊等活动，来阐释传教士与晚清法学的互动关系，及其在翻译和引进西方法学术语及法学理论、法治思想的传入、法学教育等

146 田涛：《国际法输入与晚清中国》。济南：济南出版社，2006 年。田涛发表的其他关于国际法研究的论文有："晚清国际法输入述论"（《天津社会科学》，1999 年第 6 期，第 99-103 页）；"19 世纪下半期中国知识界的国际法概念"（《近代史研究》，2000 年第 2 期，102-135 页）；"丁韪良与《万国公法》"（《社会科学研究》，1999 年第 5 期）等。

147 何勤华：《万国公法》与清末国际法。《法学研究》，2001 年第 5 期，137-148 页。

148 程鹏：西方国际法首次传入中国问题的探讨。北京大学学报哲学社会科学版，1989 年第五期，105-113 页。

149 洪燕：《同治年间万国公法在中国的传播和应用》，2006 年，华东师范大学硕士论文。

150 张卫明：《晚清中国对国际法的应用》，2011 年，复旦大学博士论文。

151 张素芳：《晚清时期中国对万国公法的理解及其运用》，2012 年，河北师范大学硕士论文。

152 余甬帆：《万国公法》的译入对中华法系的影响：补充抑或是瓦解？《宿州教育学院学报》，2007 年第 5 期，33-38 页。

153 何勤华：传教士与中国近代法学。《法制与社会发展》，2004 年第 5 期。

方面，为中国法律体系近代化所起到的重要作用。[154]

从晚清外交的视角研究《万国公法》，有林学忠的《从万国公法到公法外交：晚清国际法的传入、诠释与应用》，[155]从晚清国际法的传入、到国际法的教育和国际法观的形成、再到国际法的应用作了全面的研究和评述，将晚清国际法的传入与本土化过程归纳为接触-冲击-解构-调整-建构，试图改变国内目前关于国际法研究方面存在的问题，如缺少史实的重建和新观点的提出，重复性或类同性研究较多。张卫明的《晚清公法外交述论》[156]阐明晚清的公法外交源于国际法的引入，晚清公法外交的实质是晚清中国对国家独立、主权完整、平等外交的艰辛求索，反映了清政府尝试以主权国家的身份主动融入近世国际法秩序的努力。

专门研究丁韪良与国际法的，如张燕清的《丁韪良与〈万国公法〉——兼论国际法学东渐之肇始》，[157]通过介绍《万国公法》的翻译过程和主要内容，说明此书的翻译出版在客观上使晚清人士第一次从正面对西方国际法有较全面的了解，它所传达的西方文化观念和国际社会规范给变革中的近代中国社会带来一定程度上的冲击，如国家主权意识和新式国际观念的形成。高黎平在《中国近代国际法翻译第一人——丁韪良》[158]中，对丁韪良的翻译动机专门做了研究，他洞察到了大清外交的弊端正是在于缺乏法律的保障。作者认为为自己立名以及为传播基督教铺路也是丁韪良的内在动机。

3. 关于"京师同文馆"的学术研究

在研究京师同文馆时，学者大都以咸丰朝和同治朝的各类奏章及皇帝的御批为第一手的原始资料来源，从中梳理和了解同文馆始末，这些资料主要收集在《筹办夷务始末》（咸丰朝）、[159]《筹办夷务始末》（同治朝）、[160]以及

---

154 部文倩：《传教士影响下的晚清法研究》。上海师范大学硕士论文，2016 年。

155 林学忠：《从万国公法到公法外交：晚清国际法的传入、诠释与应用》。上海：上海古籍出版社，2009 年。

156 张卫明："晚清公法外交述论"。《国际政治研究》，2007 年第 1 期，第 51-64 页。

157 张燕清：丁韪良与《万国公法》——兼论国际法学东渐之肇始。《徐州师范大学学报》（哲学社会科学版），2003 年 7 月，第 29 卷第 3 期，67-71 页。

158 高黎平：中国近代国际法翻译第一人——丁韪良。《延安大学学报》（社会科学版），2005 年第 2 期，87-91 页。

159 贾桢等修：《筹办夷务始末》咸丰朝，第 1-8 册。上海：中华书局，1979 年。

160 宝鋆等修：《筹办夷务始末》同治朝，1-16 册。沈云龙主编：近代中国史料丛刊第六十二辑，文海出版社，1971 年（民国 60）。

《钦定大清会典》[161]（卷一百、卷一千二百二十）中。早在 1926 年起，舒新城的《近代中国教育史料》[162]就收编了自同治元年同文馆时期的奏折；另外陈学恂主编的《中国近代教育史教学参考资料》[163]、高时良主编的《中国近代教育史资料汇编：洋务运动时期教育》[164]中，也收编了主要的奏折，同时收录了丁韪良 1907 年 6 月 19 日写于北京的《同文馆记》、吴宣易的《京师同文馆略史》（1933 年）、以及美国汉学家毕乃德（Knight Biggerstaff）的《同文馆考》（1935 年）等，为同文馆的研究提供了研究上的便利。

　　丁韪良主持编撰的三年一刊《同文馆题名录》也是非常重要的原始资料，特别是在同治九年（1870 年）之后，在几乎没有任何关于同文馆的官方文献的情况下，《同文馆题名录》就成为了解同文馆的主要资料。[165]"题名录"也称"登科记"，科举考试及第者名册，始于唐代。[166]笔者找到三次的《同文馆题名录》，第一次为光绪五年刊（1879），"Calendar of the Tungwen College"（first issue, Peking 1879）；第四次为光绪十四年刊（1888），"Triennial Calendar of the Tungwen College"（Fourth issue, Peking, 1888）；第五次为光绪十九年刊（1893），这一期只有中文版。尚未找到第二次（1882 年）和第三次（1885 年）。从所见资料中，发现光绪十三年（1887）、光绪二十二年（1896）、光绪二十四年（1898）都有《同文馆题名录》刊行，[167]笔者需要进一步查实。

　　台湾学者在同文馆的研究方面也是卓有成效的。孙子和的《清代同文馆之研究》[168]是研究同文馆的专著，史料详尽考查细致，值得参考。苏精的《清季同文馆》[169]同样记叙了同文馆的成立及演变，对丁韪良着墨不多，比较特别的地方是更多谈到京师同文馆、上海广方言馆和广东同文馆的问题，他认为总理

---

161 《钦定大清会典》：北京大学图书馆：书同文古籍数据库《清会典》。

162 舒新城：《近代中国教育史料》，中华书局，1928 年。

163 陈学恂：《中国近代教育史教学参考资料》（上册），北京：人民教育出版社，1986 年。

164 高时良编：《中国近代教育史资料汇编——洋务运动时期教育》，上海：上海教育出版社，1992 年。

165 Knight Biggerstaff: *The earliest modern government schools in China*, p.126.

166 清代人赵翼《陔余丛考·题名录》中记载："题名录，此盖本唐时进士登科记之例也。"

167 参见高时良编：《中国近代教育史资料汇编——洋务运动时期教育》，85 页。

168 孙子和著：《清代同文馆之研究》，台北：嘉新水泥公司文化基金会，中华民国 66 年（1977），40-41 页。

169 苏精：《清季同文馆》。台北：苏精。中华民国 67 年（1978）。

衙门、京师同文馆、以及当时许多新事物，都是外国势力冲击下的权宜措施，同文馆也并没有达到赫德、丁韪良所致力的现代意义的学院。七年后他写的另一本著作《清季同文馆及其师生》，[170]除了照旧记叙了同文馆的成立及演变，同时指出了自己之前著作关于中西年代的频频出错，因此尝试换个角度，从同文馆个别师生的生平着手，特别参考了总理衙门"出使设领档"中关于同文馆出身的外交官资料以及《京师同文馆学友会报告书》等资料，重点在任外交职务的同文馆学生。苏精的研究中观点上不见"问题"，而以"成效"代之，尤其肯定了同文馆在外交方面的贡献。书中所列的各种《附表》，极具参考价值。

　　大陆学者中关于丁韪良和同文馆的研究主要有：王维俭《丁韪良和京师同文馆》（1984）、[171]黄忠《同文馆述评》（1990）、[172]赵蕙蓉《北京近代教育源泉探——论析京师同文馆》（1990）、[173]黄新宪《传教士与洋务运动时期的同文三馆》（1996）、[174]赵海亮《京师同文馆与中国近代化》（2001）、[175]罗获发/叶按《略论京师同文馆》（2002）、刘晓琴《同文馆与晚清留英教育》（2004）、[176]何大进《丁韪良与京师同文馆》（2005）、[177]贾熟村《翁同龢笔下的同文馆》（2006）、[178]张路莹《试析丁韪良与京师同文馆的创办》（2009）、[179]万齐洲《京师同文馆及其译业》（2011）、[180]汪琳《清廷扶持下西风东渐的肇端——京师同文馆》（2011）、[181]王冬凌《谫论京师同文馆中的科学教育》

170 苏精：《清季同文馆及其师生》。台北：苏精。中华民国 74 年（1985）。

171 王维俭："丁韪良和京师同文馆"。《中山大学学报（哲学社会科学版）》，1984 年第 2 期，100-117 页。

172 黄忠："同文馆述评"。《西南民族学院学报（哲学社会科学版）》，1990 年第 1 期，80-88 页。

173 赵蕙蓉："北京近代教育源泉探——论析京师同文馆"。《北京社会科学》，1990 年第 1 期，44-55 页。

174 黄新宪："传教士与洋务运动时期的同文三馆"。《河南师范大学学报》，1996 年第 4 期，33-36 页。

175 赵海亮：《京师同文馆与中国近代化》。山西大学硕士论文，2001 年。

176 刘晓琴："同文馆与晚清留英教育"。《史学月刊》，2004 年第 8 期，47-51 页。

177 何大进："丁韪良与京师同文馆"。《北方论丛》，2005 年第 4 期，79-82 页。

178 贾熟村："翁同龢笔下的同文馆"。《北京社会科学》，2006 年第 5 期，71-77 页。

179 张路莹："试析丁韪良与京师同文馆的创办"。《黑龙江教育学院学报》，2009 年第 5 期，91-92 页。

180 万齐洲："京师同文馆及其译业"。《红河学院学报》，2011 年第 1 期，54-57 页。

181 汪琳："清廷扶持下西风东渐的肇端——京师同文馆"。《北方文学》，2011 年五月刊，188-189 页。

（2013）、[182]陈为《京师同文馆博物馆考略》（2014）[183]等，从不同的侧面对同文馆进行了研究。

　　关于近代教育的研究中，谈到中国的近代教育，同文馆是其中不可或缺的重要内容之一。如陈青之主编的《中国教育史》[184]、谢长法，彭泽平主编的《中国教育史》[185]、陈学恂主编的《中国近代教育史教学参考资料》[186]、陈元晖主编《中国近代教育史资料汇编》等等，都有关于同文馆的专门研究。

　　关于基督教与中国近代教育之发展的研究：熊月之的《西学东渐与晚清社会》[187]用两章的篇幅分别从"教会学校与西学传播"和"同文馆：京师气象"来回顾，并在书后附有《京师同文馆西学教习名录》和《京师同文馆译著目录》。同时也关注到了宣教士在晚清西学东渐过程中的角色、作用和地位，以及基督教和科学的关系。吴梓明的《中国基督教史研究的史料与视界——以中国基督教大学史研究为个案》[188]，收录在张先清主编的《史料与视界——中文文献与中国基督教史研究》。其他学者如吴雪玲《新教传教士与中国教育的早期近代化》[189]；何晓夏、史静寰的《教会学校与中国教育近代化》[190]。美国学者刘广京的《中国的早期基督教书院》（*Early Christian Colleges in China*），[191]对晚清基督教学校做了全面述评，并对其社会价值做了独特的阐释。

182 王冬凌："谫论京师同文馆中的科学教育"。《大连教育学院学报》，2013 年第 1 期，20-22 页。

183 陈为："京师同文馆博物馆考略"。《中国博物馆》，2014 年第 3 期，84-89 页。

184 陈青之：《中国教育史》，长春：吉林出版集团股份有限公司，2016 年。

185 谢长法，彭泽平主编：《中国教育史》。重庆：西南师范大学出版社，2012 年。

186 陈学恂：《中国近代教育史教学参考资料》（上册），北京：人民教育出版社，1986 年。

187 熊月之：《西学东渐与晚清社会》，北京：中国人民大学出版社，2011 年。

188 吴梓明：《中国基督教史研究的史料与视界——以中国基督教大学史研究为个案》，收录在张先清主编的《史料与视界——中文文献与中国基督教史研究》。上海：上海人民出版社，2007 年。

189 吴雪玲："新教传教士与中国教育的早期近代化"。《东岳论丛》，2013 年第 8 期，90-93 页。

190 何晓夏，史静寰：《教会学校与中国教育近代化》。广州：广东教育出版社，1996 年。

191 Liu, Kwang-Ching : *Early Christian Colleges in China*. The Journal of Asian Studies, 1960 年第 1 期。

4. 关于丁韪良及宣教士群体的学术研究

4.1 关于丁韪良

就笔者研究所及，当今研究丁韪良最权威的学者，当属美国学者柯饶富（Ralph Covell），他 1978 年出版的关于丁韪良的传记《丁韪良：中国进步的先驱》（*W.A.P. Martin: Pioneer of Progress in China*），[192]引用了大量的丁韪良与长老会差会的书信，以及丁韪良一生所发表的文章和论文，以近代化视角详尽地记叙并阐释了丁韪良在中国的宣教士生活，成为后来的学者研究丁韪良的重要参考。

大陆学者中，王文兵对丁韪良的研究比较系统，从博士论文开始，发表了一系列研究成果。他所著《丁韪良与中国》，[193]可谓是关于丁韪良的传记和生平的研究，参考了大量柯饶富书中的史料。其附录中的《丁韪良著述目录》基本包含了丁韪良所发表的文章和论著以及各类作品，具有很高的参考价值。傅德元关于丁韪良的研究论述也是颇丰：丁韪良《万国公法》翻译蓝本及意图新探、[194]《富国策》的翻译与西方经济学在华的早期传播、[195]《星轺指掌》与晚清外交的近代化等、[196]《丁韪良研究述评（1917-2008）》[197]是对国内外丁韪良研究的总结和综述，颇为全面。李蕾、赵艾东的《跨文化视野下美国传教士丁韪良在华活动析（1850-1916）》[198]认为大多数对丁韪良的研究注重史实的叙述，而没有将他的传教活动放在跨文化的视野下进行分析，其文章试

---

192 Ralph Covell, *W.A.P. MARTIN: Pioneer of Progress in China*. Washington, D.C.: Christian University Press, 1978. 柯饶富其他关于丁韪良的研究论著还有："God's Footprints in China: W. A. P .Martin and Interfaith Dialogue"（1993）；"The Legacy of W.A.P. Martin, International Bulletin of Missionary Research"，（1993）；"The Life and Thought of W. A. P. Martin：Agent and Interpreter of Sino-American Contact in the Nineteenth and Early Twentieth Century"

193 王文兵：《丁韪良与中国》。北京：外语教学与研究出版社，2008 年。

194 傅德元：丁韪良〈万国公法〉翻译蓝本及意图新探。《安徽史学》，2008 年第 1 期，45-53 页。

195 傅德元：《富国策》的翻译与西方经济学在华的早期传播。《社会科学战线》，2010 年第 2 期，112-119 页。

196 傅德元：《星轺指掌》与晚清外交的近代化。北京师范大学学报（社会科学版），2006 年第 6 期，74-81 页。

197 傅德元：丁韪良研究述评（1917-2008）。《江汉论坛》，2008 年 3 月刊，86-96 页。

198 李蕾、赵艾东：跨文化视野下美国传教士丁韪良在华活动析（1850-1916）。《乐山师范学院学报》，2015 年第 2 期，94-99 页。

图分析丁韪良在传教活动中如何应付文化冲突，如何融合中西文化，以及对中西文化互动与交流的影响。

4.2 关于宣教士

在学术研究上具有很高价值的是宣教士的著作、传记、回忆录和书信往来，是研究宣教士历史的第一手资料。美国人最早使用美国教会档案研究丁韪良的是彼得·杜斯，1956 年发表了"*The Life and Works of W.A.P. Martin*"，[199]对丁韪良的生平以及他的宣教方式做了论述。宣教士的自传或回忆录更是研究宣教士在华活动和思想的最直接的史料：丁韪良的《花甲忆记》；[200]雷孜智的《千禧年的感召：美国第一位来华新教传教士裨治文传》，[201]被称为是"迄今为止学界对裨治文这位美国在华新教事业奠基人的唯一的全面的评述"；裨治文夫人的《裨治文传》；[202]卫三畏之子卫斐列的《卫三畏生平及书信：一位美国来华传教士的心路历程》；[203]史蒂芬斯的《伯驾的生平书信与日记》；[204]费舍的《狄考文传：一位在中国山东生活了四十五年的传教士》；[205]倪维斯夫人的《倪维斯的生活：40 年在华传教》；[206]汤普森的《杨格非：晚清五十年》；

199 Peter Duus: *Science and Salvation in China: The life and work of W.A.P. Martin, 1827-1916*（杜斯：《科学与中国的救赎：丁韪良的一生与作品，1827-1916》）。收录在刘广京（Liu, Kwang-Ching）：《在华的美国传教士，哈佛研讨会论文集》（*American missionaries in China : papers from Harvard seminars*），East Asian Research Center, Harvard University, distributed by Harvard University Press, 1966，p. 11-14.

200 W. A. P. Martin, *A Cycle of Cathay, or China, South and North, with Personal Reminiscences.* New York, Chicago, Toronto: Fleming H. Revell Company, 1896. 丁韪良著、沈弘等译：《花甲忆记：一位美国传教士眼中的晚清帝国》。桂林：广西师范大学出版社，2004 年。另外一本丁韪良的自传是：丁韪良口授、赵受恒笔述：《花甲忆记》，上海广学会，1910 年（宣统二年）。

201 [美]雷孜智（Michael C. Lazich）著、尹文涓译：《千禧年的感召：美国第一位来华新教传教士裨治文传》，南宁：广西师范大学出版社，2008 年。

202 Eliza J.Gillett Bridgman ed., *The Pioneer of American Missions in China: the Life and Labor of Elijah Coleman Bridgman*, New York: Anson D.F.Randolph, 1864.

203 Frederick Wells Williams, *The Life and Letters of Samuel Wells Williams*, New York and London: G.P. Putnam's sons, 1889. 顾钧、江莉译：《卫三畏生平及书信：一位美国来华传教士的心路历程》，桂林：广西师范大学出版社，2004 年。

204 George B. Stevens, *The Life, Letters and Journals of Peter Parker, M.D.* Boston and Chicago: Congregational Sunday-School and Publishing Society, 1896.

205 [美]丹尼尔·W·费舍（Daniel W. Fisher）著、关志远等译：《狄考文传：一位在中国山东生活了四十五年的传教士》。桂林：广西师范大学出版社，2007 年。

206 Helen S. C. Nevius, *The Life of John Livingston Nevius, for Forty Years a Missionary in China.* Introduction by W.A.P. Martin. New York : Fleming H. Revell, 1895.

207苏慧廉的《李提摩太在中国》，208以及李提摩太的自传《李提摩太在华回忆录》209等。

4.3 关于宣教士与中西文化

关于基督新教宣教士与中西文化会通的研究，顾长声的《传教士与近代中国》、210《从马礼逊到司徒雷登》211等书对中国学者影响甚广，被广泛引用。其作品大都成书于八十年代，受到当时或之前的意识形态的影响，加之史料查询的限制，所以学者在引用时也传承了这种意识形态和用词。李天纲对他的评价比较中肯，虽然他的书受到书界的欢迎，但当时"文革"之后的政治标准和叙事框架，限制了书中的信息和观点。212

王立新的《美国传教士与晚清中国现代化》，213虽然着重于美国的来华宣教士，但从一个侧面也反映了宣教士整体对晚清中国现代化进程的作用和贡献，作者定义晚清的现代化过程是"近代中国人在政治、经济、文化、思想意识和心理等方面不断摆脱传统势力的影响，不断追求变革以及为挽救民族危亡和争取国家复兴作出的文化选择"。而宣教士们是由于其来华的特殊使命、以及他们作为西方文化载体的身份特征，并基于宣教需要和中国社会变化，选择西学作为改造中国社会的武器。

研究近代基督教的论文集有：林治平《近代中国与基督教论文集》、214《基督教与中国论集》；215王尔敏《近代中国与基督教论文集》；216李志刚《基督

207 [英]罗夫·华德罗·汤普森著，赵欣、刘斌斌译：《杨格非：晚清五十年》。天津：天津人民出版社，2012 年。

208 [英]苏慧廉（William Edward Soothill）：《李提摩太在中国》。桂林：广西师范大学出版社，2007 年。

209 李提摩太著，陈义海译：《李提摩太在华回忆录》。南京：江苏凤凰文艺出版社，2018 年 1 月第 1 版。

210 顾长声：《传教士与近代中国》。上海：上海人民出版社，2013 年第 4 版。

211 顾长声：《从马礼逊到司徒雷登——来华新教传教士评传》。上海：上海人民出版社，1985 年。

212 李天纲：《中文文献与中国基督宗教史研究》。收录在张先清编：《史料与视界——中文文献与中国基督教史研究》。上海：上海人民出版社。2007 年，15 页。

213 王立新：《美国传教士与晚清中国现代化》。天津：天津人民出版社，2008 年。

214 林治平：《基督教与中国近代化论集》。台北：台湾商务印书馆，民国 64 年[1975]。

215 林治平：《基督教与中国论集》。台北：宇宙光传播中心出版社，民国 82 年[1993 年]。

216 王尔敏：《近代中国与基督教论文集》。台北：台湾宇宙光出版社，1981 年。

教与近代中国文化论文集》；[217]肖清和主编《中国基督教史研究》[218]等。张先清主编的《史料与视界——中文文献与中国基督教史研究》[219]中，收录了许多研究成果，如李天纲之《中文文献与中国基督宗教史研究》、钟鸣旦之《中国基督宗教史研究的史料与视界》。

在通史类研究中有：姚民权、罗伟虹的《中国基督教简史》，[220]《中国基督教（新教）史》[221]。地方性传教史代表性的研究著作则有：吴义雄《在宗教与世俗之间——基督教新教传教士在华南沿海的早期活动研究》，[222]段怀清的《传教士与晚清口岸文人》。[223]

台湾方面的研究主要有，姚松龄的《影响我国维新的几个外国人》；[224]李志刚的《基督教早期在华传教史》[225]专注于 1807-1842 年间的基督教宣教士来华宣教之活动概况，以及他们的活动对近代中国之关系的影响。

美国学者的研究方面,哈佛大学教授费正清在其《剑桥中国晚清史 1800-1911》（上卷）的第十一章对"1900 年以前的基督教传教活动及其影响"进行了研究；《新教传教士著作在中国文化史上的地位》研究了新教宣教士著作在中国文化史上的贡献。[226]赖德烈（Kenneth S.Latourette）是美国浸礼会国外传道会会员，1910-1917 年间在华宣教，1918 年回国后一直致力于从事中国问题的研究。《基督教在华传教史》[227]这部书中广泛结合了其自身在华的经历，参考大量英文文献，全面评述了自裨治文起美国百年在华宣教史，被称为是"迄今为止仍最深入和最完备的一部有关中国基督教的通史著作"。

217 李志刚：《基督教与近代中国文化论文集》。台北：宇宙光传播中心出版社，民国82 年[1993 年]。

218 肖清和主编：《中国基督教史研究》。上海：上海大学出版社，2013 年。

219 张先清编：《史料与视界——中文文献与中国基督教史研究》。上海：上海人民出版社。2007 年。

220 姚民权，罗伟虹著：《中国基督教简史》。北京：宗教文化出版社，2000 年。

221 罗伟虹主编：《中国基督教（新教）史》。上海：上海人民出版社，2016 年。

222 吴义雄：《在宗教与世俗之间——基督教新教传教士在华南沿海的早期活动研究》。广州：广东教育出版社，2000 年。

223 段怀清：《传教士与晚清口岸文人》。广州：广东人民出版社，2007 年

224 姚松龄：《影响我国维新的几个外国人》。传记文学出版社，民国 60 年[1971]。

225 李志刚：《基督教早期在华传教史》。台北：台湾商务印书馆，1985 年。

226 [美]费正清著、吴莉苇译：新教传教士著作在中国文化史上的地位，《国际汉学》，2003 年第 2 期，119-131 页。

227 [美]赖德烈（Kenneth Scott Latourette）著、雷立柏等译：《基督教在华传教史》（*History of Christian Missions in China*），香港：道风书社，2009 年。

228聂资鲁对百余年来美国的基督教在华宣教史做了研究，229详细介绍了美国学者研究的部分，非常具有参考价值。谢和耐的《中国与基督教：中西文化的首次撞击》230从文化的角度研究基督教对近代中国各个方面的影响，以及宣教过程中的中西文化冲突。

自 1807 年马礼逊来华之后，开启了新教在华宣教的新篇章。而这段时间很显著的就是出现了大量的宣教士的传记，同时还有宣教士与差会之间的书信、报告以及各差会的年度报告，成为研究这一时期宣教士的在华活动及其生活和思想的最真实的资料来源。据统计这段时间在华宣教士和中国基督教士的英文资料和著作数量约在 800-1000。

三、研究方法与文献来源

1. 中国基督教历史的研究方法

基督新教大规模进入中国，正值中国近代史的开端。早期学者书写的中国近代史，或者中国近代对外关系史，大多是以落后与挨打为主旋律的"西方侵华史"。改革开放以后，中国近代史的研究范式经历了相当大的转变，史学家们逐渐认识到历史学研究的独特性、客观性、复杂性与科学性，从以往的纯粹性批评与揭露的研究范式，转向理性化的研究范式，对研究的历史对象也更加客观、公正。

追溯中国基督教研究的历史，台湾中原大学吴昶兴教授在其《历史文化丛书》的总序中提出，由"福汉会"成员王元深所著《圣教东来考》是华人最早记录基督教来华的教会史著作，231随后出现了许多通史性的论著，以及关于基督教与中国文化、基督教与中西文化交流、反教运动、宗派史以及个人传记等各种类型的论述。关于基督教史的研究大多集中在对唐代的景教、元朝的也里克温教、明朝的天主教、以及晚清的新教来华等几个历史阶段。1949年以后在中国的研究进入沉寂，研究的重心转移到北美以费正清等学者为主体的研究。改革开放之后，中国学术界重新兴起了对天主教和基督教的研究，

---

228 张先清编：《史料与视界——中文文献与中国基督教史研究》。上海：上海人民出版社，2007 年，第 332 页。

229 聂资鲁：百余年美国的基督教在华传教史研究。《近代史研究》，2000 年第 3 期。

230 [法]谢和耐著，耿昇译：《中国与基督教：中西文化的首次撞击》，北京：商务印书馆，2013 年。

231 吴昶兴：《再一解释：中国天主教史研究方法新拓展》。新北：台湾基督教文艺出版社。2014 年，V 页。

学者们从不同的视角和层面，采用不同的研究范式和方法，探讨基督教与中国社会和文化的历史演变过程及其对中国社会的影响。研究的范围和研究的内容不断得到扩展，研究方法不断创新。

关于研究范式的转变，钟鸣旦教授对此作了充分的总结：自二十世纪二、三十年代以降，研究者们主要围绕"适应"（accommodation）与"调和"（adaptation）模式，以天主教传教士的活动及其论著为中心，探讨基督教在中国的传播。到七十年代之前，研究领域和研究视角发生了新的变化，历史学家们所关注的是"中国人如何接受基督教或西方科学？他们对传教士的态度如何？"到八十年代，基督教在华传播史的研究范式，从传教学和欧洲中心论转到汉学和中国中心论。[232]

上个世纪六十年代，费正清提出"冲击-反应"（Impact-Response）的研究范式，重点关注西方宗教与文化对中国的"刺激"、以及中国社会与各个阶层对西方冲击的"反应"。"西方的冲击"是指鸦片战争以后，西方的政治、经济、社会、宗教及文化等方面一系列的影响，改变了中国社会的走向，规定了中国近代史的全部主题。自费正清始，在近代中国基督教史的研究中，形成了"基督教促成中国现代化"的研究论述模式，强调基督教入华带来西方文化，并促成了传统中国社会的变革。[233]柯文（Paul A.Cohen）认为，这种模式虽然已经能够较多地从内部观察中国历史，但它观察时的目光却偏向了西方"冲击"这一方，如此造成在描绘中西方是积极的，而中国是消极的，中国这个停滞不前的"传统"社会，只有等待精力充沛的"近代"西方赋予其生命，才可以把它从永恒的沉睡中唤醒。[234]

柯文认为应该更多地从中国内部出发，把历史的起点放在中国而不是西方，从置于中国历史环境中的中国问题着手研究，并在探讨中国近代史问题时把重点从文化转向历史。[235]他提出的"以中国为中心"的研究范式，将中

---

232 孙尚扬、[比利时]钟鸣旦：《一八四〇年前的中国基督教》。北京：学苑出版社，2004 年，2-3 页。

233 李金强：基督教与中国近代社会转型。《史学月刊》2013 年第 10 期，5-6 页。

234 [美]柯文著、林同奇译：《在中国发现历史——中国中心观在美国的兴起》。北京：中华书局，1991 年，133 页。Paul A. Cohen, *Discovering History in China: American Hisrorical Writing on the Recent China Past*. New York: Columbia University Press, 2010, p.151.

235 [美]柯文著、林同奇译：《在中国发现历史——中国中心观在美国的兴起》，135、167 页。

国基督教史放在中国的历史社会处境中研究，从中国的问题入手看中国的历史，重视的焦点从"传教士怎样影响中国"，转变为"中国社会和文化及其对传教士的影响"。"中国中心观"强调研究中国基督教要从具体的中国社会背景出发，研究对象要以中国信徒为主体，并要关注基督教与地方社会之间的关系，[236]如谢和耐的《中国与基督教》，就是主要以中文文本为起点，研究中国人的反应。裴士丹（Daniel H. Bays）也主张"从中国史的角度认真考察基督教的传教史"，[237]在中国人中发现中国基督教的历史。但柯文同时也指出："美国历史学家们越来越多地采纳以中国为中心的方法，这有可能堕落为一种新形式的地方主义，它过低估计十九、二十世纪西方在中国的作用"。[238]足以看出不同的研究范式都存在着不同程度的局限。

研究范式的转换不但是思想方法的变化，同时也是"视域"的扩展。陶飞亚提出了中国基督教史研究的一个新趋向——"横向的跨越"，就是"在世界史的跨国家跨文化的视野中，来看中国基督教的历史"。他认为基督教的兴起与发展本身就是一部海外传教史，伴随着西方国家新航路的开辟和资本主义时代的兴起，基督教在传播过程中，势必会与传入地区的传统文明发生某种程度上的碰撞，打破该地区原有的社会政治以及文化的生态平衡。陶飞亚认为，如果从世界史角度来考虑基督教在中国的传播和命运，将有助于帮助中国学者摆脱"受害者"的预设思路和"基督教是文化侵略"的研究范式。[239]

钟鸣旦在研究十七世纪早期中西文化相遇时，总结了四种研究框架：[240]第一种是1960年代以前的"传播类框架"（transmission framework），研究的着眼点在"传播者"即传教士身上，主要研究的是"传教士是如何在中国传播基督教或者西方科学的"，其方法、贡献/冲击以及影响。第二种是1960-1970

---

236 肖清和北京大学博士毕业论文：《"天会"与"吾党"：明末清初天主教徒群体之形成与交往研究》，2009年。

237 费正清：《剑桥中国晚清史 1800-1911年》（上卷）。北京：中国社会科学出版社，1985年，660页。

238 孙尚扬、钟鸣旦：《一八四〇年前的中国基督教》，9页。

239 陶飞亚：《中国基督教史研究的新趋向》。《史林》，2013年第2期，106页。

240 [比]钟鸣旦著、刘贤译：《文化相遇的方法论：以17世纪中欧文化相遇为例》，《清史研究》，2006年11月第4期，65-86页。参见 Nicolas Standaert, *Methodology in View of Contact between Cultures: the China Case in the 17th Century*. Hong Kong: Centre for the Study of Religion and Chinese Society, Chung Chi College, The Chinese University of Hong Kong, 2002, p.6.

年代兴起的"接受类框架"（reception framework），研究的问题是："对基督教和西方文化的传入，中国人作出了怎样积极的或消极的反应？"研究的中心是作为接受者的中国人，[241]正如柯文所提出的"中国中心观"。第三种是从后殖民和文化研究中产生的"创新类框架"或"建构类框架"（invention framework），传播者对接受者及其文化建构一种语言，并对接受者施加权威影响（to exercise power over）。第四种是*互动交流类框架*（interaction and communication framework），建立在前面所述诸框架之基础上，重点在于交流的文化事实，传播者和接受者被视为是平等的参与者，交流是双向的，传教士和中国人在某种程度上既是传播者也是接受者。"互动交流类框架"的中心概念是"空间"，这一空间既是文化相遇的发生地，又是相遇的产物。以上四种框架"是同一个过程中的组成部分，在某一特定情境中，可以集中于一种方法"。[242]

钟鸣旦还提出了一个"间"的概念："in-betweennes"[243]，可以是时间（time）、空间（space）、世间（world, sociaty）、人间（neighborhood），它不是指一种运动，而是一个位置。知识的探究即是指在文化和人类生活之间的间隔、空隙、停顿、瞬间或区域之间，或是两种语言、两种文化传统、两种现实之间。"间"使节奏和转变成为可能，它涉及到三个维度：（存在的）身份问题（a question of（existential）identity）、思维方式（a mode of thinking）、以及关注的问题（a matter of attention）。

史学的研究带有非常强的主观成分，正如柯文所认为的，"选择什么事实，赋予这些事实以什么意义，在很大程度上取决于我们提出的是什么问题和我们进行研究的前提假设是什么。随着时代的演变人们关切的事物不同，反映这些关切的问题和前提假设也随之发生变化。"[244]史料的选择与对史料的研究方法和阐释模式同样重要。

---

241 [比]钟鸣旦著、刘贤译：《文化相遇的方法论：以 17 世纪中欧文化相遇为例》，《清史研究》，65-86 页。

242 [比]钟鸣旦著、刘贤译：《文化相遇的方法论：以 17 世纪中欧文化相遇为例》，《清史研究》，65-86 页。

243 Nicolas Standaert, *Don't Mind the Gap: Sinology as an Art of In-Betweenness*, Philosophy Compass, Volume 10, Issue 2, 2015. p. 91–103.

244 [美]柯文著，林同奇译：《在中国发现历史》，前言，第一页。

2. 本论文之研究方法、阐释模式及史料说明

2.1 本研究的出发点

中国和西方——基督教、西方科学文明、中国传统文化——在相互的交流、会通的过程中，必然会发生冲突乃至抗衡，或者融合。本研究不会重点关注某一单方面对冲突的反应，而是双方在冲突之下对引发结果的共同反应。关注的不是政治的维度，也不是严格意义上的教会历史的维度，更多关注丁韪良等宣教士对当时他们所处社会和时代的价值。跨越"以西方为中心"或"以中国为中心"的对立，以全球化世界的角度，在中西之间、中西互动和交流之间，去看丁韪良及宣教士们在历史中的角色、基督教在中国的传播、以及对中国现代化进程的影响和作用。

本研究尝试以点带面，以人见事，以事见史，以史而知人之所是。本研究的主要对象是美国宣教士丁韪良，但研究中会将丁韪良与同时代的新教宣教士作紧密的联系，也会与历史上的天主教宣教士发生某些联系，因为历史研究的对象从来"不是孤立的历史事件，而是整体的社会事实，涉及到经济、政治、社会、文化、思想等各方面的问题"，[245]孤立的某个人物是无法完成思想的传播的，必须要倚靠他所生活其间的社会关系网络。[246]因此从"同时"的角度，将对互相关联、或与发生的事件相关联的其他人物和关系进行整体研究，从丁韪良看基督新教在华宣教的历史，从他所参与的事件看中国现代化开端的历史。

本研究尝试运用钟鸣旦"间"（in-betweennes）的概念，来观察和思想丁韪良的活动及其影响。在时间上，正是处于中国社会形态的转折期，从封建社会向近代化转变；在空间上，是在基督的国度和世俗的国度之间，文明的西方和封建的中国之间，以及清政府和其母国政府之间，是非常鲜明的两种语言、两种社会体制、两种文化传统、两种现实之间。丁韪良本身是一个媒介，一个管道，宣教士本身的素质和使命感，使他传播者的角色成为可能；而中国面临的巨变和同治王朝求变的主动需要，又为他及其他宣教士提供了成为传播者的可能。如果说供求关系（supply-demand relationship）是指"在商品经济条件下，商品供给和需求之间的相互联系、相互制约的关系"，而在丁韪良和清政府之间存在怎样的一种供求关系，是值得本研究去做进一步探讨的。

---

245 孙尚扬、钟鸣旦：《一八四〇年前的中国基督教》，29 页。
246 孙尚扬、钟鸣旦：《一八四〇年前的中国基督教》，30 页。

2.2　本研究采用的阐释模式

关于基督教在华传播史研究中的阐释模式，钟鸣旦教授将其归纳为：文化交流模式、中国现代化进程因素模式、边缘宗教模式、开化计划模式、自我与他者模式。[247]在本研究中，将尝试主要采用"中国现代化进程因素模式"来解释这一段时期丁韪良的在华活动给基督教在华宣教史、以及晚清中国的现代化进程带来的影响。同时会辅助以"文化交流模式"，阐释万国公法的翻译、以及同文馆的创办及其意义，以"开化计划模式"解释这一时期新教宣教士在中国兴办教育、医院、慈善、文化出版等事业的动机和贡献。

（1）"中国现代化进程因素模式"。 正如学者们所阐释的，只有当外来因素介入时，中国自身内部才可能发生根本性的变化。而这种状况在鸦片战争后的咸同年间表现的更为突出，传统的中国受到强大的现代化西方的挑战。除去战争的因素，在文化层面上，宣教士被看作是"现代性的先驱"。[248]

根据历史学家罗荣渠的观点，modern 一词表达的是一个新的观念体系，最先出现在文艺复兴时期人文主义者的著作中；[249]从历史的时间尺度上（Modern times）来看，大致是指从公元 1500 年直到现今的历史时期。[250]"现代化"（modernization）则是指："近代资本主义兴起后的特定国际关系格局下，经济上落后国家通过大搞技术革命，在经济上和技术上赶上世界先进水平的历史进程"；[251]其实质是工业化；是"自科学革命以来人类急剧变动的过程的统称"，也是一种"心理态度、价值观和生活方式的改变过程"。[252]从马克斯·韦伯的社会学观点来看，现代化就是"合理化"，"对于发展中国家来说，这个过程不是自然的社会演进，而是有目标、有计划、以较短的时间、最有效

---

247 孙尚扬、钟鸣旦：《一八四○年前的中国基督教》，45 页。

248 孙尚扬、钟鸣旦：《一八四○年前的中国基督教》，48 页。

249 罗荣渠：《现代化新论：世界与中国的现代化进程》。北京：北京大学出版社，1993年，5 页。

250 罗荣渠：《现代化新论：世界与中国的现代化进程》，3-4 页。也可参考《韦氏第三版新国际大词典》（*Webster's Third New International Dirinary*, 1976）。西方史学对人类文明史分期为：古代的 ancient、中世纪的 medieval、现代的 modern。而中国历史传统的分期结构为：古代、近代、现代，以俄国十月革命（1917）为近代和现代的分界。

251 罗荣渠：《现代化新论：世界与中国的现代化进程》，9 页。

252 罗荣渠：《现代化新论：世界与中国的现代化进程》，11-14 页。

的途径，学习、借用和移植先进国家成果的过程。"[253]韦伯的观点更有效地帮助我们了解咸同年间现代化进程的模式。

柯文认为，按照韦伯的理论，当一个社会认识到自己的理想与现实之间存在着似乎无法弥合的鸿沟时，会产生"与世界发生紧张状态"，并开始改变自身；中国之所以不能独自发展资本主义，是因为儒家的道德观中缺乏"道德理想与人类缺点之间的任何紧张状态"，使得自身与外在世界的紧张态度减少到最低点，无法设想其自身会发生变化。韦伯的理论提供了中国无法产生近代资本主义的一个解释。[254]从反省的角度看待中国的历史，费正清的"基督教促成中国现代化"的研究论述模式也是值得借鉴和参考。

1840 年的鸦片战争是工业革命后发达的西方商业入侵的必然发展，是中西文明在近代的首次正面撞击，中国的门户和自足发展的模式被打破，内部的瓦解和外部的冲击，使晚清政府开始重新认识中国以外的世界，中国开启了现代化的历程。

（2）"文化交流模式"。这种模式通常被视为十七、十八世纪基督教在华传播的一种独特的交流方式，学界中通常认为这是相互平等的交流。新教入华，与明末清初天主教宣教士来华最大的不同，就是明末清初外国强权的干预较少，没有出现国家与国家、民族与民族之间的冲突，而更多的是文化和宗教上的碰撞，中国文化也处于绝对的主导地位，宣教士更多地是要与本地文化相适应。

而十九世纪基督新教在华的传播，因为有"强权入侵"和"不平等"的大的历史背景，在中西文化的碰撞和交流以先，首先表现为国家之间和民族之间的激烈冲突。同时新教宣教士虽然尊重中国传统的儒家文化，但是更希望以基督教和西方文明改变中国文化，他们在文化交流的广泛性、深刻性及长久影响力上都是远超从前的。

从文化交流理论的基础来看，"一种外来因素只有加入该文化的内部运作之中才能被接受"。[255]在本研究中，从万国公法的引进到同文馆的创办，采用此阐释模式是适宜的。

---

253 罗荣渠：《现代化新论：世界与中国的现代化进程》，15 页。

254 柯文：《在中国发现历史》，74 页。原文可参考 Max Weber, *the Religion of China: Confucianism and Taoism.* Translated and edited by Hans H. Gerth.（Glencoe, Ill），Free Press Paperback, 1968. p. 226-249.

255 孙尚扬、钟鸣旦：《一八四〇年前的中国基督教》，51 页。

（3）"开化计划模式"。这是两个开化方案之间的相遇。史蒂文·哈瑞儿（Stevan Harrell）将"开化"的含义界定为："开化是民族之间相互作用的一种形式，其中开化中心一方与另一方处于某种不平等的关系之中。这种不平等的意识形态的基础在于：开化中心宣称自己的文明程度高于对方，并有责任使边缘民族的文明达到或接近开化中心的水平"。[256] 这种模式完全可以用来解释鸦片战争后新教宣教士在中国兴办教育、医院、慈善、文化出版等事业的动机，除了传播福音，用基督教改变中国，同时用西方基督教国家的文明开化中国。

2.3 史料的说明

作为实证科学的历史，史料是历史研究的基础。梁启超曾解释和定义何为史料："史料者何？过去人类思想行事所留之痕迹，有证据传留至今日者也。"他认为"史料为史之组织细胞，史料不具或不确，则无复史之可言。"[257]德国历史学家兰克（Leopold von Ranker）认为，历史学家的目标是按照实际发生的样子（Wie as eigentlich gewesen）去了解和重建时间的真实过去，注重严谨地使用材料，尤其是广泛地运用第一手材料。[258]在西方学者中，谢和耐最早提倡在西方宣教士文献之外，尽量用中文文献来研究中西文化交流，观察中国人对基督教的反应。[259]根据以上所述诸原则，本研究尝试不断发现新的史料和第一手资料，并在前辈学者已使用的史料范围中，通过个人不同的采纳、组织和运用，作进一步的比较与阐释。

中文资料方面，除了相关研究的文献和参考书目，主要是查阅原始的第一手资料，如《清实录》、《清会典》、《筹办夷务始末》等，从大臣的奏疏和皇帝的上谕及御批中理顺史实，特别是事件发生的时间。丁韪良的个人著作和论文是最重要的研究、文献，笔者有幸在耶鲁大学图书馆查阅到一些丁韪良著作的中英文版本以堪比照。

---

256 孙尚扬、钟鸣旦：《一八四〇年前的中国基督教》，55 页。

257 梁启超著：《中国历史研究法　中国历史研究法补编》。北京：中华书局，2014 年，40 页。

258 [美]蒂莫西·乔治著，王丽译：《改教家的神学思想》。北京：中国社会科学出版社。2009 年，2 页。

259 谢和耐：《中国与基督教：中西文化的首次冲撞》。参见李天纲：《近二十年中国基督宗教史研究综述》。《历史教学问题》，2008 年第 1 期，47 页。

英文文献方面，美国费城长老会历史学会（Presbyterian Historical Society）收藏的丁韪良的书信原稿（胶片版），以及长老会的年度报告、会议记录、往来书信等，为本研究提供了较为充分的第一手史料。十九世纪后半期在中国和美国出版发行的各类基督教报刊、杂志、会刊等文献、以及外国学者关于丁韪良的传记或回忆，为本研究提供了许多辅助性信息和参考。同时，其他同时代宣教士的传记和回忆录也是宝贵的史料资源。

四、研究的框架

> 历史的发展有它一定的规律，但是实际情事展开时，仍有无数意料不到的因素，这样才能使生活保持它的神秘和它的兴趣。[260]

本文尝试将丁韪良这个历史人物还置于他所生活的那个时代的历史情境中，将每一个单一的事件置于大的世界和中国的历史背景中，从历史的进程看丁韪良的思想形成和在华活动的轨迹，从丁韪良的活动中观其对那个时代的中国的影响和贡献，并试图从中梳理出事件发生的必然或既然的因素。虽然本论文所研究的时间跨度只有十二年（1858-1869 年），但影响这十二年发展变迁的时代背景却纵横近五个世纪，这是本研究特别重视的部分，只有从这个时代背景出发，才可以更好地了解鸦片战争后基督教进入中国以及丁韪良等新教宣教士在华活动的外部作用和内在因素，及其所引发的时代意义。

本文以 1858-1869 年间的丁韪良的活动为研究主体，探究在中国文化与西学东渐的冲突与融合中，基督教在中国的传播进程和晚清的中国现代化过程。研究中，注重以历史文献资料为基础，在文献和资料的搜集、翻译和整理中去发现历史，以实证研究的方法去分析、理解和诠释，寻求其中外在和内在双重因素的影响力。

本文的主要结构如下：

第一章首先介绍丁韪良来华前后中、西方两个大的历史背景。在西方的历史背景中，以文艺复兴、新航线开辟、宗教改革、科学革命和工业革命为主轴，看西方的"复兴与觉醒"，凸显西方现代文明的发展如何造就其世界扩张和宣教热情：文艺复兴直接为宗教改革和随之而来的变化铺平了道路；宗教改革是"文艺复兴在神学领域的完成"，并推动了世界性的宣教行动；新航线的开辟为国家间的交往和海外宣教带来了交通上的便利；科学革命和工业

---

260 黄仁宇：《放宽历史的视界》。北京：三联书店，2001 年，85 页。

革命为 19 世纪欧洲的世界霸权提供了经济基础和军事基础，"工业革命首先开始于英国"使英国开始对世界事务起首要作用。美国大觉醒运动推动海外宣教热潮，是美国宣教士丁韪良来华的主要背景。

关于晚清中国的历史背景，主要是晚清从封闭、禁教到开放、中兴的过程，这是导致 1860 年后转折的重要时代因素，历史背景是后面一系列事件发生的历史原因，从禁教到条约保护下新教宣教的开放；从闭关自守、对世界的无知到国际法意识的需求和开展外交；从国力落后到新式教育。其中"同治中兴"是咸同之际中国现代化进程的重要前提，因此在本章中对其进行了重点研究。

第二章进入第一个研究事件：丁韪良与《中美天津条约》。围绕清政府与西方国家签订的一系列条约，看宣教士参与条约签订的重要、清政府对基督教政策的转变、以及条约如何促成了新教在中国宣教的全面开放；丁韪良参与《中美天津条约》谈判对其宣教生涯带来的影响；从现代化进程的角度解释鸦片战争及"条约"给晚清政府带来的影响——开眼看世界的第一步，"什么是世界"。

第三章围绕第二个研究事件：丁韪良与《万国公法》。研究《万国公法》的版本问题以回应学界对其公正性的质疑；研究《万国公法》在中国国际法领域的地位和重要性，其中涉及到两个背景话题：中国古代已有先秦国际法（或春秋公法）、国际法首次引入中国的时间考察；从丁韪良翻译《万国公法》的过程研究看其对中国产生的影响，以及宣教士们在西法东渐过程中的整体贡献；从其应用中看《万国公法》对中国现代化进程的贡献——帮助中国对世界的理解，即认识世界："世界是什么"。

第四章展开第三个研究事件：丁韪良与京师同文馆。此部分涉及新式教育以及教会学校的发展史、西学著作的编译史、以及中国近代外交史的发展。其中引发两个敏感话题的讨论：中西文化冲突与"文化侵略"，新教宣教士宣教策略。从中观察丁韪良对中国新式教育、出版翻译事业、西学引进、近代外交等方面的贡献。从现代化进程的角度看同文馆的新式教育和近代外交带给晚清政府带来的影响——中国"如何走进世界"。

本研究寄望立足丁韪良，看新教宣教士整体的在华宣教历史的开端，看咸同之际晚清中国现代化进程的开端。这是本研究的意义所在。

第一章　冠西东来：丁韪良来华前后的
　　　　　西方和中国

中国因西藏的山脉隆起，恰似一个由侏儒围绕的巨人，在土龙
丘中巍然如一座金字塔。围绕在四周的弱小国家及游牧部落皆愿意
臣服于她，这与其说是畏惧其武力，毋宁说是慑于其雄伟气象。因
此，当她首次获知西方各大国之存在时，仍视之为边疆部落；她用
优越的语调，称他们为夷狄，并要求进贡。（丁韪良，号冠西）[1]

李鸿章形容咸同之际晚清中国的真实境况，经历的是"数千年未有之变
局"，面临的是"千年来未有之强敌"。[2]这正是丁韪良所经历的中国，在政治
上、经济上、思想上、外交上都在经历着前所未有的剧烈变化。研究丁韪良
这一时期在华的活动，首先需要的是把握这一时期中、西方的历史背景。

本章重点在于了解与本研究的研究对象以及所发生事件息息相关的时代
背景。阐明社会与时代背景，目的是厘清事件的眉目，说明事实的因果关系。
今之果，必有昔之因，"寻出因果关系，然后活动之继续性可得而悬解也。"
（梁启超《中国历史研究法》）。

1　丁韪良：《中国文艺复兴》（1868 年）。参刘伯骥：《丁韪良遗著选粹》，台北：台
　　湾中华书局，1981 年，153 页。
2　李鸿章：同治十三年（1874）十一月三日奏疏。《筹办夷务始末》，卷九十九，页
　　十四。

本章主要介绍三个方面的背景：

1. 复兴的西方。探讨造就西方文明的发展与强大，以及英国等国家的世界霸权地位的主要因素，其中包括文艺复兴、新大陆的开辟、科学革命、工业革命等等，如何造成西方和中国的距离拉大，而世界的隔绝却缩小；从宗教改革探讨基督新教普世宣教运动的兴起，宣教方式和策略的改变因素以及宣教士为何能成为影响中国现代化进程的生力军。美国的大觉醒运动不仅是丁韪良来华宣教的背景和影响所在，也是同时代宣教士共同的信仰复兴经历。

2. 巨变的晚清。从康熙的禁教，到清政府的闭关锁国，直至鸦片战争、同治中兴，在其衰落-自强-中兴的觉醒和改变过程中，发掘使宣教士在教育、科学、外交等诸多方面的努力成为现实的内在因素。

3. 简要回顾鸦片战争前基督教进入中国的历史，以及西方各差会、包括丁韪良所属差会美北长老会的来华宣教的基本状况。

第一节　西方：文明与信仰的复兴与觉醒

韦伯认为，在西方文明中且只有在西方文明中出现的文化现象是具有价值的。[3]十四到十六世纪，西方社会经历了文艺复兴、资本主义萌芽和宗教改革运动。美国著名历史学家斯塔夫里阿诺斯（Leften Stavros Stavrianos）认为，人类的物质文化在这两百年当中发生的变化远甚于之前的五千年。[4]文艺复兴中"人文主义"思潮兴起，尊重理性与科学的态度，不仅扩大了知识的积累，同时发展了科学技术。十六世纪在欧洲发生的宗教改革运动（1517），与后来的科学革命、政治革命一起，导致了世界现代化的进程，加上十八世纪的启蒙运动的思想解放，直接结果是导致了基督新教及其各个派别的产生。[5]十七、十八世纪，欧美相继经历了英国资产阶级革命、法国大革命、以及美国的独立战争。进入十九世纪，第一次工业革命进一步推动和促进了资本主义经济的发展和社会文明的进步，欧美各国的经济迅速发展。美国虽然在 1860 年爆

3　[德]马克斯·韦伯著，彭强、黄晓京译：《新教伦理与资本主义精神》，西安：陕西师范大学出版社，2002 年。作者导论：1 页。

4　[美]斯塔夫里阿诺斯著，吴象婴，梁赤民译：《全球通史——1500 年以后的世界》，上海：上海社会科学院出版社，1992 年，275 页。

5　[英]莱尔（J.C. Ryle）著、梁曙东等译：《英国复兴领袖传》（The Christian Leaders of the 18th Century），北京：华夏出版社。2007 年。序言，1 页。

发了南北内战，但之后经济全面起飞。欧洲在文化、宗教、科学、工业等领域
的革命，拉大了中国和西方在文明和物质方面的差距，而新航路的开辟，打
破了世界地区之间的相互隔绝，也为西方国家预备了通往东方的道路。

历史学家黄仁宇指出，西欧的现代化，包括文艺复兴以及资本主义的形
成、宗教改革和科学技术的展开，时间上和明代近三百年的兴亡吻合，[6]以致
中国的这个"内在的王朝"虽然受外间的干预成分少，内在的性格强，仍然
受到了与它同期生长和发育起来的西欧资本主义的影响。[7]从中西文化互通的
层面观察，这恰恰是利玛窦等耶稣会宣教士所带来的基督教思想与西方文明，
第一次与中国文化相遇并产生撞击的时代。西方宣教事业与现代欧洲文明的
兴起、技术和经济的空前发展和增长是分不开的，宣教士想要用福音改造这
个世界，把福音传到地极的梦想变为可能。

1. 文艺复兴

十四世纪到十六世纪，在欧洲发生的文艺复兴运动（Renaissance）带来
了科学与艺术的革命，与宗教改革和启蒙运动一起，成为西欧近代三大思想
解放运动，被认为是中世纪和近代世界的分界。林赛认为，近代科学、和用
真正的科学方法研究大自然、以及对世界的新认识，是从文艺复兴开始的，
今天的生活和思想的全部观念，都可以从那个时代找到根源，而文艺复兴直
接为宗教改革和随之而来的变化铺平了道路。[8]

文艺复兴的另一个最主要的影响是教育。有着强烈的要求受教育愿望的
德国最先受到影响，在 150 年间创办了 17 所新的大学。马尔堡（Marburg）
是建立于 1527 年的第一所宗教改革大学（The first Reformation University）。
正像蒂莫西·乔治所认为的，连接文艺复兴和宗教改革的是人文主义
（Humanism）[9]，它是指一种特殊学习方法，是在基督教的以及罗马、希腊等

---

6 黄仁宇著：《放宽历史的视界》。北京：三联书店，2001 年，69 页。

7 黄仁宇著：《放宽历史的视界》，81 页。黄仁宇称明朝是中国最后的一个"内在的
王朝"（indigenous dynasty），这是有别于外族入主的朝代（alien dynasty）。

8 [英] 托马斯·马丁·林赛（Lindsay, Thomas Martin）著，孔祥民等译：《宗教改革
史》，北京：商务印书馆，1992 年，第 42 页。Lindsay, Thomas Martin, *A History
of The Reformation*，New York, Charles Scribner's Sons, 1906.

9 德语的 humamismus 首先出现于 1803 年，指一种强调研读希腊文与拉丁文古典著作
的教育形式。英语首见于 Samuel Coleride Taylor 的著作（1812 年），指称一个基督论
的立场。1832 年首次使用在文化的意义上。参考（英）阿利斯特·麦格拉思著，蔡
锦图，陈佐人译：《宗教改革运动思潮》，北京：中国社会科学出版社，2009。38 页。

异教的古代经典文献被重新发现和研究的基础上发展出来的，与今天所说的人文科学（Humanities）比较接近，强调回到本源。这种教育和行动主义模式，深深影响了宗教改革的每个分支。[10]

2. 新航路的开辟

十五世纪初起，世界地理的新发现接二连三，在带来欧洲国家海外扩张的同时，也为基督教在全球范围的广泛传播提供了可能。1492 年哥伦布发现美洲新大陆，使美洲迎来了欧洲移民和基督教，"不但改变了基督教世界，而且还重塑了整个世界版图"。[11]与东方直接贸易的商业欲望，驱动葡萄牙人于1497 年底绕过了好望角，从海路直接到达了印度。在哥伦布、达伽马及其后继者的不断努力下，世界各地区之间彼此隔离的状态终于被打破，往来和贸易日益频繁，从此人类历史进入了真正意义上的"全球史"阶段。全球性的经济体系和政治关系开始发生变化，以西方为中心的新的世界坐标系统逐渐被确立，欧洲在海外的世界霸权地位，正是在这个过程中被逐渐确立了。可以说，大航海时代为世界历史掀开一个新的阶段。

中国这个古老的东方文明大国，对于西方人一直有一种强大的吸引力。1513 年（明武宗正德八年），第一艘葡萄牙商船抵达中国口岸广州港，美国历史学家斯塔夫里阿诺斯（L.S. Stavrianos，1913-2004）认为，这是自马可·波罗以来第一次有文字记载的欧洲人对中国的访问。[12]而马士（Hosea Ballou Morse, 1855-1934）则认为，西方国家最早与中国发生直接关系的应该是葡萄牙人安刺德（F.P. de Andrade），于 1517 年抵达中国的上川岛，1518 年到达广州。[13]上川岛后来成为第一位来中国的耶稣会传教士沙勿略（St. Francis Xavier，1506-1552）最后到达的地点，他于 1551 年（明嘉靖三十年）抵达上川岛，却因明朝的海禁而不得进入中国，在那里发出了"岩石岩石，你何时才能裂开？"的呐喊。[14]

---

10 [美]蒂莫西·乔治著：《改教家的神学思想》。47，3 页。

11 [英]菲利普·费尔南多-阿梅斯托著，赵俊、李明英译：《1492：世界的开端》。上海：东方出版中心，2013 年，1 页。

12 [美]斯塔夫里阿诺斯（L.S. Stavrianos）著，吴象婴，梁赤民译：《全球通史——1500年以后的世界》（A Global History），136 页。

13 马士著：《中华帝国对外关系史》第一卷，北京：商务印书馆，1963 年，45 页。

14 孙尚扬、[比利时]钟鸣旦：《一八四〇年前的中国基督教》，110 页。

英国人对中国直接贸易的第一次努力发生在 1637 年（明崇祯十年），但直到 1685 年（清康熙二十四年），康熙皇帝宣谕开放中国口岸，准予通商，英国才通过东印度公司获得了在广州开设商馆的权利，并于 1715 年（康熙五十四年）在广州设置商馆。

欧洲与中国国家间的往来，有记载荷兰人于 1655 年（顺治十二年）派使节前往北京，他们情愿以一个亚洲藩属向宗主国来朝贡的使臣地位自居，在皇帝的圣讳、诏书和宝座之前恭行了三跪九叩的礼节，将带来的贵重的礼物以供物献上，也拜领了优厚的恩赐，目的是"他们希望用这种行为在中国取得贸易特权，像他们在日本以同样手段所取得的一样"。[15]1793 年（乾隆五十八年）马戛尔尼勋爵（Earl of Macartney）奉派出使中国，1816 年阿美士德勋爵（Lord Amhserst）奉派来华，希望中、英两国政府之间建立直接关系。

元朝时基督教（也里可温教）的兴盛曾得益于蒙古军队的铁骑所开辟的道路，"他们从亚洲的一端到另一端开辟了一条宽阔的道路，在他们的军队过去以后，他们把这条大道开放给商人和传教士，使东方和西方在经济上和精神上进行交流成为可能"。[16]海上新航线的开辟，犹如唐朝的景教（聂斯脱里派 Nestorianism）假丝绸之路、元朝也里可温教借元军征战大道一样，在贸易通行的同时，也给基督教传入中国带来了交通上的便利。

3. 宗教改革

十六世纪的欧洲是一个变革的时代。1517 年 10 月 31 日，马丁·路德（Martin Luther，1483-1546）在德国威登堡（Wittenberg）教堂门口张贴的《九十五条论纲》，[17]引发了欧洲的宗教改革（Protestant Reformation）。许多教会脱离罗马教皇而成立自由独立的基督教会（Protestant Church）。美国史学家鲍斯玛（William Bouwsma）将宗教改革称为"文艺复兴在神学领域的完成"。[18]

---

15 马士著：《中华帝国对外关系史》第一卷，53 页。

16 欧阳哲生：欧洲与中国文明对话的新开端——以西人在元大都"汗八里"的经验为中心的考察。《北京大学学报》（哲学社会科学版），2013 年 9 月第 5 期，第 143 页。成吉思汗率蒙古军西征使东西方陆路交通空前畅通，元朝成为"历史上中国与西方交通最为频繁的朝代之一"。参见孙尚扬、钟鸣旦：《一八四〇年以前的中国基督教》，82 页。

17 用拉丁文写的一篇文章：《为澄清赎罪券之权威的争辩》，最初的目的只是希望就赎罪券问题发起讨论。

18 [美]蒂莫西·乔治著：《改教家的神学思想》，4 页。

从文艺复兴到宗教改革，催生了欧洲政治、科学、文化等各个方面的革命，基督教的影响开始延伸到世俗社会的各个层面。

黑格尔称宗教改革是"中世纪末期破晓后的光芒万丈的太阳"，将宗教改革的神学总结为："人注定通过自己获得自由"。人的自由概念被提出来。[19]蒂莫西·乔治（Timothy George）由此发出感慨：宗教改革只是启蒙运动的第一个阶段，马丁·路德和加尔文是卢梭与伏尔泰的先驱！[20]中世纪的神学家布卢瓦的彼得（Peter of Blois）赞赏十六世纪的改教家们："我们就像站在巨人肩膀上的矮子，因为他们，我们看得更远。"[21]默顿提出："宗教是文化价值的一种表现——而且在十七世纪是一种显然占主导地位的表现。"[22]宗教改革成为西方思想史和文化史上最关键的转折时期。

宗教改革所产生的、并对后来新教宣教士的宣教活动带来的影响，主要体现在以下几个方面：普世教育，圣徒皆祭司，天职观，宣教热潮。从中我们也可以更多地了解到为什么新教来到中国，和以往的景教和天主教有许多不同的作为和影响。除了建教堂传讲福音，他们还深入到中国的各个地方去兴办学校和教育，建立医院，创办杂志和报纸，翻译书籍，这一切是被看为世俗的，却被认为是中国发展所必需的，也成了新教宣教事业的重要组成部分。

3.1 普世教育

> 敬畏耶和华是知识的开端。——箴言1：7

肯尼迪和纽科姆（D.James Kennedy and Jerry Newcombe）的说法被认为是正确的："每一所你所看到的学校——公立的还是私立的，宗教性质的还是世俗化的——都是对耶稣宗教的一种直观的提醒。这适用于每一所学院和每一所大学"。[23]阿尔文·施密特（Alvin J. Schmidt）认为，无论是早期教会的

---

19 [美]蒂莫西·乔治著：《改教家的神学思想》，1-2页。

20 [美]蒂莫西·乔治著：《改教家的神学思想》，2页。

21 [美]蒂莫西·乔治著：《改教家的神学思想》，8页。赫德在《局外旁观论》中说过类似的话，"矮人之于长人肩上所见，必远于长人。"收录于王健编：《西法东渐：外国人与中国法的近代变革》，3-8页。

22 [美]罗伯特·金·默顿著，范岱年、吴忠、蒋效东译：《十七世纪英格兰的科学、技术与社会》。北京：商务印书馆，2009年。155-158页。

23 D. James Kennedy and Jerrty Newcombe, *What if Jesus Had Never Been Born?* Nashville: Thomas Nelson, 1994, p40. 此处援引自[美] 阿尔文·施密特著、汪晓丹/赵巍等译：《基督教对文明的影响》（*Under the influence*）。北京：北京大学出版社。2013年，157页。

教理问答学校、教区学校、中世纪大学，甚或是盲人和聋人学校、现代分年级校、中等教育、现代学院、大学以及普通教育，有一个共同的特点：它们都是基督教的产物。[24]最早期的教理问答学校，既教授基督教教义，也教授数学和医学等学科，同时注重文字教育，使"基督教第一次在世界文化中成为确定的因素"，也是实践男女同时接受教育、无阶层无民族差别教育的先锋。[25]

宗教改革正是在引导普世教育的方向上起到了积极的推动作用。马丁·路德被称为是最清楚地"阐明了德国新教改革家最具进步意识的教育观念"。[26]他认为开发人类思想至关重要，"因为人们有必要理解圣经的话语和话语所扎根之世界的本质"。他是"敦促义务（学校）教育并建议国家应通过立法来强制执行的第一位现代作家"，极力敦促建立一个国家级的学校系统，"是一种自由的没有限制的教育系统，正如他所传讲的福音一样……消除了性别和社会阶层的差别"。[27]在他的倡导下，德国政府建立了第一个公立学校。他坚持认为缺乏教育最终将导致教会和社会的厄运，而他关于义务教育的理念逐渐传播到欧洲其他地方。[28]另一位改教家加尔文的日内瓦计划则是"在本国形成一个初级教育系统，包括阅读、写作、算术、语法和宗教科目，并建立起中等教育"。[29]施密特由此得出结论，"人人需要受教育"的理念，并不是现代世俗社会的产品，而是出自圣经的两个原则：上帝不偏待人（使徒行传 10：34），以及每个人对自己的救恩负责（约翰福音 3：16）。[30]

正是因着宗教改革运动的影响，1538 年法国的学校实施了分级教育，1817年美国开办了第一所聋人学校和盲人教育（三位法国基督徒因希望聋人能听到福音，于 1775 年开发了手语）、1855 年美国创办了第一家德语授课的幼儿园。[31]大学从基督教的修道院发展而来，[32]据 1932 年出版的《内战前美国学院和大学之成立》所记载，182 所大学和院校中的 92% 都是由基督教的各个

---

24 [美]阿尔文·施密特著：《基督教对文明的影响》，157 页。
25 [美]阿尔文·施密特著：《基督教对文明的影响》，139 页。
26 [美]阿尔文·施密特著：《基督教对文明的影响》，146 页。
27 [美]阿尔文·施密特著：《基督教对文明的影响》，143-144 页。
28 [美]阿尔文·施密特著：《基督教对文明的影响》，144-146 页。
29 [美]阿尔文·施密特著：《基督教对文明的影响》，144 页。
30 [美]阿尔文·施密特著：《基督教对文明的影响》，144 页。
31 [美]阿尔文·施密特著：《基督教对文明的影响》，146-149 页。
32 [美]阿尔文·施密特著：《基督教对文明的影响》，152 页

派别所创建的。[33]美国革命战争之前，每一个在殖民地成立的学院机构——除了宾夕法尼亚大学——均由基督教会的某一宗派创建而成。欧洲的大学情况也是这样。

3.2 圣徒皆祭司

> 你们要归我作祭司的国度，为圣洁的国民。——出埃及记19：6

蒂莫西·乔治（Timothy George）认为，马丁·路德对新教教会最大的贡献，就是他提出了"信徒皆祭司"的教义。[34]"信徒皆祭司"表明的是身份和责任，每个信徒都是"神圣之道的仆人"（*minister verbi divini*）。[35]路德在1520年所写的《致德意志基督教贵族公开书》中提出，"因着洗礼我们大家都受了祭司的职分"，重申了圣经当中所教导的"你们要归我作祭司的国度，为圣洁的国民"（出埃及记19：6）。早期教父们本着"基督是大祭司"的教义，曾反复提及"信徒皆祭司"的教导，教父们认为"所有属于基督身体的成员都受到了祝圣"（圣奥古斯丁 St.Augustine，354-430），"整个上帝的教会，所有的信徒，都被授予了祭司职分（*Leviticum homilia*）"（俄利根 Origen，185-254），所以"教会所有的儿女都是祭司"（圣安波罗修 St.Ambrose，340-397）。[36]

马丁·路德提出这一主张，主要是回应当时罗马天主教内部有关圣职阶层的问题，但同时也重申了信徒的身份与职能，是与宣教和大使命的呼召息息相关的。神学家伊拉斯谟（Erasmus of Rotterdam）认为，基督教的未来活力在于平信徒，而不是神职人员，"平信徒对召命的认可，是教会复兴的秘诀"。[37]大觉醒运动之后的世界宣教热潮证实了这一点。

3.3 "天职"观

> 只要照主所分给各人的，和　神所召各人的而行。
>
> ——林前7：17

马丁·路德提出的"蒙召"（Vocation, Calling）和"职业"（Profession）等理念，塑造了后来资本主义的基本伦理结构。马克斯·韦伯（Max Weber,

---

33 [美]阿尔文·施密特著：《基督教对文明的影响》，156页。

34 [美]蒂莫西·乔治著：《改教家的神学思想》（*Theology of the reformers*），75页．

35 [美]蒂莫西·乔治著：《改教家的神学思想》（*Theology of the reformers*），79页。

36 约拿单："信徒皆祭司"是什么意思？取自 http://blog.sina.com.cn/s/blog_507c069 00102e7w6.html

37 [英]阿利斯特·麦格拉思著 蔡锦图，陈佐人译：《宗教改革运动思潮》。北京：中国社会科学出版社，2009年，50页。

1864-1920）在《新教伦理与资本主义精神》一书中，着重研究了路德的"天职"观。他认为，德语中的"Beruf"，或英语中的"calling"，只存在于所有基督新教占优势的民族语汇里，在除此之外的语言中，找不到含义相类似的词汇来表达"天职"的意蕴。[38]而"Beruf"这个词是在路德翻译的圣经中首次使用的，"在此以前的任何世俗文献中，连这种含义的痕迹也找不到"，韦伯认为无论是这个词，还是这种思想，都是新的，是宗教改革的一个产物。[39]

"天职"，即"上帝安排下的任务"，具有一种终身使命，工作即是一种事奉上帝的呼召，是上帝所喜悦的。马丁·路德把工作看作是"上帝的面具"（larvae Dei），即上帝就隐藏在工作中，所有的工作无论其社会地位高下，都是对上帝和人类的服侍。[40]"天职"观使信徒日常的世俗行为具有了宗教意义，"上帝所接受的唯一生活方式，不是用修道禁欲主义超越尘世思想，而是完成每个人在尘世上的地位所赋予他的义务。这就是他的天职。"[41]

加尔文也强调"普通职业是神圣的"，认为造物主赋予了工作内在的尊严，一个人在任何领域的工作中都能够事奉上帝、荣耀上帝。一切有益的工作都是高贵的，从事医学、法律和教育方面的工作，与在教会中从事教牧工作一样是神圣的事业。加尔文的这一思想也提升了贸易、商业和工业的地位，[42]极大地影响了西方的文化和工作观。

宗教改革的"天职"观念，也给予了新教宣教士在宣教策略和方法上更大的自由和空间，从而他们在每个领域中的事业和奉献，都是在为上帝的福音工作。通过宣教士们的努力，宗教意义上的"天职"概念，为中国的教育、医疗、科技、文化的发展所带来的生命和活力，在十九世纪后叶已初见成果。[43]

3.4 宣教的兴起

你们往普天下去，传福音给万民听。——马可福音16：15

欧洲社会的深刻变革带来了大规模的海外扩张，而"这一扩张给整个世

---

38 [德]马克斯·韦伯著：《新教伦理与资本主义精神》，55页。

39 [德]马克斯·韦伯著：《新教伦理与资本主义精神》，56页。

40 [美]阿尔文·施密特著：《基督教对文明的影响》，163页。

41 [德]马克斯·韦伯著：《新教伦理与资本主义精神》，57页。

42 [美]大卫·霍尔（David W. Hall）、马修·伯顿（Matthew D. Burton）著，石松译：《加尔文与商业》（Calvin and commerce）。成都：四川人民出版社，2015年，41-43页。

43 [德]马克斯·韦伯：《新教伦理与资本主义精神》，69页。

界后来的历史以极其重要的影响……到十九世纪时，已能渗入并控制位于中东、印度和中国的古老的欧亚文明中心"。[44]斯塔夫里阿诺斯认为，这种扩张在某种程度上可用基督教的扩张主义来形容，因为从使徒时代开始，积极传教就一直是基督教会的主要特点。[45]而宗教改革无疑对世界性的宣教行动起到积极的推动作用。

奥伯曼（Heiko A. Oberman）在他的文章《加尔文神学"超出的"维度》中提出，改革宗的国家观念中比较进步的因素，是加尔文认为上帝是立法者和国王，上帝的统治不局限于教会，"甚至超出了教会"（*etiam extra eaclesiam*）。[46]加尔文催促基督徒到世界中去，路德所提出的"信徒皆祭司"，也重在重申信徒的身份与职能，是与宣教和大使命的呼召息息相关的，他呼吁："早期新教徒把自己和一份精神上的自由与平等奉献给所有国籍的人，这礼物使当今世界获益无穷"。[47]经济的发展带动了更大的普世宣教热情，更多的宣教士带着使命被差派到世界各地，这种行为与经济利益无关，与宣教士所属国家的政治利益也无关，这是他们的身份和使命使然。

当欧洲经历巨大变革的时候，作为世界最古老的文明发源地之一的中国，却仍旧处在闭关自守的天朝大国状态中。中国无疑是宣教士们最想到达的国度之一，福音化中国，是基督教世界的梦想。"摆在基督教世界面前的责任，就是将包围着自己的众多古老的异域文明——首先是中国、印度和日本的文明——纳入自己的胸怀，并融入自身的理念之中。"[48]这一梦想驱使着不同时期的宣教士前赴后继地来到中国。

十六世纪最早到达中国传教的，不是宗教改革影响下产生的新教，而是受到宗教改革最大挑战的天主教，特别是耶稣会，是他们首先使中国和西方

---

44 [美]斯塔夫里阿诺斯著：《全球通史——1500年以后的世界》，10页。

45 [美]斯塔夫里阿诺斯著：《全球通史——1500年以后的世界》，11页。

46 Heiko A. Oberman, "*The "Extra" Dimension in the Theology of Calvin*", *Journal of Ecclesiastical History*, 21（1970），pp. 43-64. 参见[美]蒂莫西·乔治著：《改教家的神学思想》，219页。

47 [英]格拉汉姆·汤姆凌（Tomlin, Graham）著、张之璐译：《真理的教师 马丁·路德和他的世界》（*Luther and His World*），北京：北京大学出版社，2004年，2页。

48 马深：《英格兰精神与基督教文化：透视中华文明》。北京：知识产权出版社，2013年，139页。原文出自[美]马汉（（Mahan, Alfred Thayer）著，萧伟中、梅然译：《海权论》（*The influence of sea power upon history*）。北京：中国言实出版社，1997年，425页。

有了文化上的相互影响。王忠和形容他们"趁宗教改革之机异军突起"。[49]虽然天主教发起了"反宗教改革运动"，但宗教改革依旧促动了天主教会内部对自身弊端的反省和改革。1537 年（明嘉靖十六年），罗耀拉（St. Ignatius of Loyola, 1491-1556）在巴黎成立耶稣会（Society of Jesus），[50]他们崇尚科学和宗教的化一，其行动纲领是"虔诚与外交手腕的结合，苦行与世俗交往的结合，神秘主义与冷静盘算的结合"，[51]信奉"只要目的正当，可以不择手段"的格言，宣教策略和手段非常的灵活和宽容，除了在民间布道兴教，在传教中采取更世俗的方法，如兴办学校，医院，深入宫廷，甚至担任要职，[52]开始了更广泛的"地不分遐迩、人不论文蛮"的传教运动。利玛窦及耶稣会传教士们在中国的传教方式可以佐证，他们在传教的过程中传播了西方的科学技术，包括数学、地理学、天文学以及历法、物理学及枪炮机械等制造技术，开创了"西学东渐"的局面。耶稣会传教士们的卓越才能和知识造诣对中国士大夫阶层产生极大的影响，赢得了他们"对西方的基督教和科学的尊重"。[53]在这一点上可以清楚地看见宗教改革带来的影响，与后来许多的新教宣教士的传教策略是一致的，对中国文化所产生的正面影响也是值得尊重的。

　　新教的海外宣教比天主教晚了三个世纪。十八世纪末，德国的敬虔运动、英国的卫斯理复兴，在英国的克里威廉（William Carey）现代宣教精神的倡导下，专向海外宣教的归正浸信会（Particular Baptist Society，或称特别浸礼派）于 1792 年成立，之后相继产生了许多新的新教团体和差会（Missionary Societies），伦敦布道会（London Missionary Society, 1795 年）、苏格兰差会（Scotland Missionary Society, 1796）、圣公会（Anglican Church, 1799 年）、英国圣经公会（British and Foreign Bible Society, 1804 年）和美国海外布道会（American Board of Commissioners for Foreign Missions, 1810 年）以及苏格兰福音会（The Church of Scotland Mission Boards, 1825）陆续成立。自 1807 年

---

49 王忠和编著：《紫金城里的洋大臣》，天津：天津人民出版社，2010 年，246 页。

50 关于耶稣会成立的时间，大多数说法是 1534 年 8 月 15 日。王忠和言是 1835 年。本文采用了 1837 年的说法，参见孙尚扬、钟鸣旦：《1840 年前的中国基督教》，106 页。

51 王忠和：《紫金城里的洋大臣》，247 页。

52 刘明翰、郑一齐主编，姜德昌等著：《人类文明发展史》（第 2 卷），北京：中国青年出版社，2003 年，590 页。

53 [美] 斯塔夫里阿诺斯著：《全球通史——1500 年以后的世界》，81 页。

（清嘉庆十二年），伦敦会宣教士马礼逊（Robert Morrison, 1782-1834年）第一次来华宣教，至1840年（清道光二十年），来到中国的宣教士人数增加到20人以上，代表六个不同的差会。[54]而新教来中国的宣教士，大部分是来自英国和美国。丁韪良正是在这种福音和宣教的复兴热潮中成为宣教士来到中国。

4. 科学革命和工业革命

科学革命和工业革命首先带来的结果是颠覆了十八世纪之后人类的物质文化及生活方式和思维方式。伟大的科学家们如哥白尼、伽利略、牛顿、瓦特等为科学的发展和科学思想的建立奠定了根基。斯塔夫里阿诺斯认为，"科学与社会的联合、科学家与匠人的联合，大大促成科学在西方世界的空前发展"，而科学发展之所以会出现在西方，斯塔夫里阿诺斯将原因归结为：文艺复兴的人文主义学术成就、地理大发现带来海外扩张、以及同时发生的经济革命。[55]这场科学革命也对艺术、宗教、哲学等产生了重大的影响。

另外一个重大的影响，正如斯塔夫里阿诺斯所言，科学革命使欧洲在技术上对世界的霸权成为可能，工业革命为19世纪欧洲的世界霸权提供了经济基础和军事基础，而"工业革命首先开始于英国"这个重要的历史事实，"在很大程度上说明了19世纪时英国对世界事务起首要作用的原因"。[56]斯塔夫里阿诺斯也提升了科学的重要性：

> 科学是一个政府欣欣向荣的原因，科学是一个民族进步的起因，科学是那种非常强有力的手段；科学的存在使野蛮的美洲人上升到他们现在所据的很高的地位、拥有力量，科学的缺乏使波斯人沦于他们所处的低下地位、蒙受耻辱。科学是使英国人成为……主人的手段，也是使俄国人当上……统治者的手段。最后，正是由于科学，土耳其辽阔的领土移交给外国人手中，法国的三色旗在非斯的伊斯兰教徒头上招展。[57]

这种科学对于国家之重要性的理念也同样影响了来到中国的西方宣教士们，在传基督福音的同时，他们最大的愿望就是在中国传播科学。

---

54 费正清：《剑桥中国晚清史》（上），2006年，532页。
55 [美]斯塔夫里阿诺斯著：《全球通史——1500年以后的世界》，246-249页。
56 [美]斯塔夫里阿诺斯著：《全球通史——1500年以后的世界》，271，276，282页。
57 [美]斯塔夫里阿诺斯著：《全球通史——1500年以后的世界》，第84页。

科学革命和工业革命的成果也成为卡尔·马克思赖以奠定其学说的基础，更引发了马克斯·韦伯关于新教与资本主义之间关系的思考，[58]并从中构建出西方学者研究封建社会向资本主义社会转化的基本范式，以及新视角下观察西方历史的研究范式，那就是"以基督教为代表的人类精神文明主导的演化模式"。[59]马深认为，基督教灵魂决定了经济和政治生活方式，"由基督教文化产生的英国工业革命和科技革命不仅推动了人类文明的加速进化，而且这个精神文明的成果又伴随着英格兰清教徒登上北美大陆，成为美利坚合众国的立国之本。"[60]默顿通过考察英国皇家学会会员的宗教身份，证明了新教与科技革命之间的关系：近代科学技术革命的动力源于基督新教，特别是清教徒（Puritan）。[61]

科学革命和工业革命给英美国家带来了空前的财富和旺盛的活力。中国的维新派思想家们提出"师夷长技以制夷"时，更多的是看到西方的军事技术，坚船利炮，而忽视了西方更强大的科学技术，而这恰恰成为西方的宣教士来到中国的时候最希望带给中国的。

5. 美国的大觉醒运动

美国的立国和建国，与宗教改革运动密不可分。美国学者奥尔森（Roger E. Olson）回顾那段历史时指出："当清教徒在 17 世纪自动离开英国的时候，他们寻找的是一个新世界，可以不受不虔诚的皇权和不纯洁的国家教会的阻挡，在那里建立这种基督教联邦。他们认为北美是应许之地，所以为了神与神的国度，他们要占领北美。"[62]

美国的历史本身就是一连串的清教徒福音复兴运动的历史。[63]十八世纪

---

58 [英]艾伦·麦克法兰著，管可秾译：《英国个人主义的起源：家庭、财产权和社会转型》。北京：商务印书馆，2008，14 页。转引自马深著：《英格兰精神与基督教文化：透视中华文明》，28 页。

59 马深：《英格兰精神与基督教文化：透视中华文明》，98 页

60 马深：《英格兰精神与基督教文化：透视中华文明》，103 页

61 [美]罗伯特·金·默顿著，范岱年、吴忠、蒋效东译：《十七世纪英格兰的科学、技术与社会》。北京：商务印书馆，2009 年。清教徒（Puritan）的寓意就是主张清除英国国教中的天主教因素和影响，建立纯正的新教教会。

62 [美]奥尔森（Roger E. Olson）著，吴瑞波译：《基督教神学思想史》。北京：北京大学出版社，2003 年，544 页。

63 [美]道格拉斯·F·凯利博士著，王怡，李玉臻译：《自由的崛起：16-18 世纪加尔文主义和五个政府的形成》。南昌：江西人民出版社。2008 年，154 页。史密斯将

二十年代的"大觉醒运动"(Great Awaking), 带动了新教公理宗、长老会、浸信会的振兴, 也直接导致了普林斯顿、布朗、达特默斯等大学的建立, 对美国社会文化发展做出极大的贡献, 爱德华兹(Jonathan Edwards)[64]把它看作是"上帝神奇的工作"。徐以骅甚至认为这场影响深远的宗教复兴运动以种种方式促进了美国的诞生。[65]1775-1781 年的独立战争标志着美国殖民地历史的终结和"美利坚合众国"的诞生, 美国总统约翰·亚当斯(John Adams)也将其归功于大觉醒运动在殖民地人民中播下了思想的种子。[66]1791 年通过的宪法第一修正案使美国成为世界上第一个实行政教分离和信仰自由的国家, 《独立宣言》宣布:"我们认为这些真理是不言而喻的: 人人生而平等。"

"复兴", 用爱德华兹的外祖父斯托达(Solomon Stoddard)的话说, 是指"在某段时期内上帝以非凡的方式在他的百姓中间复兴信仰"。十九世纪初期的大觉醒运动也被称为"大复兴", 导致了空前的传福音高潮和跨宗派的合作, "这段时间是美国信仰历史中一段荣耀的时期……这复兴是上帝救恩历史中的重要篇章。如今, 上帝将这片道德的荒漠变成了硕果累累的绿洲, 将福音传播到未及之地。"[67]1810 年美国对外宣教委员会(American Board of Foreign Missions)成立, 到 1821 年, 已经差派了 81 位宣教士。浸信会于 1814 年、循道宗圣公会于 1819 年也相继成立了宣教机构。安多弗神学院(Andover in Massachusetts, 1808 年)、普林斯顿神学院(Princeton Theological Seminary, 1812

历次复兴运动划分为: 1630-1660 年的第一次大复兴, 1700-1760 年的第二次复兴, 1800-1860 年是被称为"大觉醒"的第三次福音复兴。最后一次复兴是在 1900-1930 年。

64 爱德华兹(Jonathan Edwards, 1703-1758), 18 世纪启蒙运动时期著名的清教徒布道家。1703 年出生于美国康乃狄克州温莎镇(Windsor), 1716 年, 进入耶鲁学院, 1720 年毕业后继续在校研读神学, 同时受聘任纽约苏格兰长老会, 1734 年其所在的教会和城镇因为他的讲道呈现复兴觉醒景象, 影响延及到美东各地, 被称为「大觉醒运动」(Great Awakening)的滥觞。代表著作有:《自由意志论》(On Freedom of the Will)、《伟哉原罪论辩》(The Great Christian Doctrine of Original Sin Defended)、以及《论宗教情操》(A Treatise Concerning Religious Affections)。

65 徐以骅主编:《宗教与美国社会》第一辑, 北京: 时事出版社, 2004 年, 35 页。

66 徐以骅主编:《宗教与美国社会》第一辑, 36 页。

67 [英]伊恩·默里(Iain H. Murray)著、张宇栋译:《真正的复兴》。北京: 团结出版社, 2012. 引言: 117 页。

年）、耶鲁神学院（Yale Divinity School in Connecticut，1822 年）也在大复兴时期陆续成立，对正统基督教的传播产生了长期而深远的影响。[68]这次复兴促进了西部的教会的发展，但也造成了教会内部的分裂，长老会（Presbyterian church）就是在这个时间分为南、北两个不同的长老会。[69]

大觉醒运动也被视为用新价值观念塑造美国的社会组织过程，希冀重建"基督世界失去的社会理想"，提倡教会的社会服务，主张以渐进的方式改造社会，实现社会秩序的基督教化。[70]这种社会福音化孕育出巨大的宗教活力，激发了更多美国的基督徒向海外宣教的热情，尤其是在边疆地区。美国历史学家赖德烈（Kenneth Scott Latourette）把从 1815 到 1914 年这段时间称为基督教的"伟大世纪"。[71]

1857-1858 年的复兴运动，被称为美国历史上第三次整体性的信仰复兴，1858 年被作为北美最后一次全体性信仰觉醒的标志。[72]这场宗教奋兴运动最大的成果之一就是空前地激发了美国人对海外布道事业的热情和兴趣。美国长老会的狄考文就是受这一奋兴的影响，决定向长老会申请去海外布道。[73]李提摩太也是在那场"如同燎原烈火般燃遍美国、北爱尔兰、威尔士、苏格兰、挪威和瑞典的宗教复兴运动中如获重生"，经历了第一次所谓的"观念上的改变"。英国宣教士苏慧廉称其为"一种从一个旧世界向一个新的、更广阔世界的转变，是一种为思想和意志提供了新方向的转变，是一种将人们从未体验过的力量和欢乐引入其心灵的转变"。[74]1918 年前，美国宣教士占来华宣教士的 60%，[75]并

---

68 [英]伊恩·默里（Iain H. Murray）著、张宇栋译：《真正的复兴》，引言：第 118 页。英文版：134 页。

69 1836 年，长老教会分裂为新派（赞成奋兴和不太严格的加尔文主义）和守旧派（赞同传统的加尔文主义和仪式化崇拜）；直到 1869 年才再度联合。

70 徐以骅主编：《宗教与美国社会》，38-42 页。

71 [美]乔治·马斯登著（Marsden, G.M.），宋继杰译：《认识美国基要派与福音派》。北京：中央编译出版社，2004 年。第 16 页。英文版：George M. Marsden, *Understanding Fundamentalism and Evangelicalism*, Grand Rapids, Michigan: William B. Eerdmans Publishing Company, 1991. p. 23.

72 [英]伊恩·默里（Iain H. Murray）著、张宇栋译：《真正的复兴》（*Revival & revivalism*）。北京：团结出版社，2012.。285 页；引言：7 页。

73 [美]丹尼尔·W·费舍（Daniel W. Fisher）著、关志远等译：《狄考文传：一位在中国山东生活了四十五年的传教士》。桂林：广西师范大学出版社，2007 年，23 页。

74 [英]苏慧廉：《李提摩太在中国》，9 页。

75 姚民权，罗伟虹著：《中国基督教简史》。北京：宗教文化出版社，2000 年，147 页。

创办了 80%以上的中国教会学校。[76]

受到宗教改革加尔文主义的影响，美国基督徒具有强烈的天命意识和使命感，强调基督徒对社会的改造作用，这也是美国人要以"基督教意识形态改变世界"的思想的源流。大觉醒运动使许多宣教士准备好为基督献身，海外宣教便是他们的主要目标。至 1848 年，在华美国宣教士有 73 人。[77]至 1851 年，来华新教差会共 19 个。[78]

美国宣教士丁韪良

1800-1830 年前后，正值美国基督教福音派复兴的时期。1827 年，丁韪良出生在一个充满宗教热忱和拓荒精神的牧师家庭。父亲是苏格兰裔长老会的牧师，受信仰复兴精神的影响举家迁往偏远的印第安纳州开荒布道。丁韪良的名字 William Alexander Parsons 是来自两位宣教士：他的叔父 William Alexander 和派往巴勒斯坦的宣教士 Levi Parsons，承载着父亲对他未来也能成为宣教士的期望。姐姐 Marth Venable 是 1834 年第一批被差派到南非的宣教士，[79]因着姐姐的影响，丁韪良和哥哥孟丁元（Samuel Nevel Martin）也成为海外宣教士，于 1849 年一道来中国。正是在整个美国基督教的宣教复兴和家庭的宣教热忱之双重影响下，丁韪良成为一名海外宣教士来到中国。

第二节　晚清：千年变局与同治中兴

丁韪良来到中国的时代，正是以天朝大国自居的晚清王朝，在当时的美国人眼中它仍然是一个蛮族国家（barbarian country）。自秦始皇统一中国，以中国为中心的传统世界秩序随之形成，"普天之下，莫非王土，率土之滨，莫非王臣"。中国为"天朝上国"，即"天下"，其基础是文化，而不是政治，其象征是"皇帝"，以"天子"之尊统治着"中央帝国"。非我族类皆为"藩属国"、"化外蛮夷之邦"，以贡国身份处于臣服地位，以顺服朝贡制度与中国发

---

76 于歌：《美国的本质——基督新教支配的国家和外交》。北京：当代中国出版社。2015 年，167 页。

77 李定一：《中美早期外交史》，台北：传记文学出版社，1978 年，65 页。

78 吴义雄：《在宗教与世俗之间》，31 页。

79 W.A.P. Martin, *An African Pioneer*. The Missionary Review of the World. Vol.19, 1896.p.449. 这是丁韪良在他的姐姐 1896 年 3 月 28 日去世的时候写的纪念文章，称儿时听到姐姐的宣教经历对他产生非常大的影响。

生关系和往来。可见这个以中国为中心的世界秩序最大的特点就是优越性和层次关系，"这种传统的概念使得中国在其与欧洲人第一次接触而其孤立被武力冲破时，很难理解西方世界的多国体系。"[80]直到第一次鸦片战争爆发，使中国开始接触到"世界"。

鸦片战争前，中国一直是一个自给自足的农业社会。斯塔夫里阿诺斯提出"中国文明连续性"的观点，认为始于公元前 1500 年前后的中国文明，以其独特的地理位置、农业生活方式、语言的书面性、传统儒家学说和庞大的人口，保持着与人类其他文明相隔绝并连续性发展的特性，即使遭受外族的侵入，统治，也总是能选择外来文化的某些方面加以改变，使之适合于自己的传统文化，而无需被迫接受来自外界的大规模变革。[81]所以当十七世纪欧洲启蒙思想兴起的时候，明朝末年的中国虽然也出现了资本主义的萌芽和早期的启蒙思想，王夫之、黄宗羲和顾炎武等人曾对中国文化中占统治地位的宋明程朱理学的空疏无用进行批判，批判专制王权，但这也仅是精神领域的启蒙思想的萌芽，而没有发展成为一种启蒙运动。[82]

康熙禁教，在把天主教传教士挡在中国大门之外的同时，也关上了中国与欧洲文化交流的大门，更失去了与世界同步发展的历史机遇。当乾隆五十八年（1793），马戛尔尼率 800 人的大英帝国使团，奉英国国王的派遣来到中国，参加乾隆 83 岁寿辰典礼的时候，西方的外交理念（帝国尊严）和中国的"藩属国"观念（三跪九叩礼）发生了第一次激烈的冲撞。马戛尔尼将其在北京的经历描写成"进入北京时像乞丐，在那里居住时像囚犯，离开时则像小偷"，并写进《英使谒见乾隆纪实》。[83]这本书在欧洲出版后，自马可波罗时代以来的中国神话被打破了，西方人眼中"那个曾经令欧洲万分敬仰的中国人，实际上仍处于半野蛮的状态，愚昧而又傲慢"。1840 年以后，中国和西方直面遭遇文化冲突，"中华—夷狄"[84]的傲慢受到了挑战。

80　王铁崖：中国与国际法——历史与当代。《中国国际法年刊》（1991），1992 年，13-17 页。

81　[美]斯塔夫里阿诺斯著：《全球通史——1500 年以后的世界》，68 页。

82　刘明翰、郑一齐主编，姜德昌等著：《人类文明发展史》（第 2 卷），498 页。

83　[英]斯汤顿·G.（Staunton, George）著、叶笃义译：《英使谒见乾隆纪实》。上海：上海书店出版社，2005 年。

84　魏源言"夷狄"："夫蛮狄羌夷之名，专指残虐性情之民，未知王化者言之。故曰：先王之待夷狄，如禽兽然，以不治治之，非谓本国而外，凡有教化之国，皆谓之

一、危亡之秋：闭关与禁教的"天下国家"

中国以儒家世界秩序为中心，"吾闻用夏变夷者，未闻变于夷者也"。[85]直到十九世纪中叶，中国可以说一直是自成天下，相对隔绝。它不参与世界的政治，也没有与欧洲任何国家或政府建立任何正式的外交关系。[86]与中国交往的都是藩属国，"其联属之故，或以同教，或以互市，而大半皆出于畏威怀德之诚……以故中国居高临下，大莫如京，如古之罗马然，辄自称其一国为天下也"。[87]中国奉行"非我族类，其心必异"，费正清称之为"华夏中心主义"。丁韪良认为，直至鸦片战争中的清朝廷，所沿用的仍旧是秦始皇时建立的中央集权制，这是始皇帝通过焚书坑儒、尽可能切断古代传统而开创的帝国在政治上的一种全新制度。

康乾盛世，100多年休养生息的承平时期，也是中国与西方最为隔离的时期。乾隆时期当马戛尔尼使团携带大量礼物庆贺乾隆寿辰，乾隆帝的答复是："天朝抚有四海，惟励精图治，办理政务，奇珍异宝，并不贵重。尔国王此次贵进各物，念其诚心远献，特谕该管衙门收纳。其实天朝德威远被，万国来王，种种贵重之物，梯航毕集，无所不有。尔之正使等所亲见。然从不贵奇巧，并无更需尔国制办物件。"[88]而对英国乔治三世国王向清政府提出通商的要求，乾隆复谕旨："至尔国王表内，恳请派一尔国之人，住居天朝，照管尔国买卖一节，此则与天朝体制不合，断不可行……若必似来京当差之西洋人，令其一例改易服饰……于天朝体制，既属不合，而于尔国亦殊觉无益。""若云仰慕天朝，欲其观习教化，则天朝自有天朝礼法，与尔国各不相同。尔国所留之人即能习学，尔国自有风俗制度，亦断不能效法中国，即学会亦属无用。"

夷狄也。"参见魏源著：《海国图志》，卷七十六，《西洋人（玛吉士地理备考）》。长沙：岳麓书社，2011年。1888-1889页。

85　出自《孟子·滕文公上》。

86　唯一与中国有外交关系的是俄国，在鸦片战争之前，两国通商已有两百年的历史。也因为俄国和中国有边界接壤，由于北方边境问题，两国签署订了康熙二十八年（1689）的《尼布楚条约》，雍正五年（1727）的《恰克图界约》，乾隆五十七年（1792）的《恰克图市约》。具体条约内容收录于同文馆聚珍版《中俄约章会要》，总理衙门排印，光绪八年十月。

87　丁韪良著，汪凤藻译：《中国古世公法论略》。收录于王健主编：《西法东渐——外国人与中国法的近代变革》，32页。

88　《敕英咭利国王谕》为乾隆五十八年八月十九日（1793.9.23）乾隆皇帝"宣"给英国国王的敕谕，由英国使臣马戛尔尼代收。见《清高宗皇帝实录》乾隆五十八年癸丑八月，卷一三四五，13页。

在中国的"自价值系统"中，文化上重道德轻物质，社会结构中重农轻商，商人为"四民之末"。[89]最主要的是在乾隆皇帝心中，天朝抚有四海，德威远被，万国来王，[90]唯我独尊。在嘉庆皇帝的眼中，视西方科学技术为奇技淫巧，毫无用处，"天朝不宝远物，凡尔国奇巧之器，亦不视为珍物"。[91]沈承恩认为清政府的"闭关锁国"是为了抵抗殖民侵略，不得不采取的必要的自卫措施。[92]文化的因素和大国的心态可能更适合解释中国当时的状况。

丁韪良曾用罗马比喻中国，几乎与全世界分离，独自发展自己特有的文化：

中国亦因西藏的山脉隆起，使得处于西方政府者扫荡巴比伦与波斯帝国的潮浪间，好像拥有一道巨大的防波堤；其东岸为寂静的海岸冲击着，而北疆又是一片广漠无垠的沙漠。结果，她显得硕大无匹——恰似一个由侏儒围绕的巨人，在土龙丘（mole hills）中巍然如一座金字塔。围绕在四周的弱小国家及游牧部落皆愿意臣服于她，这与其说是畏惧其武力，毋宁说是慑于其雄伟气象。至于中国，则惯以降格相从的庇护或傲慢的轻视来待遇他们。因此，当她首次获知西方各大国之存在时，仍视之为边疆部落；当他们派遣特使向其接洽时，她对于他们所使用的礼节与言词，亦不离应付其半野蛮邻邦那一套。她用优越的语调，称他们为夷狄，并要求进贡。[93]

鸦片战争之前，清朝统治者对于中国之外的世界尤其是全球化大势可以说是无知的。乾隆皇帝在 1793 年拒绝英政府的通商要求："天朝物产丰盈，无所不有，原不借外夷货物以通有无。"康熙五十五年（1716）曾诏谕："海外如西洋等国，千百年后，中国恐受其累，此朕逆料之言。"[94]嘉庆皇帝十三年（1808）谕旨中论及中英两国的地位："天朝臣服中外，夷夏咸宾，蕞尔夷邦，何得与中国并论？！"[95]英军在道光二十年（1840）打进中国大门，道光皇帝

---

89 出自《管子·小匡》：士农工商四民者，国之石（柱石）民也。战国时李悝、商鞅和韩非等人认为，农业是人民衣食和富国强兵的源泉，农业为"本"，工商业为"末"，"重本抑末"（重农抑商）政策为历代中国统治者奉行。

90 《清实录》乾隆五十八年癸丑八月，一三四五。

91 《清仁宗实录》，卷三二〇，第六页，嘉庆二十一年七月。

92 沈承恩：《传教士与鸦片战争》，参见罗冠宗主编：《前事不忘后事之师》，1 页。

93 丁韪良：《中国文艺复兴》（1868 年）。收录于刘伯骥：《丁韪良遗著选粹》，台北：台湾中华书局，1981 年，153 页。

94 《清仁皇帝实录》卷二七十，11 页，康熙五十五年十月。

95 《仁宗睿皇帝实录》卷二百二，2 页，嘉庆十三年十月。

诧异："究竟该国地方周围几许？……英吉利至回疆各部有无旱路可通？与俄罗斯是否接壤？"其实早在万历二十九年（1601），利玛窦就已经绘制完成了《坤舆万国全图》并呈奉给万历皇帝。

利玛窦曾评论"天下国家"的中国：

> 因为不知道地球的大小而又夜郎自大，所以中国人认为所有各国中只有中国值得称赞。就国家的伟大、政治制度和学术的名气而论，他们不仅把别的民族都看成野蛮人，而且看成是没有理性的动物。在他们看来，世界上没有其他地方的国王、朝代或者文明是值得夸耀的；这种无知使他们愈狂傲，一旦真相大白，他们就愈自卑。[96]

咸丰十年（1860）英法联军攻陷北京，咸丰仓皇出逃之际，才惊觉"合十数国之从以构难中土，实为千古未有创局。"[97]李鸿章在同治十一年（1872）五月《复议制造轮船未裁撤折》中称："臣窃惟欧洲诸国，百十年来，由印度而南洋，由南洋而中国，闯入边界腹地，凡前史所未载，亘古所未通，无不款关而求互市。我皇上如天之度，概与立约通商，以牢笼之，合地球东西南朔九万里之遥，胥聚于中国，此三千余年一大变局也。"[98]

丁韪良来到中国的时候，恰逢"此三千年一大变局"，狂傲而对世界无知的晚清中国开始自觉自卑。

二、睁眼看世界：师夷制夷中体西用

民国时期著名的史学家蒋廷黻对"三千年未有之大变局"的阐释是：中华民族到了十九世纪就到了一个特殊时期，遇着空前未有的变局，"在 19 世纪以前，与我民族竞争的都是文化不及我、基本势力不及我的外族。到了 19 世纪，与我抗衡的是几个以科学、机械及民族主义立国的强国。"[99]带来这个"大变局"的鸦片战争成为了中国"古代史"和"近代史"的分水岭，"变局说"也成为中国近代史研究的主要基调。

---

96 [意]利玛窦、[比利时]金尼阁著，何高济等译：《利玛窦中国札记》。北京：中华书局，1983 年，序言，13 页。

97 《洋务运动》（一），185 页。恭亲王奕䜣咸丰十年十二月初三日奏疏。

98 李鸿章：《复议制造轮船未裁撤折》。参见吴相湘编著：《晚清宫庭实纪》。台北：正中书局，民国 77 年（1988），110 页。

99 李伯重：《火枪与帐薄：早期经济全球化时代的中国与东亚世界》，北京：三联书店，2017 年，26 页。

1842 年的第一次鸦片战争和 1860 年的第二次鸦片战争发生和失败的原因，是晚清政治的腐败，还是经济、社会的落后，甚或是武器船舰的陈旧，不是本论文讨论的重点，但种种错综的原因导致的"失败"，却成为晚清大时代一个非常重要的关键转折点。

1842 年《南京条约》签订，取消了只准在广州进行中外贸易、以及由广州特许的公行垄断中外贸易的限制，五个通商口岸逐渐开放，广州于 1843 年 7 月 27 日、厦门于 11 月 2 日、上海于 11 月 17 日、宁波于 1844 年 1 月 1 日、福州于 6 月相继开放。西方国家的影响通过通商口岸向外扩散，"大大加速了中国传统的国家政体及社会制度的解体和改组"。[100]隔离被完全打破，中西方的相遇不可避免。

1858 年清政府再与俄、美、英、法等签订了《天津条约》，1860 年 10 月，英法联军攻入北京，《北京条约》签订。杨公素形容咸丰六年至十年（1856-1860）是咸丰朝极其困难时期，内有太平天国运动、捻军起义，外有英法发动第二次鸦片战争。清政府是在无力同时进行两场战争的形势所迫之下，采取比较现实的政策，通过缔约的方式对外国人让步。[101]李恩涵称之为"危机意识"下做出的被动式"避害反应"。[102]这种解释也符合中国传统文化中的"屈辱"文化。很多人用"忍辱负重，屈以求伸"描述鸦片战争之后的清朝政府，恭亲王在他的奏疏中也曾引用宋臣韩琦的话："和好为权宜，战守为实务，自古御夷无上策，大要修明礼义，以作忠义之气为根本，一面即当实力讲求战守，期得制伏之法，不能以一和而遂谓可长治久安也。"[103]

条约签订后中国与西方各国进入相对和平共处的时代，并产生了西方文化对中国交流与冲击的第一个高潮，中国传统的封建意识、闭关政策及旧的生产方式均受到了猛烈的冲击。面对新局面，清政府在国内事务上需要应对西方文化渗入的影响，对外也要适应国家间交往的新要求。清政府的大臣们开始筹谋长久之策，欲图自强，"学习外国语言文字、制造机器各法、教练洋

---

100 费正清：《剑桥中国晚清史》，1993 年，216 页。

101 赫德著，傅曾仁等译：《步入中国清廷仕途 赫德日记 1854-1863》，[美]凯瑟琳·F·布鲁纳（Bruner, Katherine Frost），费正清，理查德·J·司马富编。北京：中国海关出版社；2013 年 1 月。304 页。

102 李恩涵：《近代中国外交史事新研》，台北：台湾商务印书馆股份有限公司，2004 年，64 页。

103 同治六年三月初二日（1867 年 4 月 6 日）恭亲王等奏。《筹办夷务始末》，同治朝，卷四十八，1-4 页。

枪队伍、派员周游列国，并于京畿一带，设立六军，藉资拱卫。"[104]同时依旧固守"西学除船械一切必须效法西洋外，其余人心、风俗、察吏、安民、仍当寻我规模，加以实意"，呈现出自大与自卑、师夷与畏夷的矛盾状态。

中国的知识分子们面对朝廷内强硬派的"攘夷"、"剿夷"，他们既认识到了中国的落后，也承认西方列强确有其"长技"。魏源（1794-1857）在其《海国图志》中倡导："以夷攻夷，以夷款夷，师夷长技以制夷"。其中"师夷"是手段，[105]"制夷"是目的，因为他深切认识到"不善师外夷者，外夷制之"，而"师夷长技以制夷"的主张则成为了晚清中国开始学习西方的思想源头。后来洋务派提出"中学为体，西学为用"——"以中国之伦常名教为原本，辅以诸国富强之术"，[106]也是受了这种思想的影响，它同时成为奠定日本明治维新运动的思想基础。维新、自强成为1860年后晚清政治的主旋律。

丁韪良认为，中国的自大导致了鸦片战争的爆发，而第二次鸦片战争使中国终于觉悟了其情势的现实，"受挫的中国人准备东山再起"，正在开始学习，"他们希望在国境内能够保持和平，在世界上能够维持自尊"。[107]第一次鸦片战争之后一系列"不平等条约"的签订，为丁韪良走进中国近代历史的舞台铺垫了台阶。而第二次鸦片战争，则是他亲身参与了中国近代历史的开始，并在其中成就了他想为中国和中国人民贡献的成绩单，虽然其中充满了各方的不解、指责，但成绩斐然不容置疑。

三、同治中兴：现代化进程中的自我救赎

按照费正清提出的"冲击-反应"模式，鸦片战争以后西方的政治、经济、社会、宗教及文化等方面一系列的影响，的确起到了改变中国社会走向的冲击作用，中国对西方冲击的反应开始出现。按照柯文的"以中国为中心"的

---

104 总理衙门同治六年三月初二日（1867年4月6日）奏疏，《筹办夷务始末》，同治朝，卷四十八，1-4页。

105 即学习西方军事技术上的长处，"夷之长技三：一战舰，二火器，三养兵练兵之法。"

106 马深：《英格兰精神与基督教文化：透视中华文明》，147页。"中体西用"最早出自冯桂芬《校邠庐抗议》。马深认为，洋务运动的"中学是本，西学是末；中学是道，西学是器；中学是内学，西学是外学；中学用来治身心，西学用来应世事"的观念，始终停留在学习西方文明形而下的器物层面，而对于西方文明尤其是基督教文明这个形而上之道的了解和实践基本阙如。见247页。

107 丁韪良：《中国文艺复兴》（1868）。收录于刘伯骥：《丁韪良遗著选粹》，台北：台湾中华书局，1981年，154页。

研究范式，从内部观察中国历史，咸同之际出现的中兴现象，虽是短暂的，其意义和影响却是值得重点研究的，它不单单是对冲击的表面反应或回应，而是从其自身和内部已经开始了某种觉醒，自图振兴。虽然可能不是完全主动的，但这种觉醒和自强所带出来的力量，却为中国现代化进程的发展起到至关重要的作用，并有助于对中国近现代史的总体解释。

1. 什么是"同治中兴"？

咸丰十年（1860）庚申之变，八国联军火烧圆明园，京师被占，咸丰帝逃往热河。咸丰十一年七月十七日（1861.8.22）咸丰帝晏驾，其子爱新觉罗·载淳（清穆宗）以六岁髫龄登位。咸丰之死触发了肃顺等八位顾命大臣的政治势力与恭亲王奕䜣[108]的政治势力之间的权利之争。十月辛酉政变[109]，恭亲王取得胜利，被任命为议政王、军机大臣，从此占据重要的政治地位，也成为在清政府最严峻的危机时刻实际的国家政策的倡导者和执行者。其后两宫太后垂帘听政，改年号为"同治"（出自《春秋》"同归于治"，寓意恢复天下大治）。

同治初年，内忧外患，社会动荡，清政府的统治摇摇欲坠。在华的西方人甚至预言清政府的垮台"仅仅是个时间问题，迟早必将来临"，因为这个帝国在整个国家的道德领域中似乎已经找不到"一处光辉灿烂之点，一处没有玷污和彻底腐烂之点"。[110]鸦片战争完全打破了中国世界中心"天朝大国"的神话，朝廷开始意识到西方的强大，承认自己所面临的巨大难题和困境，"若不改弦更张，力图模仿西法以自强，势难立国图存也。"[111]条约签订后，外患消除，清政府在英、法、美的帮助下镇压了太平天国，并依靠曾国藩、李鸿章、左宗棠等，先后镇压了捻军、苗民、回民起义，延缓了清王朝的统治危机，稳定后开始主动寻求自身力量的强大和发展。在对西方的妥协和合作中，清政府的大臣们开始意识到"中国欲自强，则莫如学习外国利器，欲学习外

---

108 爱新觉罗·奕䜣（1833-1898），道光帝第六子，遗诏封其为"恭亲王"。在第二次鸦片战争中，奕䜣任全权钦差大臣，负责与英、法、俄谈判，并且签订了《北京条约》。咸丰十一年（1861）到光绪十年（1884），任军机大臣与总理衙门大臣。

109 吴相湘云："辛酉之事，实为中国近代史一大关键！质言之，若无辛酉之变，则根本将无戊戌之事也。"参考吴相湘编著：《晚清宫庭实纪》。自序，1页。

110 《北华捷报》，1860年11月30日，10月6日。参见芮玛丽《同治中兴》，19页，注释1。

111 吴相湘：《晚清宫廷实记》，101页。

国利器，则莫如觅制器之器，师其法而不必尽用其人"。[112]他们从抵挡、排斥西方，转变为外敦信睦，遵守条约的信义，依照条约开展和平外交，同时展开自强运动，希望通过"自强"和"求富"的新政，摆脱困境，自图振兴，洋务派应运而生。政治上设立总理各国事务衙门处理外交事务，相继在北京、上海、广州设立同文馆推广西学；军事上购置炮舰，训练海军和陆军；经济上李鸿章、左宗棠先后在上海和福州建立机器制造局和造船厂，开办新式工业。这就是清代历史上著名的"同治中兴"时期。

有学者认为咸丰十一年（1861）设立总理衙门标志著，"中兴事业由此正式开始"。[113]咸丰十年，面对"捻炽于北，发炽于南，发捻交乘，饷竭兵疲"之事态，恭亲王奕䜣审时度势上书咸丰帝："自换约以来，该夷退回天津，纷纷南驶，而所谓尚执条约为据，是该夷并不利我土地人民，犹可以信义笼络，驯服其性，自图振兴。"[114]建议咸丰帝"在取得相对宽松的外部环境下寻求一条自救的道路"，[115]开始计划制定新的国策，励精图治，外求和平，内求发展。正因为如此，奕䜣在清政府最危急的时刻，因为对外政策和方向的转变，使清政府度过了危机，标志着中国对外关系行动上的一个转折点。

美国学者芮玛丽认为"同治中兴"是发生于咸丰十年（1860）后的数年，她把这种"中兴"解释为一种"重生的例外情况"，即在无法避免失败的局势下居然能成功的中兴：[116]它"不是一场武装政变，也不是一场革命或一个新时代，而是一种晚期的兴旺，在此期间，历史上不可避免的衰落过程由于整个贵族官僚们的才干和努力而被延缓了一段时期。"[117]她把"同治中兴"概括为"中国保守主义[118]的最后抵抗"，"中兴"是阻止了一个王朝的衰落并

---

112 杨公素：《晚清外交史》，北京：北京大学出版社，1991 年版，80 页。《清实录》：奕䜣、桂良、文祥奏请设立总理各国事务衙门折（1861 年 1 月 13 日）

113 何文贤：《文明的冲突与整合——"同治中兴"时期中外关系重建》。厦门：厦门大学出版社。2006 年。摘要，39 页。

114 奕䜣：咸丰十年十二月初三日奏疏。

115 何文贤：《文明的冲突与整合——"同治中兴"时期中外关系重建》。摘要，34-35 页。

116 [美] 费正清：《美国与中国》，138 页。

117 [美] 芮玛丽著：《同治中兴：中国保守主义的最后抵抗 1862-1874》，56 页。

118 芮玛丽认为"中国的保守主义"发端于 19 世纪中叶，指为维护儒家秩序而采取一系列立场的中国官吏和士人，坚持儒家的社会秩序、政治体制和伦理道德，而儒学支持着清代的政治思想，儒学的支持者们只是在不得不抵抗太平天国起义和西方的影响以维护自己的地位之后，才成为名副其实的保守派。参见芮玛丽《同治中兴》，1-3 页。

使之暂时得以复兴的一段历史时期，[119]是一个晚期繁盛的概念，是继"内乱和外患"之后的一个暂时稳定阶段。[120]王学斌认为，"同治中兴"早已越出历代王朝自我修复的范畴，而是一场完全置身于世界现代化进程中的自我救赎。[121]

陈旭麓从另一个角度解释"同治中兴"，认为这是随太平天国失败而产生的名词，这个名称比附历史，寄托了满清王朝的希望："中国社会中的人们已经体会到有一种不受欢迎，但又无法拒却的变化正在发生。"[122]也有学者对"同治中兴"持保守观点，认为只是同治年间清政府因镇压了几乎遍布全国的农民起义，而暂时逃脱了灭亡的厄运，并呈现出些许革新的气象，这就是所谓的"同治中兴"。[123]同治时期的官方学者更愿意把自己所处的时代同中国历史上曾经出现过的三次"中兴"相提并论，并认为是同中国历史上前三次伟大中兴一样的复兴。[124]芮玛丽也认为随着同治王朝的结束，历史的记载可以做出这样的定论："同治统治时期是整个中国历史上四个伟大中兴之一"。[125]

至于"同治中兴"的具体时期的界定，芮玛丽认为，虽然一个历史时期很难用某个具体的日子作为其开端或终结，但收复安庆和设立总理衙门（咸丰十一年，1861），标志着"中兴"的肇端，而英国拒绝批准"阿礼国协定"（同治八年，1870）与"天津教案"（同治九年，1870）的发生，构成了"中兴"这一历史时期的完结。[126]芮玛丽以历史事件为此一历史阶段的界定，也有学者以同治皇帝在位时期（1862-1874）来定义"同治中兴"的历史时期。

119 芮玛丽：《同治中兴》，第 22 页。何文贤在他的著作中也适用了这个概念，参见《文明的冲突与整合——"同治中兴"时期中外关系重建》。40 页。

120 芮玛丽：《同治中兴》，57 页。

121 王学斌：同治中兴的"二五计划"。《中国经营报》，2017 年 3 月 27 日，第 E01 版。

122 陈旭麓：《近代中国社会的新陈代谢》。上海：上海社会科学院出版社，2006 年，112-113 页。

123 白文刚：文祥与"同治中兴"。《历史教学》，2004 年第 7 期。61-65 页。

124 这三次中兴是指公元前 827 年-782 年的周宣王的中兴，公元 25-57 年东汉光武帝的中兴，公元 756-762 年唐肃宗的中兴。参见芮玛丽《同治中兴》，61 页。亦可参考何文贤：《文明的冲突与整合》，40 页。

125 芮玛丽：《同治中兴》，61 页。

126 芮玛丽：《同治中兴》，376 页。

2. 到底有没有"同治中兴"?

萧一山认为，清朝的同治中兴与中国历史上的夏少康之一成一旅，周宣王之兴衰拨乱、汉光武之覆灭新朝都不同。"即奕䜣、曾、李辈对国际有见识，对政治有兴革，亦不免受制于一宫廷骄矜之寡妇，不得大行其志。……是则所谓中兴之业者，察其意，不过在削平十余年之太平、捻、回诸乱，使内部趋于安定而已，而军事政治社会，不惟不能改良，反日趋于窳败，以故同治不能比迹于开国，而中兴亦无显著之殊勋，此其效盖可睹也。"[127]清政府的政治统治主体是年幼皇帝背后的慈禧太后垂帘听政，以致于最后维新和变法失败，清朝结束，确实其中很难看见任何"中兴"的影子。

芮玛丽肯定"同治中兴"是存在的，不是文化或文艺上的，更多地体现在政治和社会层面上，因为"一个似乎已崩溃了的王朝和文明，在 19 世纪 60 年代通过非凡人物的不寻常努力而得以复兴，以至于又延续了 60 年"，而且"中华帝国在 1870 年后的痛苦历史"反而衬托出中兴十年间的巨大成功。[128]她认为"同治中兴"是中国历史上最后一次中兴，也是一系列努力中最接近成功的一次，这个时期的中国人在处理近代外交、军事和商业这三个领域的问题是极其成功的，它的存在有助于对中国近现代史的总体解释。[129]她把"同治中兴"最后的失败归因于儒家学说体系本身的基本构成因素，因为现代化的要求与儒家社会追求稳定的要求水火不容。[130]

3. "同治中兴"的主要动力

正如芮玛丽以及同治时期大多数的文人所看到的，"同治中兴"的真正缔造者是清政府的高级文武官吏，奕䜣、文祥等成为"同治中兴"时期新的对外政策的主要倡导者，他们所领导的总理各国事务衙门在主导着整个中兴的过程。特别是恭亲王奕䜣的威望和才干，为中兴政治家们的政见才能提供了一个可以付诸实施的渠道。[131]正如吴相湘所评价的："慈禧临朝既久，高下在心，用事诸臣率以惟阿承指固位，其能犯颜力谏，宗宰兼司，三黜而不改者，则恭亲王奕䜣也。故恭王之进退，内而用人行政，外而邻邦之视听进止，皆

---

127 萧一山编：《清代通史》（三），上海：华东师范大学出版社，2006 年，502-504 页。
128 芮玛丽：《同治中兴》，再版序言，3 页。
129 芮玛丽：《同治中兴》，10 页。
130 芮玛丽：《同治中兴》，11-12 页。
131 芮玛丽：《同治中兴》，63 页。

极有影响。"[132]台湾学者段昌国也有同样的看见，恭亲王奕䜣代表了由传统中国转变到现代中国的一个旧式人物的典型。[133]

恭亲王奕䜣确实可称为"同治中兴"的中流砥柱，被称为"最聪明能干，机警洪达，遇事独断负责，敢作敢为"。[134]在纷繁乱世中他清楚看见中国为什么挨打："臣等反复思维，洋人敢入中国，肆行无忌者，缘其处心积虑在数十年以前，凡中国语言文字，形势虚实，一言一动，无不周知，而彼族之举动，我则一无所知，徒以道义空谈，纷争不已。"[135]他联名总理衙门大臣桂良和文祥上奏《统筹夷务全局折》，全面分析当时清政府面临的内外形势，分清轻重缓急，认为"发捻心腹之患，俄国肘腋之患，英法肢体之患"，建议清廷要集中全力镇压国内的起义以图安定，而对西方国家则实行"以和好为权宜，战守为实事"[136]的政策。《统筹夷务全局折》成为了中兴时期乃至此后晚清政府处理中西外交关系的纲领性文件。

事须才而立，中兴时期中央有奕䜣、文祥，地方有曾国藩、李鸿章、左宗棠，同治中兴乃因人而兴。陈康祺曾盛赞咸同二朝名宰相，彬彬盛矣：曾文正之"丰功茂伐，彪炳琅书"，文忠（恭）之"推贤任能，度量越众"，倭文端之"守正不阿，清操绝俗"，文文忠之"匡功尽瘁，驯扰强藩"。[137]而曾国藩的幕僚薛福成也承认，人才辈出是同治中兴的关键，"才尤大者，又能得任才之才以集事，则其所成又有大者焉，累而上之，能举天下之才会于一，乃可以平天下。"他所称之为"才大者"，即曾国藩、胡林翼、左宗棠等同治时期的大臣们。[138]

另外一位与恭亲王奕䜣一起对同治年间政局产生重大影响的是文祥（1818-1876）。美国公使蒲安臣[139]亦曾感慨："在中国政府中有位伟大的人物，那就

---

132 吴相湘编著：《晚清宫庭实纪》，自序，1 页。

133 段昌国：《恭亲王奕欣与咸同之际的外交与政治纠纷（1858-1865）》。台北：花木兰出版社。6 页。

134 丁名楠：十九世纪六十至九十年代清朝统治集团最高层内部斗争概述。《近代史研究》，1982 年第 1 期 153 页。

135 恭亲王等同治六年三月初二（1867 年 4 月 6 日）奏疏，《筹办夷务始末》，同治朝，卷四十八，1-4 页

136 [清]贾桢等编：《筹办夷务始末》（咸丰朝），上海：中华书局，1979 年，2675 页。

137 [清]陈康祺：《郎潜纪闻初笔　二笔　三笔》，北京：中华书局，1984 年，6 页。

138 薛福成之《中兴述略》。参见王学斌：《同治中兴的"二五计划"》。北京：《中国经营报》，2017 年 3 月 27 日，第 E01 版。

139 蒲安臣（Anson Burlingame, 1820-1870），1861 年 6 月 14 日，林肯总统任命其为美国第十三任驻华公使，1867 年卸任之际被清廷任命为中国首任全权使节（办理

是文祥[140]，他掌握着局势而且了解事务的严峻状况，殚精竭虑，廉洁清正地保持政府的诚实完善"。[141]美国宣教士卫三畏称赞文祥是"中国政府的一位最有远见而且最有能力的顾问……对于国家利益最为相关的那些事物的敏锐观察家。"[142]丁韪良引用普鲁斯对文祥的评价："从未遇到比他更有影响并具才智的人"，身居高位然而保持清贫淡泊的品质。[143]

奕䜣等晚清大臣们另一个不寻常的举动，就是聘用外国人来补足自己的国家和政府里缺少的专门人才，在众多大臣的强言反对下，坚持任用英国人赫德（Robert Hart, 1835-1911），任国家财政中枢之海关总署的总税务司长达45年，任用美国宣教士丁韪良为官办学堂的总教习三十余年，也任用了曾经的美国公使蒲安臣代表中国政府出使美国，[144]可见他们自强的决心和胆识。这一景象也只在耶稣会传教士来华时曾经出现过，汤若望[145]、南怀仁[146]等传教士也曾被明、清朝廷聘任。

有学者总结鸦片战争之后的晚清社会："无论在政治上、经济上、社会上、思想上、外交上都有了极剧烈的演变，许多陈旧的事物，逐渐被淘汰，逐渐起变化，逐渐消逝，许多新的事物，也慢慢地开始出现"。[147]

中外交涉事务大臣)，代表中国政府出使美、英、法、普、俄诸国。去世后授与一品官衔。与丁韪良私交密切，在翻译《万国公法》、出任同文馆总教习等都有他的推荐。

140 文祥（1818-1876），满州正红旗人，1861年与奕䜣、桂良等一起设立总理衙门，任总理衙门大臣15年。

141 《蒲安臣致西华德》（1862年10月25日），参见：[美]芮玛丽：《同治中兴》，90页。

142 卫三畏：《中国总论》第2卷，第715页。卫三畏（Samuel Wells Williams，1812-1884年），1833年由美部会派往中国广州传教站，负责印刷和发行事务，并参与了《中国丛报》的编辑和印刷。1854年辞去传教工作，担任使馆秘书及翻译官，二十年之间九次代理公使的职务。1876年离开中国。

143 丁韪良著、沈弘等译：《花甲忆记》，360-363页.

144 1867年11月21日，总理衙门奏准任命美国驻华公使蒲安臣为"办理各国中外交涉事务大臣"。

145 汤若望（Johann Adam Schall von Bell, 1592-1666），德国人，耶稣会传教士，任明、清两朝钦天监。他编制的新历被清朝廷采用，定名为《时究历》。

146 南怀仁（Ferdinand Verbiest, 1623-1688），比利时人，耶稣会传教士，1658年来华，1660年赴北京协助汤若望修正历法，康熙八年（1669）被授以钦天监监副。康熙十七年七月，编撰完成《康熙永年历法》三十二卷。

147 李定一：《中国近代史》，94页。

四、中国的觉醒：丁韪良之《中国的文艺复兴》

丁韪良可谓是这场中兴的亲身经历者和见证者，因着他的多重身份，对中国社会多个层面的接触和参与，使得他对于中国改革进程的深度和真实性的见证及认识与日俱增，他对晚清政府和中国社会的观察以及所得出的结论，在来华的宣教士当中也是不多见的。他曾深有感触地发表评论说：

> 倘若中国人民仍像半个世纪以前那样麻木不仁的话，我也许会对他们的未来感到绝望，然而当我看到他们像今天这样众志成城，怀着告别往昔的坚定信念，想通过采纳西方文明的精华来寻求新的生活，我感到自己对于他们未来的希望已经实现过半，我对于能够利用自己的声音和笔来帮助他们的事业而感到高兴。[148]

1868 年 10 月，丁韪良出席在美国纽黑文（New Haven）召开的美国东方学会（The American Oriental Society），并以《中国与西方世界的现在与未来的关系》（On the Present and Prospective Relations of China to the Western World）为主题发表演说。[149]此时是同治七年，正处于中兴时期。在演讲中，丁韪良首先希望改变美国人对中国的印象：如果认为中国人的头脑是完全静止而无法改变的，那就大错特错了，战争、以及与西方国家不平等的冲突，使中国人意识到了知识的力量，他们已经开始走在进步的道路上，无论是训练军队，还是设立兵工厂和制造局，以西方的制造技术加强军事力量，同时兴办学堂并力图将其发展为大学的规模，这场变革已经涵盖了政治、文学和宗教三个方面。

这篇演讲词后来被发表在 1869 年 1 月的《新英格兰人》（New Englander），题目是《中国的文艺复兴》（The Renaissance in China），[150]1880 年收录在了

---

148 丁韪良著、沈弘译：《中国觉醒》，序，10 页。

149 "The Present and Prospective Relations of China to the Western World", Journal of the American Oriental Society, v.9 （1868-1871）. Proceedings, 1868, xlviii－xlix. 丁韪良是美国东方学会的通讯会员（Corresponding Member），在这次大会上的另外一篇演讲是：On the Study of Alchemy in China（中国的炼金术研究）。《美国东方学会会刊》自 1843 年创刊，截至 2012 年共发行 132 卷，发表对华研究的文章及书评共约 2300 篇，占《会刊》总篇目的大约 1/5，涉及中国的语言、文字、文学、历史、思想、宗教、古代科技、少数民族等主题。参考孟庆波：来华美国人对美国东方学会早期汉学研究的贡献（1842-1930）；西部学刊，2015 年 3 月刊，39-46 页。

150 W.A.P. Martin, The Renaissance in China. The New Englaner, Edited by Professor Geore P. Fisher, Professor Timothy Dwight, and Willian L. Kingsley, New Haven: Thomas J. Stafford, Vol. 28, 1869, p.47-68. 在这一期中同时登载了丁韪良的另一篇文章：The San Kian, or The Three Religions of China. p.223-248.

丁韪良的《翰林集》第一编中。[151]丁韪良特别加上注释，此文的重印"作者的观点并未改变，并以过去十二年的历史为其证实及检验"。[152]黄秋硕认为，丁韪良的"中国的文艺复兴"之说，既是丁韪良对同治新政的适时评价，也是他对晚清改革发展趋向之"预期"。[153]

丁韪良形容他所身处的晚清中国正在进行一场"智识运动"（the intellectual movement），[154]这是一场政治的、宗教的和知识的大革命，虽然其成功非常缓慢，却真实地正在发生，经过三十年西方商业的、宗教与科学的、武器的联合影响，中国已经发生了变化。这场智识运动正如欧洲的文艺复兴一样，为中国精神上的改革工作铺张道路。

丁韪良希望西方看到中国的进步和变化，他为中国民族受到的误解而大声辩护，并告诉世人，中国已经觉醒。他认为，"若说中国人麻木，是因为没有媒介把我们的思想充分地传递给他们，或传播他们的思想给我们；若说中国人野蛮，是因为我们没有宽大的胸襟去了解不同于我们的文明。"[155]而经过两次的鸦片战争，中国人已经从他们身处的局势中觉醒，他们开放了京师的城门，他们正在学习，不只学习军事，同时也致力于和平科学技术的培养（the arts of peace）。学堂的建立证明政府正在采取开明而宽大的政策，设立在京师的同文馆不仅教授西方科学，而且也开始派出使节与西方各国缔交，也是这场大智识运动最有力的证明。

丁韪良看到了中国人已经被内心感觉到的屈辱所唤醒，他们渴望而且必须革新，"虽然中国政府遭受猛烈的动摇而极为疲敝，但还是露出了复原之明显先兆。"[156]恭亲王所奏《设立天文算学馆折》就表明了这一点。中国的政治家们认为他们的幼帝（同治）是在最兴盛的时代登基，与外国和平交往，国

---

151 W.A.P. Martin, *The Renaissance in China. Hanlin Papers, or Essays on the Intellectual Life*, London: Trubner & Co., Shanghai: Kelly & Walsh, 1880, pp.297-332. 刘伯骥将其译成《中国文艺复兴》，收录于刘伯骥：《丁韪良遗著选粹》，台北：台湾中华书局，1981 年，146-167 页。

152 W.A.P. Martin, *The Renaissance in China.* The New Englaner 1869, p. 47; *Hanlin Papers* 1880, p.300, pp.297.

153 黄秋硕：丁韪良论"中国的文艺复兴"，福建论坛（人文社会科学版），2017 年第二期，136 页。

154 丁韪良：《中国文艺复兴》。参见刘伯骥：《丁韪良遗著选粹》，147 页。

155 丁韪良：《中国文艺复兴》。参见刘伯骥：《丁韪良遗著选粹》，147 页。

156 丁韪良：《中国文艺复兴》。参见刘伯骥：《丁韪良遗著选粹》，164 页。*Hanlin papers*, p. 329.

内也没有任何强大的敌人。他们甚至认为，随着智识的进程，这一代的统治很有可能会取得超越先祖丰功伟业的成就，他们渴望使这个时代成为新发展的开始，这就是他们认为的"中兴"，冀图通过人民的智识更新来成就，并求得民族复兴的全部尊严，正如圣人所言，"大学之道在新民"[157]。

丁韪良也提出一个严肃的问题："这种革新能否在王室的王权之下实现？"他认为是可能的，一是皇帝身边有势力的领袖们可以把新的元素灌输给中国政府，皇帝本身也因为邦交的需要而接见外国使臣，从而有获得新思想的机会，这是他的父辈所无法享受得到的。

在西方社会普遍对中国悲观失望的情绪中，丁韪良能依据自己在中国的亲眼所见和亲身经历，让西方看到中国的变化，并愿意帮助中国有更大的进步，这在当时实属难得。由于担心自己对中国局势的过于乐观而受到非议，丁韪良后来在再版中引用了 1880 年 1 月 7 日上海快报（*Shanghai Courier*）社论为自己背书：

> 中国在前进中，她正踏上进步、知识与文明之路……在世界历史上，中国的国旗第一次飘扬在太平洋中……不要视其为濒于毁灭的微弱力量，她表现了具有平复最严重叛乱的力量……中国由过去若干年起至现在，仍在作一种真正文明的见习，她自各方面所得之智识，终有一日会适用于其利益。[158]

从丁韪良自己的描述中，我们也可以清楚地看见，他在中国所从事的两件关键的事情都是与"中兴"有关，或者可以说没有"同治中兴"，丁韪良在中国的宣教士生涯将完全是另外一种轨迹。他对时局的认识是：中国民族必将更新。[159]设立同文馆，招收儒学的生员为学生，则是一种大智识运动之最无可否认的证明。[160]他清楚地看见，《万国公法》之所以能被清朝的政府官员接受，因它发生在中兴时期，这也正是清政府观念发生变化的一种标志。正如丁韪良在《万国公法》的序言中所言："他们完全能够理解被视同为有道德的人们间的关系的国家关系，和由此原则引导出的彼此间的责任的。"

---

157 语出《礼记·大学》：大学之道，在明明德，在新民。

158 丁韪良：《中国文艺复兴》。参见刘伯骥：《丁韪良遗著选粹》，164 页。*Hanlin papers*, first series, p.331.

159 丁韪良：《中国文艺复兴》。参见刘伯骥：《丁韪良遗著选粹》，162 页。*Hanlin papers*, first series, p. 326.

160 丁韪良：《中国文艺复兴》。参见刘伯骥：《丁韪良遗著选粹》，155 页。

[161]也正因为他乐观看待中国的变革，看到中国政府对教育和知识政策的改变，这成为丁韪良辞去长老会宣教士的职务、投身教育的一个重要原因。他也以自己的行动，呼应他所看见和支持的中国社会的"文艺复兴"。但晚年时的丁韪良也抱憾后来的中国"不仅没能走上日本那样光辉的维新之路，反而戛然而止，匆然而退。"[162]

黄秋硕认为，丁韪良作为晚清"同治中兴"时期文化教育变革的参与者，第一次从历史、现实与发展趋势的综合分析之视角，为同治新政"定性"，将其称作"中国的文艺复兴"。[163]

第三节　岩石为开：新教宣教士来华历史简述

基督教传入中国，始于唐朝。"据史书所载，唐贞观九年，大秦国上德阿罗本远将经像来献上京，十二月，诏立大秦寺一所，度僧二十一人。世阅七朝，至代宗建中二年，大秦寺僧景净述其缘起，撰'景教流行中国碑'"。[164]景教成为历史上首次进入中国的基督教。845 年会昌法难后，趋于式微。

至于天主教传入北京的时间，"则当在宋末元初。据《东游记略》所载，云有马可波罗者，于宋末元初遍游燕京等地，此始为天主教流入京师之所昉欤？"[165]中国京师建立天主教堂始于元代，"世祖至元二十七年，教士孟高未诺等请于燕京创大堂二所，世祖亲临瞻弥撒礼……入教者约六千人。"罗马教皇也曾两次遣使来华，并于成宗十三年（1307）在北京设立教区，特授孟高维诺[166]为总主教。

---

161 丁韪良为《万国公法》一书写的英文序言。参见芮玛丽《同治中兴》，294 页。

162 丁韪良著，沈弘等译：《花甲忆记》，325 页。

163 黄秋硕：丁韪良论"中国的文艺复兴"，福建论坛（人文社会科学版），2017 年第二期，131-138 页。

164 《北京市志稿》（八）：宗教志.名迹志。北京：北京燕山出版社，第 331 页。景教，亦称为聂斯托里派（Nestorianism）。聂斯脱里（Nestorius，380-451），公元428 任君士坦丁堡主教，431 年被以弗所大公会议定为异端，他的追随者于波斯创立亚述教会。分析景教碑文的内容和思想可以看见，它是"全面地与中国传统文化及正统意识形态相妥协，也自觉地与中国的本土宗教相牵合。"参见孙尚扬、钟鸣旦：《1840 年前的中国基督教》，80 页。

165 《北京市志稿》（八）：宗教志.名迹志，332 页。

166 孟高维诺（Montecorvino，1247-1328），意大利人，1293 年来华，天主教首位来华的主教，在中国传教三十六年。1299 年，在大都建立首座天主教教堂。1307 年被教宗任命为北京教区主教。

明初开始中国实行海禁，"凡西人之来华通商及传教者，均遭拒绝。"直到万历九年（1581），意大利人利玛窦到达广东，万历二十八年（1600）到北京，被获准留居京师，随意择地建堂，实行开教。"有明中国开教事，当以利玛窦为第一人也"。[167]利玛窦在中国三十年，致力于传教，但当时在中国的宣教士仅有十三人。

康熙称传教士来朝是"服朕水土，出力年久"。[168]1721 年因"礼仪之争"导致康熙禁教，"以后不必西洋人在中国传教，禁止可也，免得多事"，[169]大批天主教传教士被驱逐出境。至道光年间，西方宣教士一律不准在中国居住，国人有奉教者，皆处死刑。而中国与外国的往来，除了以朝贡为主要形式的外交往来，至于其他通商，1727 年起沿海只限广州"公行"同外国商船进行贸易。雍正帝继位后历行禁教政策，一直延续到嘉庆、道光年间。道光年间的《大清律例》明确规定宣教士禁止进入中国，国人向洋人习教者"拟绞立决"。徐宗泽描述清朝禁教："雍乾嘉道之时代，为中国天主教史上最悲惨之时代；圣教遭难，约历一百五十年之久，教士隐迹，教友避难，不敢公然行敬礼天主之事。"[170]直到鸦片战争的爆发，清政府的排外和禁教政策发生了根本性的动摇。

1792 年 10 月，近代基督教第一个海外传教团体"浸信会传教会"（Baptist Missioanry Society）在英国成立。1795 年，伦敦传道会（London Missioanry Society）成立，作为跨宗派海外传教机构，"唯一目的就是在异教徒与其他未开化民族中传播基督教"。[171]1804 年决定派宣教士到中国，他们知道在中国直接宣教是困难而危险的，所以宣教士的主要任务就是翻译中文圣经。1807 年（嘉庆十二年），英国伦敦会宣教士马礼逊（Robert Morisson, 1782-1834）来到中国，成为基督新教到中国宣教的第一人，开启了新教在中国宣教的历史。因为禁教，为解决在中国的居留身份和经济问题，马礼逊于 1809 年被聘为东印度公司翻译，这是得到伦敦传道会支持的，认为他"可以担任东印度公司的重要职务，对将来扩大在中国的传教事业会有极大的帮助。"[172]

167 《北京市志稿》（八）：宗教志．名迹志，335-336 页。
168 李天刚：《中国礼仪之争》。上海：上海古籍出版社，1985，75 页。
169 孙尚扬、钟鸣旦：《1840 年前的中国基督教》，404 页。
170 徐宗泽：《中国天主教传教史概论》。圣教杂志社，1938 年，269 页。
171 罗伟虹主编：《中国基督教（新教）史》，41 页。
172 罗伟虹主编：《中国基督教（新教）史》，45 页。

1830 年美国第一个海外传教团体美部会（The American Board of Commissioners for Foreign Missions，即后来的公理会）成立，派遣裨治文[173]和雅裨理（David Abeel，1804-1846）来华，最初是协助马礼逊在中国的事业。随后卫三畏（Samuel Wells Williams）于 1833 年、伯驾（Peter Parker）于 1834 年到达广州。1842 年前为基督教在华宣教的奠定根基时期。马礼逊去世后，中国当时只有裨治文和卫三畏两位宣教士，教堂只有 3 名成员。卫三畏在《中国总论》中也提到，"新教在中国传教的努力，在 1842 年以前主要属于准备的性质。"而当时的传教活动也仅限于澳门和广州，1840 年前受洗的信徒不足100 人。[174]1847 年美国卫理会宣教士也在福州登陆。至 1848 年，在华美国宣教士已有 73 人之多。到 19 世纪末，据不完全统计，美国在华宣教士逾 1500人。[175]

五口通商口岸的开放，使新教宣教士获得了新的立足点，宣教活动随之得以扩展，并逐渐向内地转移。1858-1860 年间《天津条约》中宗教宽容条款的签订，正式解除了禁止外国宗教传入中国的禁令，宣教运动获得空前发展，基督教在中国的社会影响和政治力量也空前增大。

关于美国北长老会

美国北长老会（PCUSA: Presbyterian Church in the U.S.A., North），是 1789年美国革命时期成立的归正宗教派，1831 年在匹兹堡成立差会（American Presbyterian Mission），1837 年成立长老会海外传道部（The Presbyterian Board of Foreign Missions），向海外宣教，"其目的是要全世界皈依基督"（aid in the conversion of the world）。[176]正式派到中国的第一位宣教士是娄礼华（Walter M. Lowrie）牧师，于 1842 年 5 月 27 日抵达澳门。至 1844 年有 7 位宣教士来到中国，建立了宁波、厦门以及广州三个传教站，[177]1850 年开辟了上海传

---

173 裨治文（Elijiah Coleman Bridgman, 1801-1861），1801 年出生于美国马萨诸塞州，1826 年在阿姆斯特学院毕业后，进入安多弗神学院，1829 年毕业后被按立为牧师。1830 年 2 月抵达广州.

174 聂资鲁：《百余年来美国的基督教在华传教史研究》，《近代史研究》，2000 年第 3期，255-296 页。

175 李定一：《中美早期外交史》，台北，传记文学出版社，1978 年，65 页。

176 D. MacGillivray, *A century of Protestant missions in China（1807-1907）*, Shanghai: The American Presbyterian Mission Press, 1907, p. 379.

177 W. M. Lowrie's Letter, Oct. 24th, 1843, *Missions Correspondence and Reports*.

教站。宁波传教站由麦嘉缔博士[178]于 1844 年设立，1850 年丁韪良和他的兄长一起被派往宁波传教站。长老会在宁波宣教的同时兴办教育，1845 年开办男童寄宿学校（Boy's School），后迁往杭州，即后来的之江大学。

布朗在回忆丁韪良的文章中曾提到：当他七岁的时候（1834 年），长老会在中国仅有三位宣教士，十年后（1844）有六位，而当 1850 年丁韪良到达中国的时候，据 1850 年的年度报告，长老会在中国有三个传教站，有 24 位宣教士和他们的夫人。[179]截至到丁韪良 1869 年离开长老会时，其在中国的宣教士人数是 87 位宣教士，50 间教堂，信徒有 2000 人。[180]到 1919 年，美北长老会的在华宣教士有 502 人，仅次于戴德生的中国内地会；在全国设有 36 个传教站，也是仅次于中国内地会和英国圣公会。[181]

---

178 麦嘉缔（D.B. McCartee，1820-1900），在华 28 年，曾担任美国驻宁波领事和驻上海副领事。1872 年赴日本工作期间，被清政府聘为中国驻日本使馆参赞。1900 年于北京去世。参考罗伟虹主编：《中国基督教（新教）史》，122 页。

179 Rev. Arthur J. Brown, D.D., LL.D., *Rev. W. A. P. Martin, D. D., of China.*, p.196.

180 *A Survey of the Missions of the Board, January 1870, The foreign missionary.* v. 28, June 1869-May 1870. p170

181 司德敷编：《中华归主》。台北：商务印书馆，民国 11 年（1922），318 页。

第二章　自西徂东：丁韪良与《中美天津条约》

> 长期以来，中国这个东方巨人一直都在檫拭着自己的眼睛，翻开中国近代史，每一次跟外国列强发生冲突之后，都会使他更加意识到自己的无助状态，以及更加想在新的一天到来之际睁开眼帘。
>
> （丁韪良）[1]

研究近代来华的西方宣教士，不能回避的两个话题是：鸦片战争，不平等条约。正如历史学家王铁崖所称，"近代中国的历史是一个不平等条约的历史"。[2]在鸦片战争后来到中国的丁韪良，与其他一些早期来到中国的宣教士一样，曾以翻译的身份参加过条约的谈判和签订。作为翻译，他们是当时那个时代双方政府有效沟通的依赖；作为宣教士，由于康熙以来的禁教令使得他们格外渴望获得宣教自由的权利，从而完成他们自身来中国的使命。所以在条约的谈判中，宣教士为获得条约的法律保护而付出了努力。1858 年《中美天津条约》中"宗教宽容条款"的确立，到 1860 年的《北京条约》，中国的宣教大门终于被打开了。参加《天津条约》的谈判，改变了丁韪良一生在中国宣教事业的轨迹，作为一个西方人和一名新教宣教士，为基督教在中国的自由传播努力的同时，无意中他参与到了中国现代化进程中。本章内容既是本研究的主要事件之一，也可视作第三、四两章研究事件的背景和条件。

1　丁韪良著、沈弘等译：《汉学菁华：中国人的精神世界及其影响力》，331 页。
2　王铁崖：《中国与国际法——历史与当代》，100 页。

本章主要研究的问题是：

1. 如何从"不平等条约"看中国与世界的真正接触的开端："什么是世界？"

2. 缕析一系列条约的条款探寻基督教进入中国的历程，以及清政府基督教政策转变的历程。

3. 如何看待和评价丁韪良等宣教士参与条约的谈判和签订。

4. 参加《天津条约》谈判对丁韪良的意义和影响。

第一节　"不平等条约"与基督教在华宣教进程的发展

一、"不平等条约"：晚清中国认识近代世界的开端

历史学家认为，第一次鸦片战争后的"不平等条约"的内容（割地、赔款、五口通商、关税协定、领事裁判、租地造屋、传教自由等等），为后来的种种延伸和接续准备了最初的前提，随着它们的产生，中国社会出现了可见的变化；而第二次鸦片战争则把沉重的震撼带到了中国社会的中枢。[3]

关于"不平等条约"

"条约"（treaty）是什么？根据《维也纳条约法公约》（1969），将"条约"定义为"国家间所缔结并受国际法支配的国际书面协定，不论其载于一项单独文书或两项以上相互有关的文书内，也不论其特定的名称是什么。"[4]这里一个肯定的概念是：条约是受国际法支配的（governed by international law）。战争与和平、合作与交往是缔结条约的最重要的原因。

人们普遍将鸦片战争后中国和西方国家签订的一系列条约统称为"不平等条约"，这个概念造成了国人对这段历史的刻板印象：强权侵略，主权沦丧。其肇因除了战争武力的因素，更多是因为缺乏对国际法及其准则的认识。古希腊雅典的著名学者伊索克拉底（Isocrates，公元前436-338）最早使用了"不平等条约"这一概念，国际法学的开山鼻祖、荷兰学者格老秀斯（Hugo Grotius，1583-1645）等人将其引入近代国际法体系。[5]格老秀斯在他的著作《战争与和

3　陈旭麓：《近代中国社会的新陈代谢》，63 页，101 页。

4　郭卫东：《转折——以早期中英关系和南京条约为考察中心》，705 页。

5　张建华：孙中山与中国不平等条约概念的起始。中国国际法学会主办：《中国国际法年刊》（2000-2001），北京：法律出版社，2005 年。275 页。

平法》中区别了两种条约：一种是对缔约各方施加同等负担的条约；另一种则是缺乏互惠并对条约一方施加永久或暂时性负担的条约，[6]即平等的和不平等的条约。1957 年在大马士革召开的亚非法学家会议通过决议，决定使用"不平等条约"一词，将其界说为"强国对弱国所强加的并在缔约各方的义务之间造成极大不平等的条约"。[7]1969 年《维也纳条约法公约》对于"不平等条约"没有做出具体裁定。王铁崖认为有两个要素构成"不平等条约"的主要特征：一个是不平等或非互惠性质的内容（条约义务的极大不平等）；另一个则是使用武力或以武力相威胁所强加的。[8]法律学者张建华认为，"不平等条约"被视作只是一个政治概念，不具有法律意义，迄今为止在国际法上对使用"不平等条约"概念的意见尚不统一。[9]

据张建华考证，中国最早使用"不平等条约"概念的，是以孙中山为首的同盟会革命党人。他们在对国际法作了认真深入的研究后，1906 年在《民报》发表了《排外与国际法》，文中称："惟以强大临于弱小，其国之势力位置既不相当，则其条约难望平等也。"[10]1906 年孙中山口授汪精卫撰写的《驳革命可以召瓜分说》，更加明确地使用了这一概念："满清政府，外交劣迹，与各国结种种不平等之条约，宜筹撤改者，则固新政府之责任。"1923 年 1 月 1 日写入《中国国民党宣言》："前清专制……屡牺牲我民族之权利，与各国立不平等条约，……吾人……立图改正条约，恢复我国国际上自由平等之地位。"[11]如此看来，虽然张建华认为"不平等条约"概念是孙中山留给 20 世纪中国乃至世界的一笔重要的遗产，[12]是以对国际法以及国家主权平等原则较为全面了解和深入认识作为基础的，但仔细分析其过程不难看出，孙中山等革命党人提出"不平等条约"之概念，实质是在针对晚清政府的腐败无能而导致遭受列强欺侮，目的是要人民明白，要改变这一状况，重要的是要推翻腐败专制的晚清政府，建立新政府，其政治性甚于国际法。

6 格老秀斯：《战争与和平法》（英文），克尔西译，1925 年，第 2 卷，第 394-397 页。引自王铁崖：《中国与国际法——历史与当代》，99 页。
7 王铁崖：《中国与国际法——历史与当代》，102 页。
8 王铁崖：《中国与国际法——历史与当代》，101 页。
9 张建华：孙中山与中国不平等条约概念的起始，274 页。
10 张建华：孙中山与中国不平等条约概念的起始，285，288 页。
11 《中国国民党宣言》，《孙中山选集》第 7 卷，3 页。参见张建华：孙中山与中国不平等条约概念的起始，290 页。
12 张建华：孙中山与中国不平等条约概念的起始，291 页。

1923 年中共三大《中国共产党党纲》草案中提出了"取消帝国主义列强与中国所订一切不平等的条约"。[13]王铁崖指出，在中华人民共和国的实践中，没有对"不平等条约"下一个定义。1963 年 3 月 8 日《人民日报》在评论美国共产党声明的一篇社论中提到："……它们强迫中国政府同它们签订了许多不平等条约，诸如 1842 年南京条约，……1858 年天津条约，1860 年北京条约……。"[14]"不平等条约"一词沿用至今，其所指代的含义不言自明。

郭卫东认为，由《南京条约》所奠定的近代中外条约关系，表面上看，无论是缔结程序还是文书程序，都具备了近代国际法条约法的各项要素和细节要求，但在实际上是违反了近代国际法的本质要求——签约国双方和各方的意愿自由和平等关系，所以本质上是不平等的条约关系。[15]费正清则从另外一个角度思想这个问题："如果要了解西方列强强加于中华帝国身上的不平等条约的片面性和不平等，人们必须看看中国首先强加于西方客人的古老的朝贡制度。这个古老的中国制度，在某些方面正像替代它的条约制度一样的不平等。"[16]可见"不平等"实际上也折射出了签约各方的实力、地位的不平等。德国学者沃尔夫（Wolff，1679-1754）在解释这个问题时给出的答案是："如果在同意的方式上没有天然的错误，条约就是有效的，而不必考虑它是平等还是不平等。"[17]已经签订的"不平等条约"是否有效和需要遵守？国际法经典作家们并没有给出答案，"这也许可以理解为他们认为不平等条约当然有效，无需解释。"[18]

许多学者也看到了条约的积极一面，通过条约，将进步的国际法原则引入了中国。外交上，某些条约也直接规定了近代的平等交往方式，如互派驻外使节，有助于中国建立近代外交关系；在经济方面，条约引进了某些平等的规则以及符合近代国际惯例的制度；政治上关于和平解决争端、战争的限制等具体

---

13 《中国共产党第三次全国代表大会决议案》，《中共党史参考资料》，第 2 册，528 页。

14 王铁崖：《中国与国际法——历史与当代》，103 页。

15 郭卫东：《转折——以早期中英关系和南京条约为考察中心》，708 页。

16 [美]费正清：《美国与中国》，115 页。

17 丘宏达：《中国国际法问题论集 兼论最近国际法问题》，台北：台湾商务印书馆，民国 61 [1972]，240-241 页。张晓宇在他的博士论文中也探讨了"不平等条约"的相关问题，参见张晓宇：《从国际法视野看同治年间教案（1861-1870）》，福建师范大学硕士论文，2012 年。

18 张建华：孙中山与中国不平等条约概念的起始，276 页。

规定，使中国享有平等的权利和义务，是有利于中国融入世界的。[19]可以看出，近代中外条约确实是广泛而又深刻地影响了近代中国各个领域的社会变迁，对于条约的系统探讨和专题研究，辨析其对中国近代社会所产生的或正面或负面的作用，可以帮助我们从新的角度认识近代中国的现代化历程。

清政府与西方国家签订的主要条约

鸦片战争之前，清政府与外国签订的条约主要是涉及边界纠纷问题。查考光绪朝《钦定大清会典事例》[20]（卷一千二百二十），清政府与外国签订的第一个条约是《尼布楚条约》：[21]"康熙二十八年（1689），与俄罗斯国通商，议定黑龙江约六条"；之后又于雍正五年（1727）"与俄罗斯国立恰克图界约"；[22]乾隆五十七年（1792）"与俄罗斯议定恰克图市约五条"，[23]凡总三个条约及通商章程。

道光年间签订的条约有：道光二十二年（1842）的《南京条约》（在江宁立约十三条）；道光二十四年（1844）的《中美望厦条约》（与米利坚通商，在广东立约三十四条）；道光二十七年（1847）二月，耆英与瑞典、挪威签订五口通商章程（在广东立约三十三条）。凡总三个条约及通商章程。此卷会典没有记录道光二十四年（1844）签订的《中法黄埔条约》。

咸丰年间签订的条约有：咸丰元年（1851）与俄罗斯国议定伊犁塔尔巴哈台通商章程十七条，此条约被称为是"清政府同沙皇俄国签订的第一个不

---

19 李传斌：《基督教与近代中国的不平等条约》，李育民总序，5 页。

20 《钦定大清会典》是康熙、雍正、乾隆、嘉庆、光绪五朝所修会典的总称，史称《大清会典》或《大清五朝会典》，光绪十二年（1886 年）敕撰，成书于光绪二十五年（1899 年 9 月）。包括会典、会典事例、会典图等共 82 函。按行政机构分目，内容包括宗人府，内阁，吏、户、礼、兵、刑、工六部等职能及有关制度。1889-1995 年任同文馆事务大臣的徐用仪、以及后任京师大学堂管学大臣的孙家鼐也都参加了编撰。可参考孙子和著：《清代同文馆之研究》，40-41 页。

21 《尼布楚条约》签订于康熙二十八年七月二十四日，明定中俄两国边界，以期永久和好。约有满文、俄文、拉丁文三种文本，并以拉丁文为准，并立石碑，碑文用满、汉、俄、蒙、拉丁五种文字刻成。后 1858 年的《瑷珲条约》和 1860 年的《北京条约》取代此条约，确立了俄国和中国的现代疆界。

22 中俄《恰克图条约》于雍正五年（1727）签订，旨在规定中俄在蒙古北部边界及政治、经济、宗教等诸方面相互关系。条约使俄国得到了贝加尔湖之南及西南约10 万平方公里土地，以及贸易、宗教等项利益。

23 中俄《恰克图市约》于乾隆五十七年（1792）签订，规定两国以恰克图、买卖城为界，准许俄国商人贸易。

平等条约"；接下来一系列"不平等"的条约有：咸丰八年（1858）在天津与俄罗斯国立约十二款、英国五十六款及通商章程十款、米利坚国三十款及通商章程十款、法兰西国四十二款及通商章程十款又章程补遗六款、又与俄罗斯国立爱珲约三款。以上各条约构成《天津条约》。咸丰十年（1860）在京续立条约：俄罗斯国十五款、英吉利国九款、法兰西国十款。咸丰十一年（1861）又与俄罗斯、德意志国布鲁斯国、英吉利国订立条约及通商章程。以上各条约构成《北京条约》。凡总十二个条约及通商章程。

　　同治年间（1862-1874年）订立的条约有十八个，至光绪十三年（1875-1887）也签订了大约十四个条约，其中最著名的是光绪十二年（1886）李鸿章代表清政府签订的"与法兰西国在京立约十九款，名曰中越边界通商章程"，丁韪良和赫德一起协助翻译条约条款。光绪二十一年（1895）甲午战争的《马关条约》和二十七年（1901）庚子事变的《辛丑条约》没有列在此卷会典中。

二、从禁教到自由：条约条款对基督新教在华宣教的推动

　　自康熙禁教以来，无论是基督新教或是天主教，宣教士们梦寐以求的就是在中国拥有宣教的自由，他们希望能够摆脱像马礼逊一样只能靠在东印度公司任职而留在中国的窘境，希望不再担心被驱逐，也不再像米怜那样因不得进入中国而只能在马六甲协助马礼逊工作。因此他们迫切希望能借着条约增加自由宣教的权益，给宣教活动带来更大的自由和空间。而一系列条约的签订，相应条款的确立，确实给宣教士带来了许多间接的或直接的特权，除了人身安全受到条约保护，也增加了他们宣教的地域范围和自由度。从各条约中可以看到这个过程的演变。

　　《中英南京条约》与"在华治外法权"。道光二十二年七月二十四日（1842.8.29）签订的《中英南京条约》没有直接提到传教的问题，但外国人获得了在"五个通商口岸"（广州、厦门、福州、宁波、上海）自由进出及居住的条约保护（第二款）。身为外国人的宣教士在此条款中获益，终于获得合法在华居住的权利，同时"在华治外法权"使宣教士与其他英国人一样不受中国法律的管辖（第七款），可以自由活动于通商口岸，相对从前，为传教提供了诸多便利。但宣教士在中国内地工作仍然是不合法的。

《中英五口通商章程》与"领事裁判权"。 道光二十三年八月十五日（1843.10.8），清朝代表耆英与英国驻华全权公使璞鼎查[24]在虎门订立《议定广州、福州、厦门、宁波、上海五港通商章程》，或称《中英五口通商章程》，承认英国享有"领事裁判权"："英人华民交涉词讼，其英人如何科罪，由英国议定章程法律，发给管事官照办；华民如何科罪，应治以中国之法，均仍照前江南原定善后条款办理。"（英人华民交涉词讼一款）。虽然未直接提到信徒问题，但领事裁判权使宣教士作为外国人而不受中国司法管辖，不再担心会被随意捉拿驱赶，安全得到了保障。傅德元认为，规定美国在华享有"领事裁判权"的最早的条约，是《望厦条约》（条约第 21、24-26 款）。[25]

《虎门条约》与"最惠国待遇"。 作为《南京条约》的附件，《五口通商附粘善后条款》，又称《虎门条约》，提出了"最惠国待遇"条款："将来大皇帝有新恩施及各国，亦应准英人一体均沾，用示平允"，各国可以享受中国给予他国的权益。

《中美望厦条约》与设立礼拜堂、语言学习之自由。 道光二十四年五月十八日（1844.7.3）签订的《中美望厦条约》，被称为是为在华传教打开缺口的条约。其中最重要的是第 17 款，为宣教士在通商口岸设立礼拜堂提供了条约的保护，"合众国民人在五港口贸易，或久居，或暂住，均准其租赁民房，或租地自行建楼，并设立医馆、礼拜堂及殡葬之处。"同时第 18 款使宣教士可以自由地在中国请中国人教习各方语言，"准合合众国官民延请中国各方士民人等教习各方语音，并帮办文墨事件，不论所延请者系何等样人，中国地方官民等均不得稍有阻挠、陷害等情；并准其采买中国各项书籍。"自十八世纪，清政府颁谕严禁外国人学习中文和购买中文书籍："查例载天朝史书，外夷臣不准携带出洋，是史书出洋，有干例禁。"[26]凭借第 18 条款的规定，一直困扰宣教士学习中文的障碍终于被扫除，中国与外国之间文化的藩篱终于被拆除，使中国与各国家的语言和书籍之交流成为可能，为未来教育的发展打开了破口，学堂和各类印刷书籍方得以在中国流行。

24　亨利·璞鼎查（Henry Pottinger, 1789-1856），英国驻华公使，曾代表英国与清政府签订南京条约、虎门条约。

25　傅德元:《星轺指掌》与晚清外交的近代化。北京师范大学学报（社会科学版），2006 年第 6 期，80 页。

26　林治平:《基督教与中国近代化论集》，台北：台湾商务印书馆，民国六十四年[1975]，61 页。

《中法黄埔条约》与建教堂、学校之自由。道光二十四年九月十三日（1844.10.24）签订的《中法黄埔条约》将传教的内容进一步扩大，直接提出了关于传教的问题。第 22 款规定："佛兰西人亦一体可以建造礼拜堂、医人院、周急院、学房、坟地各项，地方官会同领事官，酌议定佛兰西人宜居住、宜建造之地。……倘有中国人将佛兰西礼拜堂、坟地触犯毁坏，地方官照例严拘重惩。"宣教士被允许在通商口岸拥有居住和租地权，除了设立礼拜堂，《黄埔条约》将宣教士的活动内容扩大到了设立慈善机构、学校等，越来越多的教堂、教会学校、医院和救济院等开始出现在各通商口岸，为基督教的在华传教事业带来正面积极的推动作用。但第 23 款仍旧限制宣教士的活动范围，规定法国人只可以在五个通商口岸自由居住，往来经游，仍然不能进入内地，"各外国习教之人，止准其在通商五口地方建堂礼拜，不得擅入内地传教煽惑，倘有违背条约，越界妄行，地方官一经拿获，即解送各国领事馆管束惩办，但不得遽加刑戮，致生衅隙。"[27]限制的同时，宣教士们也藉着这一条款获得了中国政府的"保教权"，生命和财产的安全受到保护。[28]另外在第 24 款中也加入了关于学习语言的内容："佛兰西人在五口地方……延请士民人等教习中国语音，缮写中国文字，与各方土语……佛兰西人亦可以教习中国人愿学本国及外国语者，亦可以发卖佛兰西书籍，及采买中国各样书籍。"

驰禁天主教及"在华信教合法化"。在法国谈判者[29]的努力下，清政府还颁布了两个赦令，放松现行禁教令。[30]道光二十四年（1844）十月十七日耆英上奏道光帝："……今据弗朗济使臣喇礕呢（即拉萼尼）请将中国习教为善之人勉罪之处，似属可行，应请嗣后无论中外民人，凡有学习天主教并不滋事行非者，仰恳天恩，准于免罪。"[31]道光皇帝十一月初五日（1844.12.14）朱批

---

27 耆英：道光二十四年九月十一日（1844.10.22）奏陈似应姑允法人宽驰传教之请以示羁縻折.中国第一历史档案馆编：《鸦片战争档案史料》第七册，天津：天津古籍出版社，1992 年，514 页。

28 蒋世弟，吴振棣：《中国近代史参考资料》.北京：高等教育出版社，1988 年，98 页。

29 法国使团代表拉萼尼（Theodore de Lagrene）是天主教徒，使团翻译是传教士加略利（Joseph Marie Callery）.参见[法]史式徽（J.de.ca.Serviere）著，天主教上海教区史料译写组译：《江南传教史》.上海：上海译文出版社，1983 年，66 页。

30 驰教令没有以条约形式而以谕令形式出现.参见郭卫东：《清政府禁教政策改变的若干问题》。

31 道光二十四年十月十七日耆英奏请将习教为善者免其治罪折.中国第一历史档案馆编：《鸦片战争档案史料》第七册，天津：天津古籍出版社，1992 年，534 页。

"依议。钦此。"这被认为是清政府承认了"在华信教合法化"，从此"天主教无论供奉十字架图像与不供奉十字架图像，凡习教为善者中国概不禁止。"[32] 政府不再迫害信仰基督教的国民。

驰禁天主教，基督新教亦自动受益。按照耆英所言："本大臣于各国习教规矩有无分别，本不知晓。今习教为善之人既概免治罪，则无论拜偶像不拜偶像，但系习教为善者，皆在所弗禁。泰西各国事同一体，断无异待而不保护之理。"[33]但清政府担心"天主教驰禁恐滋流弊……不必宣扬于外，致习徒得以影射煽惑，别滋流弊，将此各密谕知之。"[34]因此一直没有通行颁示驰禁天主教，直到1846年3月18日，耆英在广州公布驰教上谕，通行五口地方张挂晓谕，解除禁教的政令才得以正式公开。[35]

道光帝于道光二十六年正月二十五日（1846.2.20）发布第二道上谕：[36] "……天主教既系劝人为善，与别项邪教迥不相同，业已准免查禁，此次所请亦应一体准行。所有康熙年间各省旧建之天主堂，除改为庙宇民居者毋庸查办外，其原旧房屋尚存者，如勘明确实，准其给还该处奉教之人。"依据此谕旨，清政府允许归还在康雍年间被没收的天主教堂。耆英称"这是一次比把香港割让给英国人还难做到的让步，因为这是一次更改国法民俗的让步。"[37]

道光帝的这两道上谕被认为是标志着自雍正以来"百年禁教"的结束。[38]但道光帝并未许可宣教士在中国完全的活动自由，"仍照现定章程，外国人

---

32 史式徽：《江南传教史》，第81页。蒋世弟，吴振棣：《中国近代史参考资料》，94页。

33 道光二十五年十一月二十二日耆英复英国公使德庇时书。王庆成于1984年在剑桥大学图书馆未编号箱发现三篇耆英等人的文书，均为红色竖线条信笺墨书抄件，并以此证明清廷上谕虽只驰禁天主教，但新教也同样得到保护。参见王庆成：清代西教在华之环境——康雍乾道咸朝若干稀见文献考释，《历史研究》，1997年第6期，46页。

34 道光二十五年四月初二日"著各省督抚暂缓通行颁示驰禁天主教事上谕"。《鸦片战争档案史料》第七册，569页。

35 《鸦片战争档案史料》第七册，619-621页。郭卫东认为真正意义的驰禁是从这时开始的。见郭卫东：《清朝禁教政策演变的若干问题》。

36 道光二十六年（公元1846）正月二十五日上谕。《鸦片战争档案史料》第七册，631页。

37 《在华天主教驰禁问题会商简史》，见《巴黎外交部档案——政治通讯》第3卷，215页。参见[法]卫青心著、黄庆华译：《法国对华传教政策》（上册），北京：中国社会科学出版社，1991年，380页。

38 顾卫民：近代中国的保教权问题。《当代宗教研究》，2002年第2期，24-30页。

概不准赴内地传教，以示区别。"内地仍未对宣教士开放，"是立法之初应由五口妥为办理"。[39]

丁韪良将启动宗教自由新时代的荣誉归于法国，"英国的大炮摧毁了贸易障碍，但 1842 年签订条约时只想到了贸易。"[40]他感谢法国带头要求中国撤销迫害性的禁教法令，要求获得宗教宽容，这也为后来美国在天津条约中提出"宗教宽容条款"作了预备。

《天津条约》与信教自由。对于基督教在华传教事业产生最大影响的，当属《天津条约》。[41]咸丰八年（1858），清朝与俄、美、英、法等国分别签订条约，构成了《天津条约》的主体。

五月初三日（1858.6.13）签订的《中俄天津条约》第 8 款，使宣教士的传教范围开始扩展到通商口岸之外的内地："天主教原为行善，嗣后中国于安分传教之人，当一体矜恤保护，不可欺侮凌虐，亦不可于安分之人禁其传习。若俄国人有由通商处所进内地传教者，领事官与内地沿边地方官按照定额查验执照，果系良民，即行画押放行，以便稽查。"[42]有学者认为，这是中国历史上第一次以条约形式规定天主教在华传教问题。[43]之前法国代表与清政府的谈判也是关于天主教在华传教问题，并实现了驰禁天主教，在华传教合法化和归还被没收教产等政策，但却是以谕旨的形式而非条约形式。

五月十七日（1858.6.27）签订的《中法天津条约》第 13 条款，宣教士终于获得了在中国各地自由布道和从事宗教活动的自由，同时中国信徒参与基督教活动的权利也受到了条约的保障："天主教原以劝人行善为本，凡奉教之人，皆全获保佑身家，其会同礼拜诵经等事概听其便，凡按第八款备有盖印执照安然入内地传教之人，地方官务必厚待保护。凡中国人愿信崇天主教而循规蹈矩者，毫无查禁，皆免惩治。向来所有或写、或刻奉禁天主教各明文，无论何处，概行宽免。"法国政府根据此条款声明在华拥有保教权，中国政府在条约上允许中国人民信奉天主教，这种信仰自由同时受到

---

39 道光二十五年正月初十日耆英奏为将习天主教免罪。《鸦片战争档案史料》第七册，554 页。

40 W.A.P. Martin, *A Cycle of Cathay*, p.440. 丁韪良著，沈弘等译：《花甲忆记》，298 页。

41 李定一：《中美早期外交史》，260 页。

42 王铁崖：《中外旧约章汇编》，第一册，88 页。

43 李传斌：《基督教与近代中国的不平等条约》，41 页。

宣教士居住和工作亦不再有地域上的限制。英国条约中也有相似的规定："外国人可任意到内地游历、通商、传教"。可以看出《北京条约》不仅完全确认了《天津条约》获得的权益，并且将传教自由条款又向前推进了一步。

　　关于这一条款引起最大争议的，是末尾的"并任法国传教士在各省租买田地，建造自便"，很多研究学者认为这是由担任谈判翻译的法国宣教士自己加上去的。[50]海关总税务司赫德在日记中提到了他多次和总理衙门大臣校对《中法条约》，称"我还没见到过比这更差的中文"，[51]并告知总理衙门在法文文本条约第 6 款中，并未见到宣教士在内地有"购地与建造"的任何权利。丁韪良也发现了中法两个文本之间的不同，当总理衙门请他译出该条款以资比较的时候，看到这一句话在法文文本中是没有的，但最后清政府并没有提出修改的要求。丁韪良认为可能的理由，一是歧义之处原则上是由法国文本为准，而遭篡改的文字是中文的；二是清政府从来也没有拒绝新教教徒享有与天主教徒一样的权利，宣教士均被允许建立永久居留场所；三是总理衙门总是承认"最惠国待遇"条款的效力。但丁韪良还是认为把这句话加入条约是"不明智的"。[52]

小结

　　综上所述，正如赖德烈所言："1858-1860 年间的各种条约，第一次为新教大规模行动提供了可能性。在此之前，新教传教士们的活动几乎完全局限于五个通商口岸及香港。现在他们拥有了法律的权利，他们可以在整个帝国中游行并传播他们的信仰而不受政府的干预，"[53]这"使得教会的大规模扩展成为可能……新教的宣教士现在有双倍的或更多的新机会。"[54]条约带来的自由和空间对宣教士们更是一种新的挑战和契机。新教在中国传播以 1807 年马礼逊来华为发端，在 1860 年后进入了快速发展阶段，宣教士们在中国

---

50 关于此条款究竟是何人所为，学术界有不同说法，可参考李传斌《基督教与近代中国的不平等条约》第 47 页；王中茂《西方教会内地置产条款作伪考辨》（《世界宗教研究》2005 年第 1 期第 57-62 页）

51 赫德著：《赫德与中国早期现代化——赫德日记（1863-1866）》，175，177，376，381 页。

52 沈弘等译：《花甲忆记》，299 页。

53 赖德烈：《基督教在华传教史》，307 页。

54 赖德烈：《基督教在华传教史》，237 页，239 页。罗冠中在其主编的《前世不忘后事之师》的前言中，引用了赖德烈的这段话，认为赖德烈批评宽容条款"对基督的名并不是很光彩"，指责"教会早已成为西方帝国主义的伙伴"（前言，5 页）。

各地建堂传教，传播基督教的书籍，并在之前难以进入的省份和地区建立传教站。1860 年后，来华宣教士人数由 1858 年的 81 人增至 1893 年的 1324 人。[55]

根据谢扶雅的统计，自马礼逊来华七年后第一个受洗的中国信徒蔡高，到 1842 年，基督徒只有 6 人而已。[56]但自《南京条约》签订后，信徒的人数有显著的增加，在《天津条约》和《北京条约》之后发展更加迅速，人数激增。姚民权的统计中特别指出，1860 年时，中国的信徒有 2000 人。同时，他加入了宣教士的人数统计：1844 年来华宣教士的人数是 31 人[57]，1860 年增至 100 余人，1877 年则有 470 名宣教士，分布在中国 91 个城市，312 个传教点。到了 1900 年，外国宣教士人数为 1500 人。[58]赖德烈的统计是：1858 年全国有 81 位宣教士，代表着 20 个宣教团体，1864 年有 189 位宣教士和 24 个新教差会，到了 1889 年则有 1296 位宣教士和 41 个团体。[59]而天主教信徒的人数，谢扶雅根据 1920 年的报告，指出中国的罗马教信徒为 197 万 1180 人。[60]

虽然有宗教宽容、自由传教等条款的保护，但对宣教士的限制依然存在，赖德烈称"那些为新教教会作奠基工作的人通常以英雄般的勇气来从事他们的工作，他们通常牺牲了舒适的生活、个人健康，甚至牺牲他们的生命……传教士们曾经历经艰辛地学习新的语言，他们必须适应生疏而常常又不卫生的生活条件，曾经长期地与病魔作斗争，曾经艰难跋涉于这个交通不便的陌

---

55 梁家麟：《福临中华》，68 页。

56 谢扶雅：《基督教纲要》。上海：中华书局，1934 年，118 页。这个人数与姚民权等的信徒人数统计是一样的，李志刚的统计没有给出具体的人数，从表格中列出的人名和人数计算，应该在 19-22 人。李志刚在书中清楚列出施洗牧师的姓名和受洗人姓名，以及受洗时间和地点，并表明"乃以史料有所考据"，非常有参考价值。参见李志刚：《基督教早期在华传教史》。台北：台湾商务印书馆，1985 年，270 页。

57 据李志刚的统计，1807-1842 年来华晨传教士已经有 63 人。以文字布道、医药布道、个人布道、游行布道等方式在华传教。但除去先后去世、或因病归国等，其后能继续在华工作者，共二十八人。他们分属不同的传道会，从南洋或澳门撤离后，分往香港及五个通商口岸工作。参见李志刚：《基督教早期在华传教史》，台北：台湾商务印书馆，1985 年。80 页，269-272 页。

58 姚民权、罗伟虹著：《中国基督教简史》，41 页、147 页。

59 赖德烈：《基督教在华传教史》，406 页。

60 谢扶雅：《基督教纲要》，110 页。

生土地，他们还经常冒着民众与官府的仇视和敌意。"[61]随着传教自由程度的开放，宣教士和信徒受到的冲击和迫害也随之增多，各地教案频发。据《教务教案档》统计，1860-1870 年间，上报到总理衙门的天主教还教产案共有 33 起，传教士擅用官场仪制 6 起，传教士、教民违约传教、干预地产公事等 7 起，命案 20 起。[62]两广总督陶模评价："传教之始从教与否纯任自然，及道光以后息战言和，始以传教内地列之条约。夫中外开端特因通商之故，与教无预，惟传教之约即因兵事而立，于是中国民人意谓外国传教特以势力相驱迫，而疑畏之心遂生。"[63]这种"传教以势力相驱迫"言论，某种程度上也是因为对条约以及国际法的无知造成的。

虽然有条约的保护，宣教士们仍然需要为宣教事业付出代价和努力。丁韪良与同文馆的西人教习们被要求不得传教。李提摩太在山西大学的建立过程中，也被要求在学校的章程中增加一条"永不在此所大学传授基督教"，他的回答是："对于宗教自由问题，中方已经在好几个条约中与外国几个国家达成一致在先，如果巡抚大人现今得到了一个特权可以废弃之前的条约，我们便可以来讨论禁止教授基督教这一章程。"[64]他认为如果承认了这个要求，就等于承认了宣教士们的信仰和他们所教授的内容都毫无意义和价值。

《天津条约》和《北京条约》的签订，让早期来到中国并长期在华南一带五口宣教的宣教士，把目光开始转向北方，他们希望能在那里开辟新的宣教工场。如最早在广东的差会伦敦会及美部会，相继结束了他们在华南的工作，向北发展。[65]而参加了《中美天津条约》谈判的丁韪良，他的眼光也同样转向了北方。这成为他后来移居北京继续宣教事业的主要契机。

三、条约谈判的翻译们：丁韪良及宣教士们为宣教自由的努力

在《中美望厦条约》末尾的签订日期处，我们可以看到这样的注明："道

---

61 赖德烈：《基督教在华传教史》，408 页。

62 参考陶飞亚、李强：晚清国家基督教治理中的官教关系。《中国社会科学》，2016 年第三期，186 页。中央研究院近代史研究所编：《教务教案档》第一辑，咸丰十年-同治五年；第二辑，同治六-九年，民国 63 [1974]。

63 参考李刚巳编：《教务纪略》四卷，台北：文海出版社有限公司，1988。314，103 页；李恩涵：《近代中国外交史事新研》45 页；刘小枫：《道与言——华夏文化与基督教文化相遇》，北京：三联书店，1995 年，226 页。

64 李提摩太：《李提摩太在华回忆录》，201 页。苏慧廉：《李提摩太在中国》，241 页。

65 梁家麟：《福临中华》，69 页。

光二十四年五月十八日，即我主耶稣基理师督降生后纪年之一千八百四十四年七月初三日，在望厦铃盖关防"。《中法黄埔条约》也同样有"两国钦差大臣即于章程画押盖印，以为炳据。道光二十四年九月十三日，即耶稣基里师督降生后一千八百四十四年十二月二十四日，在黄埔佛西兰阿吉默特火输兵船上铃用关防。"在"纪年"之前，特别注明是"我主耶稣基理师督降生后"，正是因为当时有多名宣教士参与了条约的签订，除了他们在其中所起的关键作用，同时在这些重要的历史文件上永久地留下了他们的印记。

3.1 马儒翰等与《中英南京条约》

国外学者评论《南京条约》是新千禧年秩序在中国到来前的黎明，它揭开了西方对华事务的新纪元。它标志着中国闭关自守的破产，同时标志着中国与欧洲在平等的基础上建立法律、政治和经济关系的开端。[66]西方各传教差会对此也是欢欣鼓舞，美部会的《教士先驱报》（Missioanry Herald）称："长久以来封闭着这个广袤的国家的隔离墙被打破了"。[67]英国伦敦总会号召全世界基督徒"同心感恩，称颂上帝"。[68]裨治文[69]发表文章称，《南京条约》击破了朝廷的幻想，隔离的墙被打开了，中国进入了国际大家庭："中国——中央王国，天朝上国，古老而长期封闭的国家——将与地球上所有国家一起，成为大家庭的一员。"他相信这是中国和世界其他国家友好往来的开始："中国迅速地重归和平，以及为促进和平所签订的有利条款，是这个时代最可喜的迹象……在不久的将来，国与国之间将自由友好地往来。"[70]

参与《南京条约》的起稿和谈判的宣教士[71]有：第一位来华宣教士马礼逊

---

66 [英]菲利浦·约瑟夫著、胡滨译：《列强对华外交：1894-1900 对华政治经济关系的研究》。北京：商务印书馆。1959 年，3 页。

67 [美]雷孜智：《千禧年的感召：裨治文传》，206 页。

68 沈承恩：《传教士与鸦片战争》。参见罗冠宗主编：《前事不忘后事之师》，20 页。

69 裨治文（Elijah Coleman Bridgman, 1801-1861），美国公理会传教士，美国第一位来华传教士，1830 年来广州。1832 年 5 月创刊《中国丛报》（The Chinese Repository），为"唤起全世界基督徒对中国人灵魂觉醒之注意"。

70 裨治文：《中华帝国之现状》（Present Conditions of the Chinese Empire），登载于《中国丛报》（The Chinese repository），v.12, January 1843，No.1, p.1, 7。

71 李传斌提到担任翻译的是马儒翰、郭士立和罗伯聃。李传斌：《基督教与近代中国的不平等条约》，第 26 页。罗伯聃（Robert Thom）是商人而非传教士，栗叶的硕士论文《罗伯聃与〈华英说部撮要〉》（2011），以及王幼敏的《罗伯聃与〈华英说部撮要〉》（2014）均提到他被聘为翻译参与了《南京条约》的起草谈判。

的长子马儒翰[72]、独立宣教士郭士立[73]、英国圣经会的李太郭[74]、英国伦敦会的麦华陀[75]。清政府的谈判代表耆英[76]在其奏折中也曾记载，在与英国谈判时有"夷酋吗哩逊等四人出舱相见"。[77]但对于在华宣教士们来说颇感遗憾的，是在条约的谈判和签订过程中并没有提出传教问题，以致于有学者认为："《南京条约》是一项使宣教士感到失望的条约。宣教士曾呼吁，希望英国的外交政策不要仅限于保护商业利益。"[78]丁韪良认为英国谈判的主要目的在于通商的利益。

虽然没有提到传教的问题，但《中英南京条约》第一款表明了晚清正式以"国家"[79]的身份与世界发生交往："嗣后大清大皇帝、大英国君主永存平

---

72 马儒翰（John Robert Morrison 1814-1843），出生于澳门。1834年担任英国驻华商馆监督处（Superintendents of British Trade in China）的中文秘书和翻译官。1840年7月，随英国全权代表懿律（George Elliot, 1784-1863）到大沽口与直隶总督琦善谈判；1841年1月，陪同义律（Charles Elliot 1801-1875）参加中英关于《穿鼻条约》谈判；1842年8月，随英国驻华公使璞鼎查（Henry Pottinger, 1789-1856）与耆英和伊里布就签订南京条约进行谈判。英国割占香港后，任香港议政局和定例局委员，兼代辅政司。

73 郭士立（Karl Friedlich Gutzlaff, 1803-1851），亦称作郭实腊。普鲁士人，德国教会传入华南的开创人。1831年任英国东印度公司翻译。1841年，担任英国特使璞鼎查（Henry Pottinger）的中文翻译。

74 李太郭（George Tradescant Lay,1800-1845），英国首任驻广州领事、首任驻福州领事及首任驻厦门领事。1841年担当英国赴华特使璞查鼎的翻译来华。其子李泰国（Horatio Nelson Lay, 1832-1898）为清廷首任总税务司。

75 麦华陀（Sir Walter Henry Medhurst, 1823-1885年）。1839年随父麦都思（Walter Henry Medhurst, 1796-1857）来华，任职于英国在华商务总监督与全权代表义律的秘书室，1841年任璞鼎查的随员。南京条约后先后出任英国驻厦门领事、福州领事、上海领事、汉口领事。1874年倡议设立格致书院。1876年底退休回国。

76 爱新觉罗·耆英（1787-1858年），字介春，满洲正蓝旗人。1842年4月被任命为钦差大臣与英军议和。8月签订《中英南京条约》。1843年签订中英《五口通商章程》和《虎门条约》，1844年与美国签订了《望厦条约》，与法国签订了《黄埔条约》。1858年因英法联军拒绝与其谈判，损威丧权之罪被咸丰皇帝赐自尽。

77 道光二十二年七月十二日"钦差大臣耆英等奏为派员与英会议粗定条款并请铃用御宝折"。参见中国第一历史档案馆编：《鸦片战争档案史料》，天津：天津古籍出版社，1992年。74页。此处"吗哩逊"应指马礼逊之子。

78 卫青心：《法国对华传教政策》上册，214页。原文出自布鲁（Brou, Alexandra）：《19世纪在华天主教会史》，1943年，35页。

79 根据李伯重的解释，"国家"（State）源于文艺复兴时期意大利著名思想家马基雅维利。而传统中国概念中的"国家"包括"国"和"家"，由于儒家文化中强调"家国同构"，从而形成了"家""国"并提的"国家"。而从《南京条约》开始，到了

和，所属华英人民彼此友睦，各住他国者必受该国保佑身家全安。"其中所代表的"主权"、"国家"、"人权"、"平等"等，开始让晚清政府接触到了国际法的相关概念，并进而开始主动去了解国际法，成为中国与西方国家在平等的基础上建立法律、政治和经济关系的开端。而这些重要的国际法概念，正是后来丁韪良翻译的《万国公法》所要带给中国的。[80]

3.2 伯驾、裨治文与《中美望厦条约》

何勤华认为1842年《中英南京条约》的基本条款是由美国人起草的，其中包括伯驾和裨治文等宣教士。[81]实际上伯驾和裨治文是《中美望厦条约》的参与者，《南京条约》于1842年8月签订，伯驾是10月份携新婚妻子回到中国的。

《望厦条约》的签订，不仅是第一次把宣教的问题列入条约的谈判和签订中，而且因其所具有的公认优越性，曾经使该条约成为1844-1858年间中外关系的基础。[82]

第一位来华的医生宣教士伯驾（Peter Parker），被称为是"美国和中国之间条约关系的早期设计者之一"。[83]伯驾1804年出生于美国马萨诸塞州，1831年毕业于耶鲁大学，1834年（道光十四年）受美国美部会差遣来华，是西方来华的第一位"医药宣教士"（Medical missionary）。1835年开办的广州眼科医局（Canton Ophthalmic Hospital）是在中国开设的第一家教会医院。[84]1838年2月与裨治文一起在广州成立了中华医药传教会（China Medical Association），并"确信它一定会推进传教事业"，希望赢得中国人的信任和尊重，并可为输入科学和宗教打开道路。[85]

清末"西学东渐"，中国人才用"国家"一词附会西方的state。参见李伯重：《火枪与帐薄》，227页。

80 参见本论文第三章第二节：丁韪良《万国公法》的评价及其贡献。

81 何勤华：《传教士与中国近代法学》。法制与社会发展，2004年第5期（总第59期），106页。

82 [美]泰勒·丹涅特：《美国人在东亚》，268页。

83 Edward V. Gulick, *Peter Parker and the Opening of China*, Harvard University Press, 1973, p.99.

84 设在广州十三行内的新豆栏街上，又称为"新豆栏医局"。1855年伯驾出任美国驻华公使后，由美国人嘉约翰接办。1859年改名为博济医院（Canton Hospital, PokTsai），1866年创办博济医学堂，孙中山于1886年曾在医学堂实习。现为中山大学中山医学院。

85 顾长声：《传教士与近代中国》，37页。

鸦片战争爆发后，伯驾希望竭力促成美国同中国之间能签订一个公正的条约，"这样就很有可能免除一场大规模的流血冲突，从而实现造福全世界的目标"。[86]1841 年 1 月 31 日他曾提交给美国国务院一份报告，建议美国政府出面承担起调停中英冲突的责任，派遣"全权公使直接去见道光皇帝"。[87]他相信中国会接受美国这个调停中间人的："中国人只是希望寻求一个缓解和恢复贸易的办法，使政府既不丢面子和信誉，同时也可以停止鸦片贸易"，而恢复对华贸易，"对中国人的道德价值应是我们这些自由的和开明的基督教国家最欣赏的"。[88]这份报告被认为是"支配中美两国关系多年的《望厦条约》的根据"。伯驾的努力，促成了 1844 年美国政府派遣顾盛[89]使团来华，与清政府谈判签约。美国认为"现在是一个大好时机，中国和美国可通过双方认可，将未来彼此的关系建立在国家平等互惠的基础之上。"[90]美国政府在给清政府的信中，也表达了友好和平等交往的意愿："我国公使顾盛，奉命缔订条约，以管理贸易。请秉公订定。请对任何一方都不要有不公平的利益。"[91]可见伯驾在十九世纪美国的对华政策中不可忽视的影响。[92]

李浩称伯驾的一生是"从'福音的婢女'到'政治的婢女'"，称其早期在中国的行医送药只是为了在中国民间争取好感，是为传教及今后涉身中美外交、政治做一个铺垫。[93]作为宣教士，伯驾认为是"上帝已经听到了我的祷告，赐予我天恩，使我实现了我的愿望。"[94]伯驾作为宗教改革和大觉醒运动

86　Stevens, George B.: *The Life, Letters and Journals of Peter Parker*《伯驾的生平、书信与日记》. 1896, p.186-187。

87　Ibid, p.186。

88　谭树林：《传教士与中西文化交流》，94 页。

89　顾盛（Caleb Cushing，1800-1879 年），美国外交官，曾任美国众议院议员（1835年-1843 年）和美国司法部长（1853 年-1857 年）。1843 年担任首任驻华专员来华，1844 年签订了美国与中国的第一个条约《中美望厦条约》。

90　约翰·亚当斯，1844 年 1 月 24 日，《美国外交档案》，第 1 卷，第 64 号文件，147 页。可参考雷孜智：《千禧年的感召：裨治文传》，191 页。

91　丹涅特：《美国人在东亚》，124-126 页。《清道光朝筹办夷务始末》记载了美国总统致大清皇帝函原文："惟祈万机偶暇，特简下颁，派一大臣，会商条约。条分缕析，调剂商贾之宜，法立弊除，共享平安之福。"卷七二，47-50 页。

92　吴义雄：《在宗教和世俗之间：基督教新教传教士在华南沿海的早期活动研究》，第 258 页。

93　李浩：从"福音的婢女"到"政治的婢女"——美国早期来华传教医生伯驾评介。《江西社会科学》，2003 年第 7 号，75-78 页。

94　谭树林：《传教士与中西文化交流》，96 页。

之后最早来华的宣教士，虽然后来参与到国家间的外交和政治中，其中的主要驱动力应该还是他作为宣教士的呼召和使命，以及对中国的一份情感。这也是那个时代很多宣教士共同的经历。

禆治文对参与政治事务是持有严肃的保留态度的，认为"和这些官员打交道是不合适的"。[95]他提倡一种"美国—基督教"的外交模式，认为"基督教国家不应当开始对中国人怀有敌意"，[96]期望所有国家依据相互尊重与平等的原则来定义各国的权利和义务，遵从一种构建于民主、资本主义、及基督教原则的基础之上的国际秩序，因此他号召英国、法国和美国联合起来，为"开创和建立一个与中国自由、正当、有序的外交关系"而共同努力，"以不容拒绝的方式要求清廷给予我们对等的权利，因为这是独立的大国间关系的特征。"[97]他的西方国家和中国交往的基本模式，其中的民主、平等、相互尊重以及权力、义务等概念，在当时的中国是新鲜的，需要学习和了解的。

伯驾和禆治文一起，在得到差会的许可后，[98]担任了美国使团的中文秘书（Chinese Secretaries），并作使团的随从牧师，参与了《望厦条约》草案的制定、商谈和签约。因二人讲粤语而不通官话，以致耆英抱怨他们最初起草的条约"文义鄙俚，字句晦涩，其间疵类多端，殆难枚举。"[99]四易其稿之后，耆英对6月21日提交的草案评价为："虽汉译不明，字句晦涩，而大致尚与新订章程（南京条约）略相仿。"[100]虽然交流困难，但伯驾和禆治文的谈判技巧和与中国人交往的经验，对条约各个条款的制定起了重要的作用和贡献。他们同时为使团制定谈判的策略，如果将《望厦条约》和《中国丛报》[101]仔

---

95 雷孜智：《千禧年的感召：禆治文传》，193页。

96 禆治文：《福音的传播》（*Promulgation of Gospel in China*），登载于《中国丛报》1835（1），428页。参考雷孜智：《千禧年的感召：禆治文传》，147页。

97 禆治文：《同中国人谈判》（*Negotiation with China*），登载于《中国丛报》1835（1），425-427页。参考雷孜智：《千禧年的感召：禆治文传》，146页。

98 Eliza J.Gillett Bridgman ed., *The Pioneer of American Missions in China: the Life and Labor of Elijah Coleman Bridgman*, New York: Anson D.F.Randolph, 1864, pp.126-127. 许多专著都特别提到了这一点，参见罗冠宗主编：前事不忘后事之师》，第34页。也可参见雷孜智：《千禧年的感召：禆治文传》，193页。

99 1844年7月28日耆英奏折，转引自施维许《中国筹办美国夷务档案》，160-161页。参考雷孜智：《千禧年的感召：禆治文传》，198页。

100 1844年7月17日耆英奏折，转引自施维许《中国筹办美国夷务档案》，155页。参考雷孜智：《千禧年的感召：禆治文传》，198页。

101 《中国丛报》（*Chinese Repository*），1832年禆治文于广州创立的第一份向西方读者介绍中国的英文月刊，是传教士向海外宣传中国的重要阵地。1833年后卫三畏

细比较，可以看出顾盛在 1844 年的交涉中，"条约中有一些条款似乎都是直接出诸中国丛报的先期讨论的"。[102]

《望厦条约》对基督教在中国传播历史进程中最重要的作用和影响，在于它的第十七条的签订，因为这标志着清政府执行了一百年的禁教政策开始解冻。更有学者称，宣教士逐步获得在华自由传教的权利，"《望厦条约》为始作俑者"。[103]

《望厦条约》第十七条中最重要的内容是：合众国民人在五港口贸易，或久居，或暂住，均准其租赁民房，或租地自行建楼，并设立医馆、礼拜堂及殡葬之处。

关于设立"礼拜堂"，根据伯驾的回忆，这是在他的建议下加进去的：

> 在第一次谈判当中，我们谈到条约草案第十七款，关于美国人民得在通商口岸租地"自行建楼并设立医院及殡葬之处"，我在"医院"与"殡葬"之间加入了"礼拜堂"的字样。[104]

在核议此条款时，军机大臣穆彰阿等指出"设堂礼拜，夷俗固然，但事属不经，见闻易惑，愚民喜新厌旧，难免效尤，……夷言之不可效，夷礼之不可行，似于风俗人心不无关系，"[105]不同意加入条约当中。后来是中方一位谈判代表，为感谢宣教士为中国人治病而主动提出加入的。[106]王立新表示这种说法是否属实尚缺旁证。丹涅特在《美国人在东亚》一书中也记载到，"由于一位低级钦差感激伯驾医生治好他母亲的病，在通商口岸设立教堂的权利，才在这位中国人的建议下，被列入了顾盛条约。"[107]李传斌也提到参加谈判的

负责刊行，1847 年后代行主编。发行于 20 多个国家和地区，以中国、欧美和东南亚国家读者为主要对象，记录了鸦片战争前后的中国时事和对外关系，1851 年停刊参考仇华飞《裨治文与〈中国丛报〉》。费正清认为《中国丛报》是"在鸦片战争至第一批条约签订之前是中国人西方知识的主要来源"，参见其《新教传教士著作在中国文化史上的地位》，《国际汉学》2003 年第 2 期，129 页。

102 丹涅特：《美国人在东亚》，473 页。

103 谭树林：《传教士与中西文化交流》，105 页。

104 George Stevens, *The Life, Letters, and Journal of the Rev. and Hon. Peter Parker*, pp. 253-254. 参见罗冠宗主编《前事不忘后事之师》，61 页。

105 道光二十四年七月初二日"军机大臣穆彰阿等奏为遵旨核议耆英等所定米利坚国条约折"。中国第一历史档案馆编：《鸦片战争档案史料》，第七册，492 页。

106 王立新：《美国传教士与晚清中国现代化》。天津：天津人民出版社，2008 年，70 页。

107 丹涅特：《美国人在东亚》，475 页。另可参考吴义雄《在宗教与世俗之间》，116-118 页。

广东候补道"潘仕成的这一建议后来被列入中美《望厦条约》的第 17 条。"[108]无论此种说法是否属实，这一条款明文列在条约当中，成为清政府驰禁基督教的一个最初信号。伯驾后来回忆说："当这个有楔子作用的'礼拜堂'字样加入中美条约第十七款时，我感到单为成就这一点而服务，虽一生勤劳也是值得的。"[109]

美国时任国务卿丹尼尔·韦伯斯特（Daniel Webster）对伯驾给予肯定："你的目标始终是力求使中国政府与人民了解使团来华完全是为了和平，你们毫无敌意，也无意挑衅；你们乃是和平之使者，从美洲最强大的国度将尊敬和善意带到亚洲最大的帝国，是为建立友好往来的关系而来。"[110]美国海军牧师牛顿（Newton I.W）写信给美国公理会差会的信中，盛赞"神的美意把打开这个伟大帝国的钥匙放到了伯驾医生手中"。[111]丹涅特称伯驾是"美国对华关系中唯一一个具有连续性的因素"。[112]

另外丹涅特提到了顾盛到达之后，卫三畏也曾经协助使团帮办中文函札事宜。借用丹涅特的话来总结宣教士对《望厦条约》的特殊贡献："这三个人具有比当时在广州的其他任何欧洲人都有更好的语文知识，具有对中国仪节和思想方法以及美国对华关系早期历史的更好理解……他们在中国人方面很知名……赢得他们的尊重和信任。"[113]

3.3 卫三畏、丁韪良与《中美天津条约》

1858 年，丁韪良作为美国公使列卫廉[114]的官话翻译，和宣教士卫三畏一起参加了《天津条约》的起草、谈判和签订。此条约中对基督教在中国传播历史产生最大影响的、或者说对宣教士来说最重要的条款，就是被称为"宗教宽容条款"的第二十九款，是"由卫三畏和丁韪良起草的，使得中国前所未有地向基督教传教活动开放的条款"。[115]

---

108 李传斌：《基督教与近代中国的不平等条约》，28 页。

109 George Stevens, *The Life, Letters, and Journal of the Rev. and Hon. Peter Parker*, pp. 253-254. 参见罗冠宗主编《前事不忘后事之师》，61 页。

110 1843 年 5 月 8 日《美国外交档案》，第 1 卷，第 65 号文件，150 页。

111 参见沈承恩《传教士与望厦条约》，罗冠宗主编：《前事不忘后事之师》，38 页。

112 丹涅特：《美国人在东亚》，第 283-284 页

113 丹涅特：《美国人在东亚》，126-127 页。

114 列卫廉（William B.Reed, 1806-1876），1857-1858 年美国首任驻华全权公使，1858 年 6 月代表美国与清政府签订《中美天津条约》。

115 雷孜智著：《千禧的感召》，313 页。

1844年《望厦条约》第34款规定，如果有"重大原因"，可在该条约十二年后，两国派员公平酌办。1854年英国与法国一起提出修约要求，美国1855年任命伯驾为使华外交委员负责与清政府谈判修约，三国要求却遭到了两广总督叶名琛拒绝。1856年（咸丰六年）英国亚罗号事件、法国马神甫事件，成为了第二次鸦片战争的导火索，英法联军于1858年5月20日（咸丰八年）攻陷大沽口，兵临天津。咸丰皇帝派大学士桂良与吏部尚书花沙纳，与英、法、美、俄四国分别签订《天津条约》，接受了各国的条款要求。

丁韪良在宁波作宣教士期间，曾多次为美国驻宁波领事充当过翻译，这次他自己主动申请去美国使团担任翻译，除了希望提高官话水平，也希望能开辟新的传教领域：

> 听到美国公使列卫廉将要北上的消息，我觉得加入此行可以看
> 到许多大事，也许还可以为传教事业开辟新的领域。好几年前我就
> 掌握了中国的官话，会话水平在和中国官员的频繁接触中得以提
> 高。[116]

在他写给长老会的信中，表达了更大的想法，希望在条约中加入传教条款并渴望在获得宗教自由上有一些影响，[117]因为他确信"上帝已经兴起这工也必看顾这工。"[118]在美国驻宁波领事裨辣理卫廉（Charls William Bradley）和卫三畏的推荐下，丁韪良申请使团中文秘书获得成功。[119]

另一位参加天津条约谈判的是美国宣教士卫三畏（Samuel Wells Williams，1812-1884 年）。李定一认为在早期中美外交史上影响重大的宣教士，"最重要的除伯驾和裨治文外，影响美国外交甚远的，应推卫三畏。"[120]在中国生活了43年的卫三畏，被赞誉是"把知识、经验用于为中国人造福，为自己的国家谋利，尤其是为基督教在中国的传播效力……在与中国人以及在华外国人的所有文字、外事与社会交往中，忠诚而一贯地保持了作为一个基督徒与传教士的本色。"[121]卫三畏自己也曾说过："我巴不得福音能够在不

116 丁韪良著、沈弘等译：《花甲忆记》，98-99页。

117 Martin to Board, #141, April 12, 1858, and #146, May 9, 1858. CL IV, Ningpo。参王文兵：《丁韪良与中国》，71-72页。

118 Martin to Board, #141, April 12, 1858. CL IV, Ningpo. Ralph Cowell, *Pioneer of Progress in China*. p. 90.

119 丁韪良著、沈弘等译：《花甲忆记》，第99页。*A cycle of Cathay*, p.146-147.

120 李定一：《中美早期外交史》，1997年，156页。

121 卫斐列：《卫三畏生平与书信》，285页。

破坏中国整体和不瓜分中国领土的情况下传给中国人。但是，这也许不是中国人获得改造的道路。"[122]

宗教宽容条款（Religious Toleration Clause）的形成

史景迁曾经赞赏丁韪良在传教上的突破，就是把容许传教的条文放入了中美条约之中。[123]丁韪良把这个功劳归给了卫三畏，他回忆到在《天津条约》的全部三十个条款中，有关宗教宽容的部分是最难达成一致的，而这个"成为条约荣耀之处的条款是由卫三畏博士提出的"，[124]这一条也是所有在中国的宣教士最为关心的内容：

> 耶稣基督圣教，又名天主教，原为劝人行善，凡欲人施诸己者，
>
> 亦如是施于人。嗣后所有安分传教、习教之人，当一体矜恤保护，
>
> 不可欺侮凌虐，凡有遵照教规，安分传习者，他人毋得骚扰。

美国公使列卫廉虽然在签约前并不赞成加入此条款，但"为了获得（美国）国内宗教社团的支持而默许了该条款"。[125]他在条约签订后给华盛顿的附信中，对此条款给予了正面的肯定："这一条款争取到了中国政府对基督教的完全认可以及基督教在华传播的充分自由，为所有信仰基督教的人——无论是中国人还是美国人——争取到了最大的权利。它受到了所有在华传教人士的一致拥护。"[126]

"宗教宽容条款"被称为是"传教士在华的通行证和护身符"，[127]从此传教成为在条约保护下的合法行为。卫三畏自己评价《宽容条款》："我们与中国的条约签订，在中国有传播基督教和信仰基督教的自由，也有公开举行宗教活动和仪式的自由，这极大地促进了教会组织的扩大。它标志着我们在发展我们神圣事业的道路上取得了又一个重大进步。"[128]英国伦敦会宣教士杨格非同样看到了条约带来的深远影响，他在给友人的信中写道："尽管这个幅员

---

122 参见沈承恩《传教士与第二次鸦片战争和中美〈天津条约〉》，收录于《前事不忘后事之师：帝国主义利用基督教侵略中国史实述评》，48 页。

123 [美]史景迁著、温洽溢译：《改变中国：在中国的西方顾问》。桂林：广西师范大学出版社，2014 年，148 页。

124 丁韪良著、沈弘等译：《花甲忆记》，120 页。

125 丁韪良著、沈弘等译：《花甲忆记》，122 页；W.A.P. Martin, *A cycle of Cathay*, p.184.

126 卫斐列：《卫三畏生平及书信》，178 页

127 左芙蓉：《基督教与近现代北京社会》。20 页。

128 卫斐列：《卫三畏生平及书信》，179 页。

辽阔、历史悠久的帝国闭关锁国，骄傲自大，藐视一切外来事物，但是现在，她第一次被迫打开了厚重的大门，开始了友好的交流与伟大的贸易。她开始全面地感受到了欧洲带来的力量与特征，从前被她瞧不起的蛮夷的先进科学也在不同程度地被认可了。"[129]香港大主教坎特伯雷 Camterbury）也赞许此条款："大西洋两岸热爱基督教事业的朋友们都应当知道，他们应当多么感谢列卫廉阁下以及他的代表团秘书翻译卫三畏博士和丁韪良先生为中国传教事业作出的贡献，他们在《天津条约》有关宗教部分的措辞方面进行了热诚而友好的合作，这使他们的名字与基督教事业紧密相连。"[130]

现代学者对这个条款也有其正面评价。梁家麟称，"中国全面开放她的国土，容让洋人在各地游历，这样即表示一切传教的藩篱皆被撤去，整个国家皆可容许传教士自由传教了……中国政府有责任保护传教士和中国信徒，免受不公平的待遇。"[131]这个条款对约束中国地方官员对基督教的迫害，确实起到了很大的作用，保护了基督教在中国的成长。

也有人怀疑宗教宽容条款是在中国人不理解的情况下，被偷偷塞进条约的。即使在今天，这种质疑的声音依旧存在："1858 年订立中美天津条约时，美国传教士卫三畏把'传教宽容条款'塞进条约，传教士们更以征服者的姿态趾高气昂地进入中国内地。"[132]针对此质疑，1879 年，卫三畏在《教务杂志》（*The Chinese Recorder*）上发表了《条约中的宗教条款》（*The Toleration Clauses in the Treaties*）一文，澄清事实并声明："没有比这更公开、更光明正大的谈判了。"[133]丁韪良也发文陈述："条款不是塞进去的……我们在天津谈判之际，他们有充足的时间对此主题作全新的研究。在条约签订之前，我们条约的稿本每天都进行讨论，持续了一个多星期。"[134]

---

129 汤普森：《杨格非：晚清五十年》，54 页。

130 沈弘等译：《花甲忆记》，121 页。W.A.P. Martin, *A cycle of Cathay*, p.182-183.

131 梁家麟：《福临中华》，57 页。

132 参见王毓华《传教士与八国联军入侵》，《前事不忘后事之师》，97 页。

133 "*The Toleration Clauses in the Treaties*". *The Chinese Recorder*, Vol.X, 1879, p. 223-228.

134 Arthur Judson Brown, *New Forces in China: an inevitable awakening*, New York, Chicago, Toronto: Fleming H. Revell Company, Second Edition, 1904, p. 169-170. 关于"宗教宽容条款"的争论，以及传教士对传教特权的态度，李传斌在他的《基督教与近代中国的不平等条约》一书中有详尽的论述和分析，其中包括在 1877 年 5 月 10-24 日上海在华新教传教士大会上关于传教条约问题的诸多讨论和各方意见。参见 89-98 页。

从另外一个积极的意义看，除了宣教，《中美天津条约》还为此后十年之久迅速成长的中美友谊奠定了基础。[135]丁韪良特别提到《天津条约》第一款中之"永久调停者"（permanent peacemaker）：

> 嗣后大清与大合众两国并其民人，各皆照前和平友好，毋得或异；更不得互相欺凌，偶因小故而启争端。若他国有何不公轻藐之事，一经照知，必须相助，从中善为调处，以示友谊关切。

丁韪良特别提到，这是中方代表桂良"在审阅过条约草案之后，拿起毛笔添上了该条款的相应文字。"这或许可以解释为清政府出于无奈而采取的以夷制夷的策略，又或许正像丁韪良所相信的，清政府知道在四大强国之中，只有美国对中国的领土是没有野心的。[136]实际上这一基调是在顾盛使团第一次来华时就已经确定了的。中美关系的良好基础，也是后来丁韪良得以受到总理衙门信任和重用的关键要素之一。1868 年中美签订条约批准中国向美国移民，[137]也许可以成为中美之间良好关系发展之佐证。

3.4 如何评价宣教士参与条约签订

国内的学者在谈到宣教士参与条约谈判时，多以指责和批判为主，如顾长声就认为这是宣教士"不务正业"，是对中国的内政外交事务的横加干涉，而他们向其所属国家的政府献计献策，完全违背了耶稣基督的教训，完全忘却来中国是接受上帝的呼召，做耶稣忠仆的。[138]梁家麟也认为，"当传教士与外交官两重截然不同的身份集中在同一个人身上时，他所讲的话、所做的事，便自然地教人混淆起来，难以判断他是用什么身份说这些话，做这些事。"[139]根据赖德烈的观察："耶稣的代表是否应该参与为自己谋求特权的谈判，似乎没有为此感到苦恼，而是欢迎和利用这些特权。"[140]

因着传教自由受到了条约的保护，基督教也由此被视为帝国主义侵华的工具。士大夫夏燮曾言："近年英人日强，皆藉通商之约，传教于其国……今又欲以此强中国，岂非欲用夷而变夏哉！"[141]指责英法等国是通过武力订立条

---

135 丹涅特著：《美国人在东亚》，275 页
136 沈弘等译：《花甲忆记》，121 页；
137 沈弘等译：《花甲忆记》，108 页；*A cycle of Cathay*, p.161.
138 顾长声：《传教士与近代中国》，389 页。
139 梁家麟：《福临中华——中国近代教会史十讲》，52 页
140 赖德烈：《基督教在华传教史》，198 页
141 [清]夏燮：《中西纪事》，岳麓书社，1988 年，206 页。

约，从而强迫中国接受传教，目的是用夷变夏。区逢时对此则有不同的看法，他认为基督教与"不平等条约"是一种分离的关系："传教与立约显判两途，教不因有条约而后传，约不因有教会而后立。约章所以有保护传教一条者，正别有故。"在他看来，传教条款的出现是因为清廷禁教，"倘使在华传教士一如康熙之世毫无刻待禁阻，则彼泰西政府何所为而云然耶。"[142]西方政府愿意在条约中加入宗教自由条款，绝不是为了传教的目的，而是更多考虑应该保护自己国家的公民在华的人身安全。无论怎样的原由，有一点是确定的，如果没有宣教士的参与，条约中依旧会有对外国人尤其是商人的保护条款，却不会为传教问题明立条款。西方各国政府的主要目的并不是为了开辟宣教工场，"贸易才是他们最大的利益考虑"。[143]

从结果来看，宣教士参与条约谈判却是同时获得中外各方政府的肯定。曾任美国国务卿的福斯特（Foster J.W.）在他的《美国在东方的外交》中称赞，"从传教士对西方国家和远东国家的外交关系，其贡献特别显著"，"是一个绝对的需要"。[144]卫三畏在他的日记中也提到，在中俄谈判中，中方代表认为宣教士大多会说汉语，而且"在北京的传教士都安分守己，相当勤勉，因此也乐得多给他们一些特权"，允许他们在中国自由活动。但商人则不一样，因为他们不懂汉语，可能会引起麻烦，所以不同意给商人这样的特权。[145]

1860年丁韪良随华约翰赴北京换约的时候，曾被华约翰警告不得向华人谈及宗教问题，丁韪良以其多年经验向华约翰保证，愈向华人谈及宗教问题，将愈易博得华人友谊，故向华人传述基督教，决不致引起冲突误会。[146]其实宣教士在条约谈判中整体的影响力，以及在其母国的政坛上的影响力，实际上是极为有限的。宣教士参与条约的谈判，除了客观需要，也是直面逼迫的宣教士对自身困境的一种拯救。

（1）天主教传教士也曾参加过条约的谈判

在中外关系史上，鸦片战争后宣教士参与条约谈判却不是肇始之作。根

---

142 区逢时：《上海驻德国潘仪甫参使书（并跋）》，《万国公报》第106卷，1897年11月；《与驻德国潘仪甫论中国待特权第三章并跋》。参见李传斌：《基督教与近代中国的不平等条约》，106页。

143 梁家麟：《福临中华——中国近代教会史十讲》，5页。

144 参见罗冠宗主编：《前事不忘后事之师》，前言，5页。

145 卫斐列：《卫三畏生平及书信》，175，163页。

146 W.A.P. Martin, *A cycle of Cathay*, p. 196-197.

据记载，早在康熙二十八年（1689）的中俄《尼布楚条约》的谈判中，康熙皇帝就任命了两位耶稣会传教士徐日升和张诚[147]，参加了清政府与俄国关于两国边界问题的条约谈判，并在其中起了相当重要的作用。[148]甚或可以说，清政府与俄罗斯帝国之间的第一份边界条约，是在天主教耶稣会的帮助下议定的。[149]根据塞比斯的描述，耶稣会士对于俄国和中国来说都是外国人，又是属于在中俄两国"如不受迫害也是几乎得不到宽容"的传教士，竟会以正式的身份在两大帝国之间极为重要的外交事务上充当调解人，是一个"令人惊讶的历史现象"。[150]而且历史学家对他们的评价同样也是意见不一，一类人只是把他们看作单纯的翻译；另一类人则说他们二人在中俄两国的政治事务中充当了执行者、沟通调解者、甚至是政治行动的策动者；也有人说他们是"中俄两国统治者意志与谈判证据的收集者、校正者与转告者"；还有一派认为他们是对中俄两国提供知识的人，对俄国人来说他们是东方专家或汉学家，而对中国人来说他们是西方专家。俄国的史学家把俄国在尼布楚条约上的失败，归之于"两位耶稣会士之偏袒中国，而使俄国的谈判目标受阻"。[151]相反在中国，耶稣会士对尼布楚条约的贡献，就博得了康熙帝第一次发布容许基督教传教的谕旨，[152]对当时清政府的宗教政策确实产生了正面影响。

　　耶稣会传教士参与条约谈判，有传教的目的和自身的利益在其中。塞比斯认为这个"三方结合"模式，是由当时在北京任职钦天监正的南怀仁神甫

---

147 徐日升（Thomas Pereira，1645-1708），葡萄牙人，1666年来中国，在北京传教，1673年受聘为康熙帝的音乐教师，也曾在南怀仁之后短暂担任钦天监监正。张诚（Jean Francis Gerbilon，1654-1707），法国人，1685年来华1688年2月到北京。二人在1689年以译员身份随同由索额图率领的代表团前往尼布楚参加与俄国的划界谈判。

148 关于尼布楚条约签订的过程，耶稣会士的《张诚日记》、《徐日升日记》以及同行的清政府官员张鹏翮的《奉使俄罗斯行程录》、钱良择的《出塞记略》也有记述。可参考[美]约瑟夫·塞比斯（Sebes, S.J.）著，王立人译：《耶稣会士徐日升关于中俄尼布楚谈判的日记》，北京，商务印书出版社，1973年，1页（出版说明）。

149 [美]斯塔夫里阿诺斯著：《全球通史——1500年以后的世界》，第79页。《尼布楚条约》于1689年9月7日签订，除俄国备俄文本一份，清政府备满文一份，双方各备拉丁文一份，并分别签字用印，交换。

150 [美]约瑟夫·塞比斯（Sebes, S.J.）著，王立人译：《耶稣会士徐日升关于中俄尼布楚谈判的日记》，75页。

151 李恩涵：《近代中国外交史事新研》，台北：台湾商务印书馆股份有限公司，2004年，56页。

152 [美]约瑟夫·塞比斯著：《耶稣会士徐日升关于中俄尼布楚谈判的日记》，76页。

努力促成的，为的是和俄国建立良好的关系后，越过俄国的领土，就可以建立一条通往中国的交通线和陆上路线，这是自利玛窦以来耶稣会最为憧憬的计划之一，因为海上航程不但时间长，而且风险大。[153]南怀仁是第一个想到在西伯利亚寻找陆上路线的人，[154]因此他向康熙帝推荐传教士徐日升参与了《尼布楚条约》谈判。

和《尼布楚条约》谈判中耶稣会传教士的参与相比较，在鸦片战争后的诸条约谈判中，宣教士的处境是一样的，在政府的禁教令下，同样是"随时可能遭受迫害同时得不到宽容的传教士"；对中国来说，他们既是西方专家，也是地道的中国通和汉学家。作为宣教士，为宣教开辟道路是他们的首要目的。

（2）宣教士独特的中文优势

丁韪良说过，由于语言的障碍，大多数的差会都会注意挑选受过良好教育、有能力的人到中国来。[155]宣教士会参与条约的签订，可以说是不可避免的，最重要的原因就是因为他们熟识中文。正如前文所言，自十八世纪清政府实行禁教政策，严格禁止外国人学习汉语和各地方言。[156]而宣教士为了传福音的需要，他们来到中国之后，首先就是学习中文，并尽可能地了解和熟悉中国历史、社会、政治文化、文学艺术、习俗以及风土人情的方方面面，所以大多数宣教士都可称得上是中国通。

丹涅特曾在专门讨论"宣教士与美国的亚洲政策"时，道出美国缺乏翻译人员的窘境。1816 年美国的领事和公使们就提出培养翻译人才的请求，但到 1864 年却不曾培养出一个，1899 年驻华使馆只雇佣了的 4 名翻译人员。在中国，在将近四十年的时间里，只有马礼逊、禆治文、卫三畏、伯驾等宣教士，经手办理美国和中国政府代表间的往来公事。[157]参与《天津条约》谈判的美国公使列卫廉就曾抱怨，"在旅华美商中没有一个能够书写或朗读一句中文的,所闻英国人之中也不过一人而已"。他高度赞赏宣教士们的工作,在 1858 年 6 月 20 日致信美国国务卿卡斯的时候写道："传教士和那些与传教事业有

---

153 [美]约瑟夫·塞比斯著：《耶稣会士徐日升关于中俄尼布楚谈判的日记》，77 页。

154 [美]约瑟夫·塞比斯著：《耶稣会士徐日升关于中俄尼布楚谈判的日记》，91 页。

155 沈弘等译：《花甲忆记》，第 163 页。W.A.P. Martin, *A cycle of Cathay*，p.240.

156 这一禁令直到中美《望厦条约》，其中第 18 条规定美国人可以请中国人"教习各方语言"，长期以来困扰传教士学习中文的障碍才终于被打破。

157 [美]泰勒·丹涅特著：《美国人在东亚》，471-472 页。

关人们的学识，对于我国的利益是非常重要的。如果没有他们充作翻译人员，公事就无法办。我在这里尽责办事，若不是他们从旁协助，我便寸步难行，对于往来文件与条约规定，一个字也不能读、写或了解。有了他们，一切困难或障碍都没有了。"[158]美国第一位来华特使、参与《望厦条约》谈判的顾盛同样盛赞宣教士的工作："在与中国谈判中，最重要的，必不可少的服务来自于美国传教士，尤其是裨治文博士和伯驾医生所担任的，他们有理解中国语言的极好条件，这使他们有能力担任使团的翻译；他们对中国和中国人的熟悉，使他们作为顾问有着不可估量的价值。"[159]

清政府的需要也是同样的，当时在中国，并没有通悉外国语言文字的，1861年10月，恭亲王奕訢在奏设同文馆疏中也提到："中国迄无熟悉外国语言文字之人"。所以在谈判当中，他们同样是需要依靠会讲中文的宣教士。耆英在其奏请中也提到马礼逊、郭士立等"均通汉文，兼习汉语，勿须通事[160]传语，反致隔阂"。[161]

丁韪良于1850年到达宁波后，先后聘请了两位宁波人教他宁波方言和北方官话，通过"学土音，习词句，解训诂，讲结构"，慢慢对中国文化作到了"音无不正，字无不酌，义无不搜"，而如此努力，都是为了"阐圣教使人共归圣域也……今既略通中华文义，敢不名道之大愿。"[162]不仅如此，他还"通读了构成中国文化基础的九部主要著作"——四书五经，从而较好地掌握了中文。[163]海关总税务司赫德证实了这一点，他的汉语老师告诉他，丁韪良的汉语是最好的，无论是说官话还是说土话。[164]

158 [美]泰勒·丹涅特著：《美国人在东亚》，472页。参见雷孜智著：《千禧年的感召：裨治文传》，319页。

159 Eliza J.Gillett Bridgman ed., *The Pioneer of American Missions in China: the Life and Labor of Elijah Coleman Bridgman*, New York: Anson D.F.Randolph, 1864, pp.132. 参李传斌：《基督教与近代中国的不平等条约》，28页。

160 通事：宋代至清代，翻译外国语言的人员或官吏。语出《周礼·秋官·掌交》："掌邦国之通事而结其交好。"周密（宋）《癸辛杂识后集·译者》中有云："陈说内外之言皆立此传语之人以通其志，今北方谓之通事。"

161 道光二十二年八月十六日"钦差大臣耆英等奏报遵旨再与英人详议善后事宜并立定章程等情折"。参见中国第一历史档案馆编：《鸦片战争档案史料》，天津：天津古籍出版社，1992年。212页。

162 丁韪良：《天道溯原》，卷下。

163 沈弘等译：《花甲忆记》，51，67，69页。

164 赫德著：《步入中国清廷仕途：赫德日记1854-1863》，142页。

（3）宣教士丰富的中国知识和见解

宣教士来自欧美国家，经历过西方文明的浸染和知识的装备，来到中国后又对中国的文化和社会风俗有更多的实际经历和学习，所以在谈判当中，虽然会不可避免的偏向自己的母国，同时也会偏向考虑宣教士的使命和目的，但大多数参加谈判的宣教士也抱着对中国文化和中国人民友好的态度，并在双方因文化差异有冲突的时候，是很好的调节者和帮助者，更是谈判过程最好的记录者。裨治文、伯驾受邀参与《望厦条约》的签订，正是因为他们"具有比当时在广州的其他任何欧洲人都更好的语言知识，具有对中国仪节和思想方法以及美国对华关系早期历史的更好了解。"[165]顾盛对伯驾说："我需要你帮忙的不止作为译员而已，我要借助你久住中国所有的经验，你对中国人和中国政府以及他们的法律习俗习惯等的一切知识。"[166]

（4）宗教改革带给新教宣教士不同的使命观

从宣教士自身出发，宗教改革带来的"天命观"已经在他们的心中打开了圣-俗的传统分界，即使是"世俗的"，如果能感受到上帝的呼召（Calling），他们还是会积极参与的，哪怕是参与到世俗政治中。正像长老会宣教士倪维思（John Livingstone Nevius, 1829-1893）所说："不管这场战争正当、不正当，它是按照上帝的意志被用来开辟我们同这个巨大的帝国关系的新纪元的。"[167]马礼逊对外交和政治活动有助于传教事业的推广也抱持确定的信念，曾奉伦敦会的指示参与政治和外交，1834年接受过英国政府副领事的任命。[168]参加了《中法北京条约》谈判的艾嘉略在其一份报告中写道："我必须承认，只有在上帝的召唤下，在该帝国所有主教与使徒们的鼓舞下，才会使我接受了这样一种艰难的地位。"[169]在宣教士看来，一切都在上帝的掌管之中，他们参加条约的谈判是上帝的呼召；条款被列入条约被中国接受，是上帝打开了在中国宣教的大门，一切都是上帝的旨意。

---

165 泰勒·丹涅特著：《美国人在东亚》，127 页

166 罗冠宗主编：《前事不忘后事之师》，34-35 页。参考《传教士与中西文化交流》99 页。

167 转引自杨靖筠：《北京基督教史》，18 页。北京市地方志编纂委员会：《北京志》民族·宗教卷 宗教志。北京：北京出版社。2007 年。462 页。

168 顾卫民：《基督教与近代中国社会》，83 页。

169 耿昇：《传教士与远征军——法国传教士艾嘉略第二次鸦片战争亲历记》，第 20 页。艾嘉略（Louise Charles Delamarre, 1810-1863），巴黎外方传教会神父。

（5）促进中国的变革以及福音的传播

首先，不可否认，宣教士参与条约谈判，其中夹杂着很大的因素是他们迫切希望打开中国宣教的大门。他们来到中国，首要的目的是要传福音，是抱着将福音传遍地极、拯救古老的中国人民的使命而来的，这一使命是单纯的，不受经济利益的驱动。学习语言是为了传福音的便利，了解中国文化也是为了更好地了解福音对象。宣教士在参与这些政治活动的同时，并没有忘记他们宣教士的身份和传播福音的使命。裨治文在 1857 年 9 月 5 日记念"宣教士来华五十周年庆典"上发表短讲时，总结了基督教在传入中国的漫长历程中的种种努力以及应当吸取的教训，他提醒宣教士们牢记自己的任务，是要"为这个帝国千千万万的人民打开天堂的大门"。[170]

其次，在宣教士的眼中，世界上只有两个国度：不是基督教国家及异教国家的区分，而是上帝的国和撒旦的国（世界）的区分。梁家麟也特别提到，他们将世界二分为欧美的基督教国家与所有西方文化以外的异教国家，因而宣教士对中国持歧视和负面态度的观点"大致上已遭人摈弃了"。[171]对宣教士而言，获得与中国的自由交往是非常重要的，也是他们为之努力的目标，"让我们……联合起来努力推倒隔离之墙，随后推到中国不光彩的、可恶的偶像崇拜。"[172]

再次，从宣教士所受西方文化的背景来看，他们认为与中国签订条约是符合国际法原则的，是两个国家正常交往的基础，在尊重人权、平等外交、和平共处、公民保护等权利上是相互的，平等的，合法的。作为外国人的宣教士在中国，如果想要自己的合法权益受到保护，则必须将自身和宣教事业都放在政治和法律的保护下才得以实现。丁韪良清楚地看到了这个局面的重要性："四个强权大国，英、法、美、俄，可以在传播共同信仰当中去求同存异，团结求荣。如果这种信念被接受，肯定会影响一场社会革命；但如果遭到拒绝和迫害，那就必然会使中国卷入与外国强权的纠纷之中。"[173]

---

170 雷孜智著：《千禧年的感召》320 页。《裨治文的生平与事业》，222 页。

171 梁家麟：《福临中华》，62，64 页

172 "*Remarks Concerning the Conversion of the Chinese*", The Chinese Repository, Vol. II, No.12, 1834. p. 567. 《基督教与近代中国不平等条约》，20 页

173 W.A.P. Martin, *Attitude of the Chinese Government Toward Christian Missions*. The Missionary Review of the World. v.19, 1896.p.843-844. 同期他的另一篇文章与此篇内容相近，*Relation of the Chinese Government to Mission* 《中国政府与使命的关系》，载于 608-611 页。

小结

条约（treaties）被称作是国际法的第二个重要的渊源，是国际社会为建立与发展国际合作所具有的主要手段。[174]1877年第一次基督教宣教士全国大会上，针对条约中的保教条款，以及因宣教士的特权所引发的民-教矛盾和教案问题，宣教士们一致认为他们有利用特权保护基督教信徒的权利，需要有"宽容条款"作为在华传教的后盾。[175]丁韪良等宣教士们为争取宣教自由、为基督信仰在中国的传播所作出的努力，在基督教在华宣教史上留下了不可磨灭的印记。

四、从禁教到驰禁：咸同政府宗教政策的变化

自1720年康熙时代清政府开始实行禁教政策，"历雍、乾、嘉、道四朝，虽然当政者禁教的程度松紧不一，总的趋势却是越来越严"。[176]嘉庆年间，不仅将天主教视为"邪教"，在嘉庆十六年（1811年），甚至在大清律例中制定了"严定西洋人传教治罪专条"，国人中向洋人习教者将被判绞决、绞候或发配黑龙江为奴，[177]这是首次以律令形式规范禁教措施，同时严禁西洋人刊书传教。可以说，第二次鸦片战争也为基督教在华宣教史开创了一大"变局"，道光二十四年（1844）开始出现有限驰教政策，清政府对基督教的政策发生了重大转变。到了咸丰十年，禁教政策终于被宗教宽容政策取代，宣教士获得了在中国全境自由宣教的特权。[178]

表2.1　宣教士参加的条约谈判及对清宗教政策的影响

时间	条约名称	参与宣教士	主要条款	主要影响
1842	中英南京条约	郭士立、马儒翰李太郭、麦华陀	五口通商、在华治外法权	合法在华居住权
1843	中英五口通商章程	郭士立、马儒翰	领事裁判权	不受中国司法管辖

---

174 [英]J.G.斯塔克著，赵维田译：《国际法导论》（1977年第八版）。石家庄：法律出版社，1984年，40页。

175 姚民权，罗伟虹著：《中国基督教简史》，141页。

176 顾卫民：《基督教与近代中国社会》，89页。

177 中国第一历史档案馆编：《清中前期西洋天主教在华活动档案史料》（第二册），北京：中华书局，2003年，922-924页。

178 王立新：《美国传教士与晚清中国现代化》，71-71页。

1843	虎门条约	郭士立、马儒翰	最惠国待遇	各国权益一体均沾
1844	中美望厦条约	伯驾、裨治文	建礼拜堂、学中文	第一个与传教相关
1844	中法黄埔条约		设立慈善机构、学校	保教权、租地权
1844	道光谕令*	加略利	在华信教合法化	正式驰禁天主教
1846	道光谕令*	加略利	归还没收之天主教堂	教产权
1858	中美天津条约	卫三畏、丁韪良	宗教宽容条款	区别基督教与天主教 宣教士进入内地传教
1860	北京条约	艾嘉略	可任意到内地传教	完全开放传教

*法国和清政府谈判协商，基督教在华驰禁政策，不以条约形式而以谕令形式出现。

除了从条约中我们可以看到，清政府对基督教态度的转变和开放过程；从现存的汉语文献中，也可以观察到清政府对基督教教传教政策的演变。根据光绪朝《钦定大清会典事例》的记录，咸丰十一年（1861年），清政府奏准"凡习教者，果系安分守己，谨饬自爱，则同是中国赤子，自应与素不习教者一体抚字。"[179]从此允许中国人信教。

咸丰十一年发布，"各该地方官，于凡交涉习教事件，务须查明根由，持平办理。"同治元年也曾发布上谕："着各省督转饬地方官，于凡交涉民教事件，务须迅速持平办理，不得意为轻重，以示一体同仁之意。民教争讼，应一体跪审，地方官但问案情，不问其人曾否习教。"从此从政策上不再允许迫害信教者。1870年，清政府又删去《大清律例》中的禁教条款，增加了保护传教和信教的新条款，传教权以国内法的形式确认下来，从此宣教士和信徒受到了条约权利和国内法的双重保护。[180]

虽然宗教自由条款已经加入到条约中，允许宣教士进入内地传教，但实际上的限制还是存在的。咸丰十一年时，规定教士不得干预词讼，"教士除教务外，概不得干预一切公私事件，如有不法情事，立即逐出教外。"同治五年设立执照制度，"传教执照，外省不准发给"。同治十年时，"传教士不得擅用关防印信及递照会，如有应诉之事，禀呈地方官严办。"同时随着宣教士更加自由地进入内地，各地教案也随之频发，宣教士在中国的宣教士事业仍旧困难重重。

---

179 光绪朝《钦定大清会典事例》卷一千二百二十之"教务"。北京大学图书馆：书同文古籍数据库《清会典》。

180 陈重耕：基督教在中国近代传教权的攫取。《文山师范高等专科学校学报》，2003年第1期，40-42页。

第二节　《天津条约》：丁韪良在华生活转捩点

丁韪良曾说过；正是鸦片战争中英国人隆隆的炮声，把我的注意力引向了中国，从此便认定它是一个传教的好场所。[181]

1858 年，还在宁波作宣教士的 31 岁的丁韪良，与卫三畏一起参与了《天津条约》的翻译、起草与谈判工作。卫三畏记载了丁韪良的工作：在大沽口中美第一次谈判的时候，丁韪良在会场上翻译；5 月 15 日，就条约的签订敦促中方代表；6 月 7 日，列卫廉与桂良谈判，丁韪良任翻译。[182]《天津条约》签订后，丁韪良回到宁波继续宣教士的工作。1859 年他再次接受新上任的美国公使华约翰（John E. Ward）[183]和卫三畏的邀请，参加北上换约。

丁韪良在其回忆录中谈到："在关键的时期,我为自己的国家服务了两年,而条约的谈判导致了北京的开放。"[184]这两次的北上之行，从某种程度上可以说，丁韪良开始在无意间参与到了中国现代化进程的启动和发展中。如果说西方的军舰从外部敲开了中国的大门，却把丁韪良带入了中国现代化进程的内部。参加《天津条约》谈判，给丁韪良带来的影响，改变了他未来在中国的整个生活轨道。

1. 参与条约谈判为丁韪良赢得了荣誉和信任

美国公使列卫廉在对 1857-1858 年出使中国期间宣教士给予他的帮助表示感谢时，特别感谢了丁韪良："我还要感谢来自印第安纳州的长老会传教士丁韪良先生，他懂中国北方话，为我做口译工作。"1861 年 7 月，为表彰丁韪良在第二次鸦片战争中作为美国公使翻译所作出的贡献，美国拉菲特（Lafayete）学院授予其荣誉学位。[185]

1859 年初，丁韪良接受美国公使华若翰（John Eliot Ward, 1814-1902）的邀请，担任翻译助理，[186]与卫三畏一同北上，前往天津。1860 年华若翰辞职

---

181 [美]丁韪良著、沈弘译：《中国觉醒》，124 页。

182 卫斐列：《三畏生平与书信》，164，172，168 页

183 华若翰（John Eliott Ward, 1814-1902），美国驻华公使，1859 年天津条约换约时丁韪良担任他的译员。

184 W.A.P. Martin, *A cycle of Cathay*, p.5.

185 Norma Jean Burns, *W.A.P. Martin and the Westernization of China*. Indiana University, 1954, p.67. 王文兵书中此文作者是 Norma Farquhar。见《丁韪良与中国》。北京：外语教学与研究出版社，2008 年，86 页。

186 W.A.P. Martin, *A cycle of Cathay*, p.190.

离华，回国参加美国的南北战争，后来丁韪良翻译惠顿的《万国公法》，就是接受了华若翰建议。1861 年蒲安臣（Anson Burlingame，1820-1870）被刚刚就职的林肯总统任命为美国第十三任驻华公使，来到中国后同样与丁韪良建立了非常好的私人关系。1863 年当丁韪良决定迁到北京宣教的时候，就得到了美国公使蒲安臣、英国公使普鲁士以及卫三畏的帮助，他翻译《万国公法》以及任职同文馆，都有蒲安臣的推荐。

2. 谈判中接触到清政府的统治阶层

丁韪良在回忆录中提到，1858 年 5 月在天津的大沽口的谈判会晤中，认识了直隶总督谭廷襄及崇纶，还有崇厚，"对我以后在北京的活动非常有利。他们后来都进入了总理衙门[187]任职。"[188]他和崇厚后来成了朋友，1863 年当丁韪良携带《万国公法》的译稿来到北京的时候，受到崇厚的款待。崇厚看到《万国公法》后，认为该书非常契合中国建立新的外交关系的需求，并承诺写信给总理衙门大臣文祥。[189]后来正是在崇厚和蒲安臣的推荐下，丁韪良见到了总理衙门的大臣们，《万国公法》得以付梓。[190]在天津的谈判中，清政府的代表是桂良、花沙纳。桂良是总理衙门的创始大臣，正是在他和恭亲王奕䜣和文祥的倡导下，总理衙门得以建立。丁韪良在北京生活近四十年，更是离不开总理衙门大臣的赏识和重用。他与谭廷襄也是交往甚密，在丁韪良对同文馆灰心失望准备离开的时候，是谭廷襄挽留了他。

1885 年 5 月 13 日，清政府任命李鸿章为钦差大臣，与法国公使巴德纳（Jules Patenotre, 1845-1925）在天津谈判，6 月 9 日签订了《中法会订阅男条约》（即《越南条款》或《中法新约》）。在办理详细的条约事务时，李鸿章再次邀请丁韪良与赫德一同翻译条约条款。[191]

---

187 总理衙门大臣、总署大臣。其初只有恭亲王奕䜣、大学士桂良、户部左侍郎文祥三人，后来增至八九人不等，最多时达十二人。谭廷襄是 1865 年 12 月-1870 年 5 月供职于总理衙门，崇纶（Chunglun）应为许崇纶，在总理衙门的供职时间是 1861-1875；崇厚（Chunghau）是 1872-1876 年任职总理衙门。

188 丁韪良著、沈弘等译：《花甲忆记》，103 页。W.A.P. Martin, *A cycle of Cathay*, p.153.

189 丁韪良著、沈弘等译：《花甲忆记》，150 页。W.A.P. Martin, *A cycle of Cathay*, p. 222.

190 Ralph Covell, *W.A.P. MARTIN: Pioneer of Progress in China*. p.222.

191 见李鸿章"1885 年 4 月 29 奏章"，"1886 年 4 月 13 日奏章"。

3. 谈判中看到国际法对清政府的必要性

在两次北上与清政府谈判的过程中，丁韪良愈发认识到晚清的中国迫切需要国际法。他在回忆录中写道：

> 从某种意义上说，和其他的科学知识一样，中国在法律方面是落后的。她应当完全感谢从西方引入这些知识。但奇怪的是，这个帝国竟然两千年来没有任何邻国，而只有诸侯国。难道没有一种法律概念来制约这些平等国家之间的交往吗？[192]

在谈判的过程中丁韪良意识到了法律意识的缺乏给清政府带来的被动和弊病，"局势对这种书的需要早已引起我的注意"，并从那时开始，他决定要把国际法（international law）引入中国。1862 年丁韪良在上海开始了翻译的工作，1863 年春天《万国公法》翻译完成，并被清政府采用。

4. 打开丁韪良的眼界，将宣教工场转向了北方

正是因为有了这两次的北上，为日后丁韪良到北京宣教提供了契机。1858年 4 月，丁韪良就曾向传道部表明了北上的打算，[193]1859 年 5 月他更加倾向于去华北宣教，[194]1862 年 8 月 28 日，丁韪良写信给长老会传道部，除了总结他在中国十年的传教经验，也提出了新的构想和战略，即以宣传基督教文明来传教，他希望建立一所以文学、神学、科学、医学来培训中国基督徒的高等学校，以此展示基督教文明的优越性。[195]丁韪良在他的回忆录中也提到了这一点："建立一所学校来教育宣教士、医生以及工程师是我迁到北京的主要目的。"[196]而柯饶富认为，丁韪良来北京可能是受到了天主教耶稣会会士的鼓舞，当时天主教传教士可在北京自由传教，而新教宣教士则只能从事福音工作。[197]

1863 年夏，在美国公使蒲安臣的帮助下，在卫三畏的资金帮助下，丁韪良开始了在北京的传道生活。他的妻子范善静也在家开办了一个妇女班及女童班。[198]

---

192 丁韪良著，沈弘等译：《花甲忆记》，160 页。W.A.P. Martin, *A cycle of Cathay*, p.235.

193 Marrtin to Board, #141, Apral 12, 1858. CL, IV. Ningpo. Ralph Cowell, *Pioneer of Progress in China,* p.96，

194 Marrtin to Board, #198, May 6, 1859. CL, IV. Ningpo.

195 Martin to Board, #4, Apr.28, 1862. CL. LX. 参见王文兵：《丁韪良与中国》，86 页。

196 W.A.P. Martin, *A cycle of Cathay*，p.235.

197 王文兵：《丁韪良与中国》，87 页，注释 7。

198 Martin to Board, #151, Oct.31, 1864. CL. X. Peking. 参见王文兵：《丁韪良与中国》，89 页。

小结

  曾与丁韪良一起在宁波宣教的美国北长老会宣教士倪维思（John Livingstone Nevius，1829-1893）认为，鸦片战争是"上帝安排用以开启中西关系新时代的一个突破口"，而条约的签订，"中国被迫承认与外国人的平等关系，于是我们与之交往就有了一种新的推动力，新教和天主教传教士在条约的保护之下可以畅通无阻地进入五口，并能在各个口岸修建教堂、住所和学校，而且还被允许公开传教。"[199]于宣教士整体而言，其在华的居留权和传教的合法权益受到保障，传教范围扩展到全国范围。于丁韪良个人而言，一个新的宣教领域和视界被打开，其宣教士生涯迎来转折。于晚清中国而言，条约以及条约签订过程中所带来的新问题和新观念，开始让总理衙门的大臣们思考未来大清的道路和方向，开始意识到自己需要什么，现代化进程已被开启。裨治文曾感慨："很清楚，一个伟大的革命开始了，天朝的古老政策已被改变。"[200]他们期待即将到来的事情。

---

199 [美]倪维思著，崔丽芳译：《中国和中国人》。北京：中华书局，2011 年，第 250
  页。倪维思 1854 年来到中国，先后在浙江宁波和山东登州、烟台等地传教。丁
  韪良曾为他的传记《在华四十年：倪维思生平》(*The Life of John Livingstone Nevius*
  for Forty Years a Missionary in China) 作序。
200 吴义雄：《在宗教与世俗之间》，262 页。

第三章　西法东渐：丁韪良与《万国公法》

> 然天下万邦虽万计，而人民实本于一脉，惟一大主宰，造其端，佑其生，理其事焉。（丁韪良）[1]

中外研究者普遍认为，国际法领域的现代汉语语词之发展，肇端于丁韪良翻译的惠顿（Henry Wheaton, 1785-1848）所著《万国公法》（*Elements of International Law*）。[2]根据丁韪良的解释，之所以称之为万国公法，"盖系诸国通行者，非一国所得私也，又以其与各国律例相似，故亦名为万国律例云。"[3]自此，"万国公法"成为第一个在中国被广为接受的指代 international law 或 law of nations 的汉语词汇。[4]而《万国公法》的出版，成为中国系统构建国际法体系历程的开端，"既标志着清政府主动输入西方法学的正式的开始，亦意味着中国被逐步纳入国际法体系。"[5]

1　丁韪良译：《万国公法》，京都崇实馆存版，同治三年（1864）孟冬镌，卷一凡例页一，"西半球"下方之注释。

2　该书的全名是：*Elements of International Law: with A Sketch of the History of the Science*，被认为是当时第一部用英文撰写的国际法著作。参考傅德元：丁韪良《万国公法翻译蓝本及意图新探》。《安徽史学》，2008 年第 1 期，45-53 页。

3　丁韪良：《万国公法》，凡例。该书作者是美国国际法学家惠顿（Henry Wheaton, 1785-1848），书名为 Elements of International law, 1836 年出版。

4　[挪威]鲁纳（Rune Svarveru）著，王笑红译："万民法在中国：国际法的最初汉译，兼及《海国图志》的编纂"。《中外法学》（Peking University Law Journa），2000 年第 3 期，300-310 页。

5　杨焯：《丁译〈万国公法〉研究》。北京：法律出版社，2015 年第 1 版。

两次北上与清政府官员的谈判过程中，丁韪良深刻意识到了中国需要法律方面的知识。因为对国际法的无知，导致中国在与外国交往的过程中困难重重，损失许多权益，"局势对这种书的需要早已引起我的注意"。[6]从那时开始，丁韪良已决定要把国际法引入中国。而此时的清政府自身也已经意识到了由于国际法知识的欠缺，在条约的谈判中处处掣肘于西方各国。曾国藩反思中外条约时有曰："窃思自道光二十二年间，与洋人立约议抚，皆因战守无功，隐忍息事。厥后屡次换约，亦多在兵戎扰攘之际，左执干戈，右陈币敦，一语不合，动虞决裂。故所定条约，间有未能熟习审处者。"[7]曾国藩的幕僚薛福成亦言及："从前中国与英、法两国立约，皆先兵戎而后玉帛，被其迫胁，兼受蒙蔽，所定条款，受亏过巨，往往有出地球公法之外者。"[8]1863年7月，总理衙门邀请海关总税务司赫德翻译惠顿《国际法》的部分章节，可见他们对国际法的意识和需要已被唤醒，这也是后来丁韪良翻译的《万国公法》能够顺利付梓的重要前提。

本章的研究主题是"西法东渐中的丁韪良与《万国公法》的翻译"。笔者试图从以下几个方面展开研究和讨论：

1. 《万国公法》之前中国国际法的状况——"中国自古已有国际法"说：主要围绕丁韪良《中国古世公法》所引发的"先秦国际法"的研究和讨论，从中了解西方宣教士对中国文化的研究和探寻。

2. 从探讨国际法引入中国的时间出发，确认《万国公法》在中国历史上的价值和地位。尝试从更多角度观察西法东渐的过程。

3. 丁韪良与《万国公法》的翻译及应用的研究，了解《万国公法》的公正性、必要性及其应用性，并评价其价值和贡献。

4. 从《万国公法》出发，看西方宣教士在国际法的出版和教育中的贡献。同时探讨其对中国现代化进程的影响：帮助晚清政府认识"世界是什么"。

6　丁韪良著、沈弘等译：《花甲忆记》，160 页。W.A.P. Martin, *A cycle of Cathay*, p.235.
7　《筹办夷务始末》同治朝，卷八十，10 页。
8　薛福成："代李伯相筹议日本改约暂宜缓允疏"，《薛福成选集》，130 页。参考张建华：《孙中山与中国不平等条约概念的起始》，282 页。

第一节 晚清国际秩序的困境——中国与国际法

国际法，也称作"万国法"（the law of nations），传统定义中只限于国家间的行为，是规定国家之间权利和义务的一种法律体系，赋予国家某些权利，或加给国家某些义务，"由各国觉得必须遵守，并在国家相互关系中确实共同遵守了的大量行为规则和原则组成的法律总体"。[9]丁韪良在其所编的《中西闻见录》中提到："万国通例所以称公法者，为其一秉大公，而一国不得私之。创公法之人，所以称公法者，为其持平论断，无倚无偏。"[10]阐明了国际法的特性：一秉大公，持平论断，国家间共同遵守。

简要追溯国际法历史。近代国际法体系萌芽于十五、十六世纪，当时所关注的主要目标是国家间的战事法规，奠基人是意大利的真提利斯（Gentilis，1552-1608 年）。[11]国际法的建立和发展开始于十六、十七世纪的欧洲，正值中国明末清初时期。第一个为现代国际法学科奠定了比较完整的理论结构的，是 1625 年格老秀斯（Hugo Grotius，1583-1645 年）的《战争与和平法》（De jure belli ac pacis，英文：The Law of War and Peace），因为这部论著，格老秀斯也被称为"国际法之父"（The father of the law of nations）。[12]台湾学者陈顾远认为，现代国际法创成于格劳秀斯之学说，见于 1648 年之威斯特发里亚和会（Peace of Westphalia），而溯源于古希腊之近邻同盟规约及罗定海法（Rhodian sea law）。[13]

王铁崖认为，近代国际法发源于欧洲，是"基督教文化的产物"。[14]中国与国际法的第一次接触，发生在 1662-1690 康熙年间，清朝在与荷兰处理"豁

---

9 [英]J.G.斯塔克著，赵维田译：《国际法导论》（1977 年第八版）。石家庄：法律出版社，1984 年，5-6 页。

10 见丁韪良主编：《中西闻见录》第 26 号，阜白居士之《台湾公案辨略》，1874 年 10 月。

11 [英]J.G.斯塔克著，赵维田译：《国际法导论》，12 页。

12 [英]J.G.斯塔克著，赵维田译：《国际法导论》，9 页。格老秀斯是新教徒，所以他的书被列为天主教的禁书。苏阿瑞兹（Suarez）是当时著名的天主教国际法学家。这也是当时格老秀斯的国际法著作没有被耶稣会士使用的一个主要原因。参见丘宏达著：《中国国际法问题论集——兼论最近国际法问题》，台北：台湾商务印书馆，民国 61 [1972]，2 页。

13 见陈顾远为《春秋国际公法》所作之序。洪钧培编著：《春秋国际公法》，上海：中华书局，民国二十八年[1939]，1 页。

14 王铁崖：《中国与国际法——历史与当代》，115 页。

免权"问题时，荷兰提到了"万国法"，但这是当时的中国人所不了解的，所以他们坚持自己的传统，继续维护"中国世界秩序"和"朝贡制度"。[15]

最早注意到国际法在订立条约中之作用的，是耶稣会传教士。在1689年中国与俄国的第一个边界条约的谈判中，作为中方译员的耶稣会传教士徐日升，在他的日记中就多次提到国际法，以及成为国际法要素的原则：平等和互惠。他也注意到了中国代表团在这方面的缺陷，如缺少国际事务中应该具有的诚信，没有正义和非正义战争的观念，也不了解条约的订立（会谈，会议，签字，宣誓）及其细节。[16]虽然《尼布楚条约》在条约的写制、签署、盖章和互换的细节上都严格地遵行了国际惯例，正式文本使用了拉丁文，但王铁崖认为，仍不能说康熙已经了解并接受了国际法，因为"从1689年到1839年的150年中，不论官方或非官方文件，都没有再涉及国际法的记载。"[17]

某种程度上可以说，到了十九世纪早期，正是因为晚清政府不知道何为"国际法"，以致引发了不必要的战争，如大沽口战役、巴夏礼事件[18]等，并使清政府自己在战争挫败后的谈判中始终处于不利的地位。鸦片战争后清政府被迫签订了一系列"不平等条约"，但他们也很快发现，如果中国能遵守条约，就可以利用条约来控制外国人。因此为了能有效地利用条约，他们需要了解国际法，掌握西方外交的原则，并在实践中将其作为维护中国主权的主要工具。所以丁韪良《万国公法》的翻译在后期得到了总理衙门的认同和支持，他们以极大的兴趣派人帮助丁韪良尽快完成。全书完成后，总理衙门大臣董恂亲自为其作序，印制300本分发至各地，并进呈皇上御览。正如芮玛丽所看见的，丁韪良翻译的《万国公法》，成为清政府观念发生变化的一种标志，表明晚清中国处于自中兴肇端以来迅速演进的过程中。[19]

---

15 王铁崖：《中国与国际法——历史与当代》，22页。

16 约瑟夫·塞比斯（Sebes, S.J.）著，王立人译：《耶稣会士徐日升关于中俄尼布楚谈判的日记》，北京，商务印书出版社，1973年，110页。

17 王铁崖：《中国与国际法——历史与当代》，第23页。《尼布楚条约》于1689年9月7日签订，除俄国备俄文本一份，清政府备满文一份外，双方各备拉丁文一份，并分别签字，用印，交换。参见李恩涵著：《近代中国外交史事新研》，54页。

18 赫德著，傅曾仁等译：《步入中国清廷仕途 赫德日记 1854-1863》，304页。当英国的广州领事额尔金的翻译巴夏礼打着休战旗前去谈判时，却被逮捕并关押在圆明园，巴夏礼虽然在三周后被释放，但其一行的20余人却被处死。作为报复，额尔金烧毁了圆明园。

19 芮玛丽著，房德邻译：《同治中兴》，286，295页。

一、中国古代有国际法吗? 丁韪良之《中国古世公法论略》

《万国公法》之前中国是否有国际法? 蒋廷黻早在 1933 年发文称,"中国早在战国时代已发明了许多类似近代国际公法的规则与条例",而后的两千多年间,因闭关自守而无从发生国际关系,也没有应用国际公法的需要。[20]王铁崖在《中国与国际法——历史与当代》一文中,开门见山地明确表示,如果从周朝春秋战国时期（公元前 722-221）的国际法算起,可以说"国际法在中国有着很长的历史";但是在十九世纪六十年代近代国际法介绍到中国以前,春秋战国时期却是"在中国历史上可能唯一有国际法的时期"。[21]从这段阐述中可以看出,国际法在中国似乎曾经存在,且主要存在于秦统一中国之前的春秋战国时期,而在秦统一之后,直到近代,国际法在中国的历史是中断的。

将国际公法与先秦历史联系起来、将国际法与《春秋》相比附的国际法研究热潮,出现于晚清到民国时期。[22]而触发这股研究热潮的始作俑者正是丁韪良。王铁崖认为,丁韪良是"第一个把春秋战国时期的国家间关系规则与近代国际法则进行了比较的人",认为中国春秋战国时期的历史记载,有可能证明"在古代中国有初步国际法的存在"。[23]丁韪良在他的著作《中国古世公法论略》中详尽论述了他的这一观点。

1. 丁韪良的《中国古世公法论略》

"古代中国的国际公法",也被学者称为"先秦国际法"、"春秋公法",最早的研究被认为是肇端于丁韪良的《中国古世公法论略》[24]。1881 年,丁韪良出席了在德国柏林举办的东方学者协会（the Congress of Orientalists）,发

---

20 蒋廷黻:《国际公法输入中国之起始》。《政治学报》,北平: 清华大学政治学会,1932 年第 2 卷,61 页。
21 王铁崖:《中国与国际法——历史与当代》,6 页。
22 田涛: 19 世纪下半期中国知识界的国际法概念。《近代史研究》2000 年第 2 期。
23 王铁崖:《中国与国际法——历史与当代》,7 页。
24 丁韪良:《中国古世公法论略》(International law in Ancient China),由同文馆毕业生汪凤藻翻译成中文,发表于 1884 年,收录于王健主编:《西法东渐——外国人与中国法的近代变革》,2001 年,31-39 页。英文原文见于: *International Law in Ancient China*. Hanlin Papers, Second Series, 1894, p.111-141. 丁韪良任京师大学堂总教习时对其进行了修改,收录在其著作《汉学菁华》中之第二十二章《古代中国的国际法》。W.A.P. Martin, *International Law in Ancient China. The Lore of Cathay, or the Intellect of China.* pp. 427-449.

表了题为 "*International Law in Ancient China*" 的演讲，[25] "古代中国的国际公法" 一说由此而出，"许多国际法书籍提到古代中国国际法时总是以他的这篇报告为依据的"。[26]中外法学学者和历史学家也受到他这篇报告的影响和启发，开始对古代中国国际法进行研究，以此为发端，"先秦国际法"的观念开始盛行，研究的结果"丰富了国际法在世界上历史发展的文献"。[27]

在丁韪良看来，在古代中国的诸侯国之间，应该存在着某种类似国际法的体系，"按中国公法，早寓于封建之初，而显著于春秋之世"。他在诸侯国彼此之间所处的相互关系中去寻找，"考诸中国，分封之世，会盟聘伐，史不绝书，则固未尝无公法行其间也"，国际法有存在的可能性。而春秋战国时期，对于国际法确有相需之势，"夫以境壤相接之国，而有往来交际之亲，则其间玉帛兵戎，必有成规之可守，而公法之条例，即于是乎存。"[28]论到中国古代公法之纲要，或曰外交往来规则，丁韪良也颇感遗憾，"惜未纂述成书，以传诸后世耳"。但即便如此，依旧可以从流传下来的古典文集中，在某些类似国际法典的断篇残简（membra disjecta）中寻见端倪，丁韪良认为《春秋》本身就构成了国际法的法典，[29]虽然"春秋战国之史，纵不得竟谓之公法，然其迹有不可泯灭者"。其它如《周礼》，又如《左传》，足以资考证中国古世实有公法，由此丁韪良认为，在古代中国的诸侯国之间，曾经存在过一种他们在和平与战争时期"都承认的法律"：

> 不见夫同文同伦同教之数国，有交际通商之政乎？不见其遣使往来，有宾客宴享之仪乎？不见其会盟立约，藏之萌府以为信乎？

---

25 这篇演讲最初发表于 The International Review, January, 1883, 后来收录于《翰林论文第二集 1894》。

26 王铁崖：《中国与国际法——历史与当代》，6 页。

27 相关著作有：蓝光策《春秋公法比义发微》（清代末年），刘人熙《春秋公法内传》（民国初年），张心澂《春秋国际公法》（永华印刷局，1924 年），徐传保《国际法与古代中国》（1926 年），徐传保《古代中国国际法遗迹》（1931），陈顾远《中国国际法溯源》（1931），瓦尔克《古代中国的多国体系》（1935，英文），洪钧培《春秋国际法》（1937）。学术作品有：程谓德《早期中国的国际法》（1927），布列顿《公元 700 年前中国国家间交往关系》（1935 年），陈世材《古代中国的国家平等》（1935），日本学者的《从孔子学说看国际法学说》（1967）。关于相关著作和文献的详细记载，请参考王铁崖：《中国与国际法——历史与当代》，7 页。

28 丁韪良：《中国古世公法论略》，收录于王健主编：《西法东渐——外国人与中国法的近代变革》，31-33 页。

29 丁韪良著、沈弘译：《汉学菁华》，306 页。

不见其寓均势之法于纵横之中，以御强而保弱乎？不见其约法相
循，俨然有局外权利之守乎？且不见夫智谋之士，专事揣摩，以与
人家国乎？凡此数百年之陈迹，莫非公法之要纲？[30]

但丁韪良也看到了国际法在中国的历史是中断的，"中国垂一统之治，建
无外之规，于今 2000 年矣，其间割据纷争，事极罕见。公法之学，固无自而
兴。"[31]自秦以降漫长的中国大一统的历史中，中国并不存在国际法。因此如
果说中国有国际法的话，仅止存在于先秦。

另外从国际法的相关概念上看，丁韪良认为中国人在其早期历史上曾经
拥有一些与国际法比较相近的概念，[32]如"礼"，即是公认的习惯法，构成了
当时国际法的基础。他特别注意到《左传》中有一次"九年……公会宰周公、
齐侯、宋子、卫侯、郑伯、许男、曹伯于葵丘"，左丘明评注这次聚会的目的
是"寻盟，且修好，礼也"。丁韪良更认为《周礼》即如一部"出自于宗主国
君主意愿的公共法典"，周王室的臣民必须遵守，对诸侯和扈从也具有约束力，
虽与无数的礼仪细节混在一起，但是符合古代中国人的性格。丁韪良甚至比
喻，正如上帝藉着摩西颁布的律法一样，其注重礼仪符合希伯来人的性格。[33]

洪钧培认为，"中国古代国际互助已极发达，萌芽于上古，完备于春秋，
国家既须互助，则国家间之往来必繁，往来繁则不得不生若干法规原则，以
资共同遵守，于是国际公法由此生矣。"[34]他对丁韪良研究古代中国历史之精
神极为钦佩，"关于中国古代历史之典籍，其文字非常深奥，外人研究殊感困
难。而丁氏辟除自傲之恶习，不持基督教人创造国际公法之偏见，又有学者
之态度焉"。[35]丁韪良的这一开创性见解，丰富了当今中国的国际法学者对中
国古代部分的考察和研究。《中国评论》[36]对丁韪良的这篇论文发表书评，认

---

30 丁韪良：《中国古世公法论略》，收录于王健主编：《西法东渐——外国人与中国法
　的近代变革》，33 页。
31 丁韪良：《中国古世公法论略》，收录于王健主编：《西法东渐——外国人与中国法
　的近代变革》，32 页。
32 丁韪良著、沈弘译：《汉学菁华》，291 页。
33 丁韪良著、沈弘译：《汉学菁华》，296 页。
34 洪钧培编著：《春秋国际公法》，上海：中华书局，民国二十八年[1939]，17 页。
35 洪钧培编著：《春秋国际公法》，6 页。
36 《中国评论》（The China Review, or Notes and Queries on the Far East），又名《远
　东释疑》，由英国人但尼士（N.B.Dennys, 1840-1900）创办于同治十一年（1872 年
　6 月），1901 年 6 月停刊，共出刊 25 卷、150 期，900 余篇专文，内容主要与中
　国有关，涵盖文、理、法、商、医、农、工等领域，涉及艺术科学、地理历史、

为它呈现出一种奇妙的"历史"与"价值"的结合："如果这些是古代中国各国在和平与战争中承认的原则的话……基督教的国际法典有朝一日会成为地球上所有国家间和平和正义的纽带。"[37]

2. 台湾学者关于"先秦国际法"的研究

张心澂曾坦承，他之所以研究春秋国际公法，正是有感于丁韪良所说的"中国公法之学肇端于西国未兴之始"，作为外国人的丁韪良"既为吾言其崖略，吾民族讵不能自道其详"。[38]在"先秦国际法"的研究中，台湾学者的兴趣更浓，也呈现出活跃的研究氛围。很多学者赞同在春秋战国时期中国存在国际法的说法，如丘宏达认为，中国春秋战国时代列国林立，互相交往中逐渐发展出一些与现代国际法颇有相似之处的国际关系的规则。[39]另一位从事国际公法与古中国研究的学者徐传保也认为："先秦华族及异族国家之各数……繁众，实有国际，典籍所及先秦国际关系甚繁多，入于国际公法范围之关系已甚繁多，入于国际刑法范围之关系亦多有足述，入于国际私法范围之关系盖已可推见。"[40]学者们也基本认同，这种状况在秦始皇统一中国之后就不复存在了，中国与邻国的关系演变成为"天朝上国"与"藩属国"、"化外蛮夷之邦"之间的关系，而不再是平等的关系。这种关系发展到晚清时期，"世界"的概念已渐趋模糊，自身孤立于全球性的世界之外。

陈顾远（1896-1981 年）认为，"国际法者，国与国之法也，国际关系上所适用之法也，国家相互关系上支配其行为之法也。"国际法是一种"国家自愿遵守国际上之义务"、以达到外交上之种种目的的外交作用法。根据这样的国际法定义，陈顾远认为虽然不必讳言现代国际法肇基于欧美，但溯源中国国际法，他认为在中国古代，周以前有"际"而非"国"，秦以后有"国"而

文学神话、民俗风俗、自然志和宗教等，被称为"西方世界最早的真正汉学期刊"。作者大部分是欧美的在华传教士、西方外交官、商人、记者等。绝大部分为英文，仅有几篇为法、德、意、西和葡等文。参见李秀清：《中国评论》中的中国法律及其研究价值。《比较法研究》，2017 年第 2 期，126-138 页。

37　*The China Review*, Vol. XII, 1884, p.368-369. 参考赖骏楠：《"文明论"视野下的晚清中国及其对外关系——以〈中国评论〉（1872-1901）为考察对象》。《华东政法大学学报》，2017 年第 4 期，175 页。

38　张心澂：《春秋国际公法》。北京：永华印刷局，1924 年，自序，8 页。

39　丘宏达：《中国国际法问题论集——兼论最近国际法问题》，4 页。

40　徐传保编著：《先秦国际法之遗迹》，上海：中国科学公司，民国二十年 [1931]。

无"际"，所以中国的国际法可溯源之于姬周"牧野之战"[41]之后的废部落组织改行封建制度，"宾客之礼创于西周邦交之局，定于春秋。五经三传可见，粲然可考。"[42]

在探究中国古代国际法之内容方面，陈顾远吸收并发展了丁韪良的观点，认为"礼"即国际规律，"信"为国际道德，"敬"为国际礼仪，"义"为国际公理。"天道"之谓即今日所言之"自然法"，国际关系上莫出乎"礼以行义、信以守礼"[43]的范围。陈顾远解释之所以在古代以"礼"为国际法之称谓，盖因当时"法"唯指刑言，与律互训，"出乎礼而入于刑"。[44]所以"礼"即为今天所说的"法"：以言平时之邦交，则有朝礼、聘礼；以言临时之政略，则有会礼、盟礼；以言战时之法规，则有军礼，戎礼；守礼，即是今日之遵守国际规律之谓也。非礼，则是今日违反国际规律之谓也。[45]根据陈顾远的观点，"礼"是国际法在中国古代的称谓，"守礼"就是遵守国际规律，而"非礼"则是违反了国际规律，所以在国际关系上应遵行"礼以行义，信以守礼"。

陈顾远也同意将《春秋》视为一部可资运用的法律经典，因为"所载者多为当时国际往来之大事"，从中可以发现春秋时代国交之定例，并据以推知春秋以前国际间之法则。[46]关于这一点，大陆学者汪晖也曾以欧阳玄为例，指其曾广泛运用《周礼》、《尚书》、《周易》等经典论述颁布法律和依法治人的重要性。[47]其他如《诗经》、《论语》、《孟子》诸书亦有中国古代国际法之相当史料。可见在相关的儒学典籍中，是可以寻找到中国法律的资源的。

---

41 周朝分为"西周"（前 11 世纪中期-前 771 年）与"东周"（前 770 年-前 256 年）两个时期。西周由周武王姬发创建，定都镐京；公元前 770 年，周平王元年东迁定都雒邑，此后时期称为东周。东周时期又称"春秋战国"。"牧野之战"确立了西周王朝的统治。《史记·太史公自序》记载："武王牧野，实抚天下。"

42 陈顾远：《中国国际法溯源》，上海：商务印书馆，中华民国二十三年。第二页。

43 语出《左传·僖公二十八年》："礼以行义，信以守礼，刑以正邪。"

44 语出《后汉书（七六）·陈宠传》："礼之所去，刑之所取，失礼则入刑，相为表里"。法学家瞿同祖概之为"以礼入法"，谓儒家言法，以礼的原则和精神，附以法律的制裁。参瞿同祖：《中国法律与中国社会》，北京：商务印书馆，2010 年，371 页。

45 陈顾远：《中国国际法溯源》，第 10-16 页。邹磊对其作出评论，参见邹磊："先秦国际法"研究与中国"世界图景"的重建——从丁韪良到陈顾远。《国际观察》2009 年第 3 期，22-29 页。

46 陈顾远：《中国国际法溯源》，3 页。

47 汪晖著：《现代中国思想的兴起》，上卷，第二部：帝国与国家，北京三联书店，2004 版。533 页。亦可参考赵思洋：民国学人对春秋战国时期国家间政治思想的诠释。《世界经济与政治》，2016 年第 1 期，26-45 页。

3. 西方学者关于"春秋国际公法"的讨论

洪钧培（1908-1957）认为，欧美学者大都认为国际公法起自欧洲的古希腊或古罗马而渐及世界，因而否认中国古代存在国际公法。其原因有二：一是将中国古代视为野蛮的部落社会；二是认为国际公法是基督教国家的产物，因为他们是最早发生国际关系的；而处于孤立地位的非基督教国家，则"实无国际公法之存在"。[48]

欧美学者中亦有赞成中国古代有国际公法之说的学者。丁韪良自不必说，"彼研究中国历史之结果，承认中国古代有国际公法，谓国际公法肇端于西国未兴之始。"[49]另外有权威学者给出了国际公法有可能产生于中国的理论依据。巴黎大学法学教授、法国国际公法权威学者 Louis le Fur 在其著作《国际公法纲要》（*Precis de drois international public*）中，主张国际法源于自然法则，其产生可遍于任何地域，只须在此地域存有若干交相往来之国家，中国古代具有国际公法实为一极可能之事。[50]

比利时神父、南洋大学教授望海（Ven Hee）在其法文著作《春秋国际公法》一书的序言中，也认为中国存在国际法，他的证据是：（1）中国古代不但具有国际公法之学说，而且具有实质的法规；（2）春秋时期提供了丰富完善之国际公法思想及事实；（3）中国古代具有国际公法产生之根本原则，既有实质的、正式的、独立平等的国家，又有共同遵守的国际法规。[51]如果他的这一论证成立，也解释了丁韪良提出"中国古世公法"的观点，并不是简单的附会和功利主义态度。[52]

4. 中国学者的论证

中国国内对于"古代公法"的研究不多。究其原因，王铁崖的观点是，长期以来中国并不认为自己是西方意义的国家，更不是民族国家，所以在中

---

48 洪钧培编著：《春秋国际公法》，2-3 页。其中列举了反对的学者，如美国法学家 Davis，英国法学家 Lawrence，法国法学家 F.de Martens。

49 洪钧培编著：《春秋国际公法》，4 页。此处洪钧培提及"丁韪良原为美人后入中国籍"，为首次听闻此说法，尚未查到作者依据为何，将进一步求证，查实。

50 洪钧培编著：《春秋国际公法》，7 页。

51 洪钧培编著：《春秋国际公法》，9-10 页。望海曾在中国居住二十年，任南洋大学教授、《中国真理报》主编、比利时中国学会会长。

52 关于丁韪良"中国古世公法"之附会论和功利主义态度，在"中国学者的论证"部分进一步分析和讨论。

国数千年的传统世界秩序的范围内，任何国际法都是不可能存在的。[53]邹磊则认为只有在中国自身的历史脉络和话语系统中，才能得到对"先秦国际法"完整而准确的理解。[54]他认为陈顾远的学说是从中国的儒家传统出发，寻求在中国文化的本位去阐释"先秦国际法"；而丁韪良提出"中国古代国际公法"的目的，则是为了让中国自愿地服从于国际法的秩序，通过将中国主权纳入殖民主义的世界体系之中来确立新关系。邹磊进一步将这一现象解释为"重建中国人的世界图景"，即中国人如何看待自身与世界的关系以及把握自身命运的信心问题。[55]

邹磊的这一观点似乎是受到汪晖的影响。汪晖在其著作《现代中国思想的兴起》中，认为丁韪良提出的"先秦国际法"，具有"功利主义"态度和"附会论"。[56]所谓的"功利主义"，是指丁韪良的《中国古代公法论略》发表在《万国公法》之后二十年，是有意为之，其动机是试图"在实践上以欧洲国际法为准则确立中国与西方之间的交往规范，在观念上让中国人在这一普遍主义原理的前提下接受欧洲国际法的合法性，进而将中国纳入到正在扩展中的资本主义世界体系中。"[57]而"附会论"则是指丁韪良把国际公法与中国的先秦历史相联系，是为了让中国人认同国际法是"在新的时代里重新复活的中国传统"，从而达到让中国人接受近代国际公法。[58]这两种观点中所包含的"阴谋论"，似乎同时否定了丁韪良翻译《万国公法》的初衷（关于这一点会在稍后论述）。

小结

作为西方人，丁韪良能够在中国的历史和文化中看见先秦国际法的存在，不得不承认他对中国文化的热爱和中文根底的深厚。丁韪良来华三个月，用功学习中国语言，研究方言，不单单是为了能跟别人交流，更是希望能"逐

---

53 王玫黎：中国传统文化与近代国际法探析。《现代法学》，1998 年第 3 期，123-126 页。

54 邹磊："先秦国际法"研究与中国"世界图景"的重建——从丁韪良到陈顾远。《国际观察》2009 年第 3 期，22-29 页。

55 邹磊："先秦国际法"研究与中国"世界图景"的重建——从丁韪良到陈顾远。《国际观察》2009 年第 3 期，22-29 页。

56 汪晖著：《现代中国思想的兴起》，上卷，第二部：帝国与国家，北京三联书店，2004 年，710 页。

57 汪晖著：《现代中国思想的兴起》，上卷，第二部：帝国与国家，707 页。

58 汪晖著：《现代中国思想的兴起》，上卷，第二部：帝国与国家，713 页。

步探索汉语中更高一层的奥秘"。他在五年内读完了作为中国文学基础的九部主要著作，其中有五部写于孔子出生之前即公元前六世纪，即《尚书》、《易经》、《诗经》、《春秋》、《周礼》；四部是孔子及其弟子的语录及教诲，即《论语》、《大学》、《中庸》、《孟子》。[59]所以笔者更倾向于"古世公法"是丁韪良潜心研究中国文化的发现，无论其对错或观点成立与否，似乎都看不出"阴谋"的存在。正如丁韪良所言，关于"古代中国的国际法最早萌芽于春秋战国时代"的理论是他的原创，是他对于东方文学、科学和哲学的新的见解。[60]沈弘评价丁韪良具备谈论汉学的有利条件，因为他具备西学和汉学两个不同领域的深厚功底，并在两个领域中游刃有余，他可以把汉学的任何问题，放置于西学的视角下进行审视，因此他的评论是具有批判性和客观性的。[61]从这种意义上来说，丁韪良凭借他对中国历史和文化的深刻认识，看到在中国的春秋时期已存在国际法的雏形，可以说这是一个西方宣教士对中国文化的一份贡献。

二、《万国公法》是国际法首次引进中国吗？

学界普遍认为，《万国公法》是丁韪良在华期间的第一部国际法译作，它的刊印出版是国际法正式传入中国的标志。[62]何勤华的研究有同样的认同：中国法学的萌芽是在鸦片战争前的 19 世纪 30 年代，而 19 世纪 60 年代《万国公法》等一批法学译著的出版则代表中国近代法学的诞生。[63]其实关于国际法首次输入中国的时间，学者有不同的研究和结论。概括起来：第一种认为是十七世纪四十年代，天主教传教士卫匡国将苏阿瑞兹（Suárez）的国际法著作译成中文，并在 1689 年《尼布楚条约》的谈判过程中，中方代表以其作为国际法规则的参考；[64]第二种认为是十九世纪三十年代，林则徐邀请伯驾、袁德

59 丁韪良著、沈弘等译：《花甲忆记》，31 页。

60 丁韪良著、沈弘译：《汉学菁华》，前言，1 页。

61 韪良著、沈弘译：《汉学菁华》，译后记，327 页。

62 张燕清：丁韪良与《万国公法》——兼论国际法学东渐之肇始。《徐州师范大学学报》（哲学社会科学版），2003 年 7 月，第 29 卷第 3 期，67 页。张卫明在其博士论文《晚清中国对国际法的运用》（2011 年复旦大学博士毕业论文）中，也提到了学界关于国际法传入中国时间的研究的四种观点。

63 何勤华：传教士与中国近代法学。《法制与社会发展》，2004 年第 5 期（总第 59 期），97 页。见注释 2。

64 约瑟夫·塞比斯（Sebes, S. J.）著，王立人译：《耶稣会士徐日升关于中俄尼布楚谈判的日记》，第 114-116 页。

辉翻译滑达尔（Vattel）的法学著作《国际法》；[65]第三种是十九世纪六十年代，丁韪良翻译惠顿的《万国公法》。[66]探寻国际法首次引入中国的时间，一是回顾宣教士在不同时期对于国际法进入中国过程中的参与和贡献，同时亦为佐证《万国公法》重要之所在：鸦片战争之后的晚清中国亟需国际法。

1. 卫匡国与苏阿瑞兹国际法（1648 年）

塞比斯认为，耶稣会士卫匡国[67]曾将苏阿瑞兹[68]的国际法著作译成中文介绍到中国，因为在《尼布楚条约》的谈判和定理中可以寻见国际法产生影响的端倪，康熙帝曾要求一切按照国际法原则办事，在每一个细节上（条约的写制、签署、盖印和互换等）都遵守国际法惯例。但塞比斯也承认无法在中国关于尼布楚的记载的典籍中找到佐证。[69]

程鹏对此作了详细的考证，发现在《尼布楚条约》的谈判过程中，中方似乎并没有任何国际法的知识；在查阅了有关卫匡国在华的著作以及《明清间耶稣会士译著提要》一书所附三馆（上海徐家汇藏书楼、巴黎国立图书馆、罗马梵蒂冈图书馆）书目中，并没有发现卫匡国关于苏阿瑞兹国际法著作的中译本书目，因而他接受台湾学者丘宏达的解释，这本书也许"并未完成出版"。[70]程鹏否认了国际法是十七世纪四十年代介绍到中国的说法。

至于卫匡国翻译的是哪一本书，塞比斯没有提及，程鹏也没有找到相关资料。田涛认为是《法律与作为立法者的上帝》，但也表示这一说法并没有任何直接的资料可以证实，同时因本书"并未对清政府产生过太大的影响，也不足以成为国际法输入中国的开端"。[71]

---

65 程鹏：西方国际法首次传入中国问题的探讨.《北京大学学报》（哲学社会科学版），1989 年第五期，105-113 页。

66 惠顿（Henry Wheaton, 1785-1848），美国律师、法学家、外交官。其著作 Elements of International Law，由丁韪良翻译成中文的《万国公法》。

67 卫匡国（Martin Martini, 1614-1661），天主教耶稣会意大利籍传教士，汉学家，1643 年来到中国。

68 苏阿瑞兹（Jesuit Francisco Suárez, 1548-1617）。西班牙籍耶稣会士，哲学家，神学教授，在法学领域奠定了人民主权论、社会契约论、自然法论、国际法的基础。他被认为是国际法的教父。

69 约瑟夫·塞比斯（Sebes, S. J.）著，王立人译：《耶稣会士徐日升关于中俄尼布楚谈判的日记》，114-116 页。

70 丘宏达：《中国国际法问题论集——兼论最近国际法问题》，2 页。

71 田涛：晚清国际法输入述论.《天津社会科学》，1999 年第 6 期，99-103 页。

王铁崖则认为耶稣会传教士翻译苏阿瑞兹的著作是可能的，因为有些来中国的耶稣会士也曾在苏阿瑞兹任教过的葡萄牙科英布拉大学学习过，只是没有留下翻译的文本，也没有记录说明是在什么情况下翻译的，翻译到什么程度。[72]卫匡国翻译苏阿瑞兹国际法著作的说法也给中国国际法研究留下了一个悬念，以此作为国际法首次进入中国也稍显证据不足。

2. 林则徐与滑达尔的国际法（1839 年）

滑达尔（Monsieur De Vattel, 1714-1767）[73]，瑞士著名的国际法学家和外交家。1758 年出版了国际法体系的著作《国际法，或运用在国家和主权的行为和事务上的自然法原则》，[74]在十九世纪的上半个世纪，这本书成为外交官特别是领事官必读的经典，[75]而滑达尔则被称为当时影响最大的法学家之一，声誉甚至超过了格老秀斯。[76]

林则徐被称为晚清"开眼看世界的第一人"。1839 年，林则徐在广州查禁鸦片期间，曾命部属搜集关于外国事务的资料，期待翻译成中文。其译员袁德辉[77]向他推荐了滑达尔的著作，认为是一本值得译介的国际法书籍。但因为"汉语中缺乏与国际法中的西方概念相对应的专门术语"，翻译遇到困难，因此邀请美国宣教士伯驾参与翻译。[78]

---

72 王铁崖：《中国与国际法——历史与当代》，22 页。

73 Emmerich De Vattel，也被译成瓦泰尔，瓦特尔，笔者采用了最初的译法，取自魏源《海国图志》第 83 卷所称"滑达尔各国律例"。沈弘教授所翻译的丁韪良作品《花甲忆记》称之为"瓦岱尔"（《花甲忆记》，第 150 页）。在阜白居士的《台湾公案辨略》中，提到"发得耳（瑞士人而非法国人）"，应亦指滑达尔，见丁韪良主编：《中西闻见录》第 26 号，阜白居士之《台湾公案辨略》，1874 年10 月。

74 法文版：Le droit des gens, ou principes de la loi naturelle, appliqués à la conduite & aux affaires des nations & des souverains. 1759 年被译成英文：The Law of Nations, or Principles of the Law of Nature, Applied to the Conduct and Affairs of Nations and Sovereigns.

75 Nussbaum, Arthur, *A concise history of the law of nations*, New York, the Macmillan Company, 1947, pp. 160-161.

76 [英] J.G.斯塔克著，赵维田译：《国际法导论》，14 页。

77 袁德辉，曾在马来西亚天主教学校学习拉丁文，在马六甲的英华学院学习，通晓英文。曾在理藩院任通译，林则徐到广州时以译员身份同行。参考丘宏达著：《中国国际法问题论集——兼论最近国际法问题》，第 6 页。王维俭在其《林则徐翻译西方国际法著作考略》中对袁德辉有比较详细的考察。

78 [挪威]鲁纳（Rune Svarveru）著，王笑红译："万民法在中国 国际法的最初汉译，

伯驾曾致书林则徐，认为清政府"由于不了解各国的法律，不晓得他们的强大，无意识地采取了与友好国家的惯例相抵触的措施，已经程度不轻地得罪了英国"，使得中英关系日渐紧张，"简捷的解决办法，就是只需了解各个外国的特性和形势"。[79]林则徐接受了伯驾的意见，1839 年 7 月邀请伯驾与袁德辉一起，翻译瑞士国际法学家滑达尔《国际法》中的三个章节，期待了解西方法律方面的知识，在对外交往中采取主动。

根据伯驾写给中国医务传道会（the Medical Missionary Society）的报告，林则徐是在 1839 年 7 月提出要将滑达尔的《国际法》一书的若干段落译成中文，内容涉及战争、敌对措施如封锁（blockades）、禁运（embargoes）等。[80]根据登载在魏源的《海国图志》之卷八十三，"夷情备采"三之《滑达尔各国律例》，伯驾翻译的是第 37 章第 292 条，袁德辉翻译的"法律本性正理所载"第 39、172、292 条。[81]挪威历史学家鲁纳将他们翻译的章节的主要内容概括为：贸易的国际规则、对外国人入境的限制、国家发动战争之权利的国际规范。同时鲁纳认为这篇翻译是比较粗糙的，而且与原文不符，相信伯驾并没有看到原文，而且也不是为了出版而进行的专门翻译，更多是出于帮助林则徐而翻译了若干段落。[82]

这次的翻译活动，虽然是林则徐出于需要所采取的个人行为，内容也只是滑达尔著作的个别章节条款，很多学者依旧认为它对中国近代法和法学的萌芽起了重要作用。丘宏达认为虽然只是翻译了滑达尔著作中的一小部分，

兼及《海国图志》的编纂"。《中外法学》（Peking University Law Journa），2000 年第 3 期，301 页。

79 王维俭：林则徐翻译西方国际法著作考略。《中山大学学报》，1985 年第一期，58-67 页。

80 伯驾："一八三九年广东眼科医院第十次报告"（*Tenth Report of the Ophthalmic Hospital, Canton, Being for the year 1839*），登载于 1840 年 4 月的《中国丛报》。*The Chinese Repository*, Vol. VIII, April 1840, p.634-635. 在伯驾的日记（1839 年 8 月 23 日和 9 月 4 日）中，记载了他在翻译滑达尔《国际法》的一些章节，如有关国际权利和战争，国家战争与国际交往等。

81 魏源：《海国图志》卷八十三，"夷情备采三"，长沙：岳麓书社，1998 年。1992-1995 页。

82 [挪威]鲁纳（Rune Svarveru）著，王笑红译："万民法在中国 国际法的最初汉译，兼及《海国图志》的编纂"，第 303 页。伯驾的翻译题目来自滑达尔著作的正标题：The Law of Nations，而袁德辉的标题则来自滑达尔的副标题：*Principles of the Law of Nature, Applied to the Conduct and Affairs of Nations and Sovereigns*（自然法原则在国家和主权及事务中的运用）。

却是中国第一部关于西方国际法的译作。[83]王维俭也认为这是"目前可见有明确中文史料记载的西方国际法著作首次传入中国",尽管只是几个片断,不仅其工作的艰巨性可想而知,而且对于林则徐处理中外交涉的影响,以及从中西思想文化沟通和交流来看,其历史意义是不可抹杀的。[84]谭树林认为伯驾是"将西方国际法译介到中国的第一人"。[85]而鲁纳根据《海国图志》所记载的内容判断,伯驾拿到的只是袁德辉手书的段落,因此最早向中国译介关于国际法的西方概念和术语方面,袁德辉是主要人物,伯驾只是在翻译若干段落时给了林则徐帮助。[86]无论如何,可以看到在鸦片战争之前,林则徐已经意识到了国际法的重要,中国也终于有了关于国际法的中文译本。

丁韪良也注意到了滑达尔《国际法》。在《公法便览》(*Woosley's International Law*)的附录《附公法家书目考略》中列有:发得耳,瑞士人,一千七百五十八年著公法书而主论理法。[87]发得耳即是滑达尔。在丁韪良主编的《中西闻见录》[88]第二十六号中,有一篇《台湾公案辨略》的时论文章,[89]其中也提到了滑达尔的《国际法》。1874年日本兴兵攻打台湾占领台湾土地,提出所谓"番地无主论",[90]并"每引公法条例以饰其非",所引用的就是滑达尔(文

---

83 丘宏达著:《中国国际法问题论集——兼论最近国际法问题》,6 页。

84 王维俭:林则徐翻译西方国际法著作考略。《中山大学学报》,1985 年第一期,58-67 页。

85 谭树林:晚清在华美国传教士与近代西方国际法的传入——以伯驾为中心的考察。《南京大学法律评论》,2010 秋季卷,352-366 页。

86 [挪威]鲁纳(Rune Svarveru)著,王笑红译:"万民法在中国 国际法的最初汉译,兼及《海国图志》的编纂",303 页。

87 吴尔玺著,丁韪良等译:《公法便览》(Theodore Dwight Woolsey, *Introduction of the Study of International Law*),光绪三年孟秌同文馆聚珍版。北京,总理各国事务衙门,1878 年。续卷,92 页。

88 1871 年 9 月,丁韪良与英国伦敦会传教士艾约瑟(Joseph Edkins, 1823-1905)等人创办了"在华实用知识传播会"(The Society for the Diffusion of Useful Knowledge in China),1872 年 8 月,该会在北京创办了《中西闻见录》期刊,每月一刊,除新闻外,包括天文、地理、物理等科技内容。供 36 期,1875 年 8 月停刊。主编除丁韪良和艾约瑟外,还有英国伦敦会传教医师德贞(John Dudgeon, 1837-1901)和英国对公会传教士包尔滕(Johnshaw Burdon, 1826-1907),有作者 57 人。参考金淑兰、段海龙:《中西闻见录》编者与作者述略》。内蒙古师范大学学报(自然科学汉文版),2014 年第 6 期。

89 阜白居士:《台湾公案辨略》,丁韪良主编:《中西闻见录》第 26 号,1874 年 10 月。

90 相关研究可参考贾益:1874 年日军侵台事件中的"番地无主"论与中国人主权观念的变化(民族研究,2009 年第 6 期,88-98 页)。张卫明:借法异域:1874 年

中也译为发得耳，并特别注明是瑞士人而非法国人）的说法："一国新占旷地，非实力占有，及就其地建设馆司，而获实益，公法不认其主权"，认为中国对台湾不具有主权。[91]文章作者卓白居士[92]同样引用了滑达尔的公法进行反驳："航海之人，秉君国信凭，寻觅海岛、或空地，往往为己国占为属地，而后该国若有迁彼而居者，各国概认其主权。"认为"主权"问题是中国和日本关于台湾的谈判中最关键的问题，强调中国具有滑达尔所说的"主权"，两百年来为各国所认，是没有争议的，西方国家的地图"莫不以台湾归中国"。[93]文中也指责日本不引用惠顿的万国公法，而"惠氏之书行世已久，各国莫不奉为定论。"[94]可以看到在当时，林则徐所主持翻译的滑达尔著作还是有一定范围的传播和影响力的。文中提到"主权"问题，亦与丁韪良对此问题的看法和观察是一致的。[95]

3. 丁韪良与惠顿的《万国公法》（1863 年）

丁韪良称他所翻译的惠顿之《万国公法》，不仅是在中国，乃是"东亚知公法之始也。日本后得之，亦翻刻矣。"[96]学界也普遍认为，国际法被正式地、系统地介绍到中国，是始于 1864 年丁韪良翻译的惠顿之《万国公法》，如蒋

台湾漂民案中的国际法话语建构（台湾研究集刊，2014 年第 1 期，31-40 页）。张卫明的《1874 年，台湾漂民案肇始与国际法意识发轫》以及《晚清中国对国际法的运用》（2011 年复旦大学博士毕业论文）。

91 卓白居士：《台湾公案辨略》。

92 没有查到此人的信息。贾益推测是丁韪良在京师同文馆教授《万国公法》时的同文馆中国学生，因他不在《中西闻见录》外国撰稿人之列。参考贾益：《1874 年日军侵台事件中的"番地无主"论与中国人主权观念的变化》，98 页注释 1。笔者查《同文馆题名录》1879 年刊，公法学生共有九人，为沈铎、那三、黎子祥、徐广坤、王镇贤、文续、熙璋、斌衡、懿善。除文续外，其他八人也同时是英文馆学生。《中西闻见录》的作者中有 12 位同文馆学生均已署名。金淑兰和段海龙不能确定是否是同文馆学生，推测他们可能是在朝为官者（参见《中西闻见录》编者与作者述略》）。此人为中国人无疑，因为《中西闻见录》中的外国作者均注明了国籍，见同治十二年四月（1873 年 5 月）刊《中西闻见录》。《中西闻见录》共有 57 位署名作者，部分使用假名、化名和雅号，仅"居士"就有至少六人，如日新居士、小山居士、自迩居士、梅茶居士。

93 卓白居士：《台湾公案辨略》。

94 惠顿关于"主权"：主权历时既久，可谓坚固，此乃常例，……诸国常有循之者，皆以此国掌某地某物既久，亦可以为己有，而他国不与焉；按性法（即自然法，笔者注），人民得物而掌之日久，亦可以为己有，而他人不与焉。

95 参考张素芳硕士论文：《晚清时期中国对万国公法的理解及其运用》，2012 年。

96 [美]丁韪良口授、赵受恒笔述：《花甲忆记》，上海广学会，1910 年（宣统二年），20 页。

廷黻在二十世纪三十年代就提出,"国际法之输入中国,以丁韪良所译之《万国公法》为始。"[97]杨焯通过对《万国公法》的文本研究,认为整本《万国公法》,从"释公法之义,明其本原,题其大旨"、到"论诸国自然之权"、"论诸国平时往来之权"、"论交战条规"等,既有对国际法来源的考查,又有对自然法理念的阐述,也包括了和平和战争时期国家间的交往法则,为中国带来了完整的知识体系。[98]比起滑达尔的《国际法》片段,《万国公法》被称作是"中国历史上翻译、引进的第一部西方法学著作,在中国近代国际法的诞生、发展乃至中国近代法制史和法学史上具有重要的地位。"[99]

第二节　丁韪良与《万国公法》——认识世界的肇端

1897 年 3 月,《教务杂志》[100]教会宣教士通讯员阿瑟·埃尔温牧师(Arthur Elwin)曾称赞丁韪良"在东方各界都为人所知,他关于国际法的著作令其跻身于欧美首席科学圈。"[101]凭借翻译《万国公法》的特殊贡献,1870 年纽约大学授予丁韪良名誉法学博士学位;1899 年普林斯顿大学也授予了丁韪良名誉法学博士学位。《万国公法》确定了丁韪良在现代知识的传播上的学术地位。[102]

---

97 蒋廷黻:《国际公法输入中国之起始》。《政治学报》,北平:清华大学政治学会,1932 年第 2 卷,61 页。

98 杨焯:《丁译〈万国公法〉研究》。北京:法律出版社,2015 年第 1 版,3 页。丁韪良所译《万国公法》,共四卷,第一卷为"释公法之义明其本原题其大旨",第二卷为"论诸国自然之权",第三卷为"论诸国平时往来之权",第四卷为"论交战条规"。洪燕在其论文中也进行了研究(《同治年间万国公法在中国的传播和应用》,华东师范大学 2006 年硕士论文)。

99 [美]惠顿著,丁韪良译:《万国公法》。北京:中国政法大学出版社,2003 年,第 44 页。参见钱逸琼:《万国公法》拓展问题研究,《时代金融》,2013 年第 12 期,331-332 页。

100 《教务杂志》(*The Chinese recorder*)1867 年创刊,是美国基督教传教士在华创办的一份英文刊物,除教务内容的相关记述外,主要记录了大量传教士对中国历史文化的译介和评述。1941 年底停刊。相关研究:陶飞亚《"教务杂志"研究》(基督教与中国研究中心网页)、崔华杰《传教士与中国历史研究:以"教务杂志"为中心的量化考察》(社会科学论坛),2011 年第 3 期,第 50-62 页;2011 年同名博士论文,第 12 页。

101 "Notes and Items". *The Chinese recorder and missionary journal*, Shanghai: Presbyterian Mission Press, Vol. XXVIII, No.3, March 1897, p.130.

102 林治平:《科学与救恩》,261 页。亦可参考丘宏达:《中国国际法问题论集 兼论最近国际法问题》,4-39 页关于国际法的两篇论文。

丁韪良在《中国古世公法论略》中，曾提到国家对国际法是有需要的："苟有相需之势，必有公法之学"，而相需之势有二，一是自主之国与接壤之国之间的"讲信修睦，以联邦交"；二是各国之间的交际往来，"以平行相接，而无上下之分"。[103]之所以要将《万国公法》翻译成中文，丁韪良认为自己有责任"为他宣教布道的国度（中国）追求幸福"，他深信这本书的影响力将不亚于翻译圣经的影响，"能引领无神论的政府认识上帝和永恒的正义"。[104]在英文序言中他进一步阐释这种观念：

> 中国人是乐意赞同国际法的基本原则的，在他们的国家礼仪和正典书籍中，他们都承认人类命运中有一位至高的仲裁者、君王和诸侯们在行使他所赋予的权力时要向他负责；从理论上讲，所有人都乐意承认至高者的法律是刻在人心上的，如果把国家间的关系视为法人（moral persons），就能完全理解由此准则推演出来的相互之间的关系和义务。[105]

丁韪良相信国际法不仅适用于西方，也同样会适用于中国，因为人类共同的至高仲裁者将法律刻在人的心上。他相信翻译惠顿的《万国公法》，"不仅会对两个帝国施加影响，也同样可以影响我自己的人生进程。"[106]如同西洋历法帮助利玛窦等传教士在中国立定脚跟，并借此与中国的朝廷及上层开始建立关系，《万国公法》成为丁韪良被中国朝廷接纳并得以立足北京、逐渐对中国文化施加影响的"敲门砖"。

一、版本问题：《万国公法》的公正性

由于惠顿的著作多次再版，导致一些学者认为丁韪良翻译的《万国公法》中，出于服务政治的目的，以自己的口吻增加了原书中本来没有的"纯属子虚乌有"的内容，认为丁韪良的《万国公法》"是在没有核对原著的情况下，根据传统思维及主观猜测得出的错误结论"。[107]许多学者本着严谨的学术态

---

103 丁韪良：《中国古世公法论略》，32 页。

104 Hsü, Immanuel Chung-yueh, *China's entrance into the family of nations: the diplomatic phase, 1858-1880*, Harvard University Press, 1960, p.126. 原文可查 Martin to Board, #46, Nov.23, 1863, China Letters, VII, Peking, p.53.

105 Hsü, Immanuel Chung-yueh, *China's entrance into the family of nations: the diplomatic phase, 1858-1880*，英文序，1 页。

106 W.A.P. Martin, *A cycle of Cathay*, p.222.

107 傅德元：丁韪良〈万国公法〉翻译蓝本及意图新探。《安徽史学》，2008 年第 1 期，45-53 页。

度，在研究《万国公法》时，特别对翻译蓝本进行了研究。

万齐洲曾对《万国公法》各种英文底本说做了比较和研究，[108]提出了几种说法：（1）1836 年版本。持此观点的是王铁崖，认为丁韪良翻译的《万国公法》的底本，是 1836 年在伦敦出版的惠顿的 *Elements of International Law*。[109]（2）1845-1848 年版本。王开玺根据《万国公法》中曾出现了 1840 年奥、英、普、俄四国会议，以及 1844 年《中美望厦条约》的内容，认为"1864 年清廷译刊《万国公法》所据，绝不是美国人惠顿 1836 年的著作初版，最早亦应是 1845 年以后的修订版本。惠顿卒于 1848 年，故应是 1845 年-1848 年间的英文修订版。"[110]（3）1855 年版本。王健认为："1848 年惠顿去世后，美国所出的最早一版是 1855 年 William Beach Lawrence 的校订本，该本于 1857 年重印，可见是当时较为流行的一个版本。该版本以 1846 年第三版为底本，参照原著者 1848 年的 Leipzig 修订本校订而成。W.B.Lawrence 的校订本是惠顿著作被译成中文前的最后一个英文版，与丁译《万国公法》比对核查，可见其两相呼应。"[111]支持这一观点的有张用心[112]和傅德元。傅德元在阅读过各种版本的基础上，通过对惠顿著作的多种版本及相关原始资料的详细考证，同样认为《万国公法》的翻译蓝本是惠顿的英文第六版（1855 年），而不是第一版（1836 年）或第三版（1846 年），并得出结论："丁韪良的翻译是忠于原著的，译本中涉及到有关中国的内容，既出自于惠顿原书，也完全符合历史事实。"[113]学者们以严谨的学术态度正本清源，让丁韪良的翻译得到公正的评价。

至于翻译成中文后的《万国公法》也是存在诸多版本。邹振环提到，"《万国公法》为京师同文馆译制的第一本书。销行颇佳，先后有同文馆本、石印本、西学大成本等。被各地新学学堂采纳为法律课本。曾出现过许多私刻本

---

108 万齐洲：京师同文馆与《万国公法》研究述评。《惠州学院学报》（社会科学版），2010 年第 4 期，38-41 页。

109 王铁崖：《国际法》，北京：法律出版社，1995，63 页。

110 王开玺：1864 年清廷翻译万国公法所据版本问题考异，《北京师范大学学报》，2005 年 6 月，75 -77 页。

111 王健：《沟通两个世界的法律意义》。北京：中国政法大学出版社，2001 年，52 页。

112 张用心：万国公法的几个问题。《北京大学学报》，2005 年，46-48 页。

113 傅德元：丁韪良《万国公法》翻译蓝本及意图新探。《安徽史学》，2008 年第 1 期，45-53 页。

和盗印本。"[114]田涛发现在《万国公法》最初出版的时候，实际上有刻本（1864）和活字本（1865）两个版本。[115]

笔者在研究中所接触到的版本有：京都崇实馆存版（同治三年岁在甲子孟冬月镌）、庆应元年开成所翻印版（六册）、以及1901年光绪辛丑仲夏铸版。

二、翻译过程：《万国公法》的必要性

1862年丁韪良首次提到他在翻译惠顿的国际法，当时他从美国度假回到中国，因上海长老会传教站的克陛存牧师[116]"忽患霍乱，溘然作古，无人督理美华书局，吾暂理之。间则编《常字双千》一书，略资学校之课，又译惠氏公法过半"。[117]1859年丁韪良随美国公使华约翰北上换约之后，于1860年1月底回美国探亲，可以推算他在美国休假期间就已经开始翻译《万国公法》了。

丁韪良也曾计划翻译滑达尔的国际法著作，后来在华若翰的建议下，改为翻译惠顿的《国际法原理》（*Elements of International Law*），因为二者具有同样的权威性，惠顿著作更现代。[118]丁韪良在《万国公法》的英文序言中也曾提及，惠顿的著作确实要好的多，"将带来最新的科学、并且被普遍认为是完整和不偏不倚的汇编。"[119]在其所译吴尔玺之《公法便览》一书的自序中，丁韪良也提到，"惠氏之书虽出于美国，而余译之无所嫌疑者，盖以行世既久，早经各国奉为典则也。"[120]而且惠顿本人"多年间学，遍历欧罗巴诸国，既已深谙古今书籍，更复广有见闻，且持论颇以不偏著名，故各国每有公论，多引其书以释疑端。奉外出使者，无不携贮囊箧，以备参考。"[121]可见，丁韪良

---

114 邹振环：《影响中国近代社会的一百种译作》。北京：中国对外翻译出版公司，1996年，76页。

115 田涛：《国际法输入与晚清中国》。济南：济南出版社，2006年，102页。

116 克陛存（CuBertson M.C., 1819-1862），美国北长老会传教士。1845年来华后在宁波传教。1851年调往上海。1862年病逝于上海。

117 丁韪良口授、赵受恒笔述：《花甲忆记》，上海广学会，1910年（宣统二年），20页。

118 王铁崖：《中国与国际法——历史与当代》，25页。丁韪良著、沈弘等译《花甲忆记》，第150页，W.A.P. Martin, *A cycle of Cathay*, p. 222.

119 《万国公法》，同治三年甲子孟冬月（1864.11）镌，京都崇实馆存板，丁韪良序（英文）。参见王文兵：《丁韪良与中国》，97页。

120 [美]吴尔玺（Theodore Dwight Woolsey）著，丁韪良等译：《公法便览》（*Woolsey's International Law*）同文馆聚珍版，光绪三年孟烁（1877），自序。

121 《万国公法》卷一，凡例，1页。

是极其慎重地选择了一本"理足义备，于中外无不裨益"的国际法著作，将其介绍到中国。

作为基督教宣教士，丁韪良选择翻译惠顿的国际法著作，应该还有一个很重要的理由，是因为惠顿相信："文明的进步，根植在基督教之上，它逐渐引导我们在与世界上各国相处时遵守与此相似的法律，不管这些国家信奉什么宗教，也不管他们愿不愿意以同样的方式对待我们。"[122]丁韪良与惠顿一样，相信源自基督教的文明进步对人类具有普世价值。

丁韪良以宣教士的身份翻译《万国公法》，将国际法的著作译介到中国，是因为他深刻意识到了中国政府亟需这方面的知识。丁韪良在《汉学菁华》中曾提及，一系列条约的签订促使中国与西方国家建立起更加紧密的关系，"通过建立永久性使馆来建立相互交往的方式，导致了中国的政治家们把注意力转向了万国公法这个话题。这对于他们来说，是一门新的学问。"[123]"中国的政治家们已经发现了与西方现代国际法相对应的惯用法、词语和概念。而且由于这一事实，他们更加容易接受基督教世界的国际法法典，而这样一部国际法法典将会成为世界上所有国家间和平与正义的纽带，这绝非是一种乌托邦式的幻觉。"[124]

正像丁韪良所预见的，作为清政府中枢的总理衙门，确实已经清醒认识到了自己在国际法知识方面的缺乏，承认"此乃吾所急需者也"。[125]1864 年 8 月 30 日总理衙门的奏折可以佐证：

> 窃查中国语言文字，外国人无不留心学习，其中之尤为狡黠者，更于中国书籍潜心探索，往往辩论事件，援据中国典制律例。臣等因于各该国彼此互相非毁之际，乘间探访，知有《万国律例》一书，然欲径向索取，并托翻译，又恐秘而不宣。适美国公使蒲安臣来言，各国有将大清律例翻出洋字一书，并言外国有通行律例，近日由文士丁韪良译出汉文，可以观览。……其中颇有制服领事官之法，未始不有裨益。[126]

---

122 参见刘禾主编：《世界秩序与文明等级：全球史研究的新路径》，北京：三联书店，2016 年，84 页。

123 丁韪良著、沈弘等译：《汉学菁华》，291 页。

124 丁韪良著、沈弘等译：《汉学菁华》，306 页。

125 丁韪良口授、赵受恒笔述：《花甲忆记》，20 页。

126 《筹办夷务始末》同治朝，卷二十七，25-26 页。

当时清政府在处理中法之间的教案问题时，正迫切需要一部西方的国际法。总理衙门大臣文祥就曾请美国公使蒲安臣推荐一部西方权威的国际法，蒲安臣当时推荐的正是这本惠顿的《国际法》。总税务司赫德是从 1863 年的 7 月开始，在总理衙门的要求下开始翻译惠顿的《国际法》，[127]他在 7 月 14 日的日记中提到，"他们（总理衙门大臣）急于要我把惠顿的国际法至少是其中有些对他们可能有用的部分译成中文"。赫德先后翻译了引言、关于公使馆权利、海事法规中的"补偿"和捕获奖金"等二章。丁韪良翻译完成的《万国公法》能出版并供清政府使用，也得到了赫德的建议和推荐。

1863 年 11 月，在美国公使蒲安臣和总理衙门大臣崇厚的推荐下，丁韪良正式与总理衙门谈及此书，获得文祥、恭亲王奕䜣的肯定，"臣等公同商酌，照给银五百两，言明印成后，呈送三百部到臣衙门，将来通商口岸，各给一部。"[128]并指派了四位高官协助他进行修订，"悉心商酌删润，但易其字，不改其意。"[129]同治朝廷的这一举动，无疑成为晚清现代化进程极有力的推动力，不仅为自身在与西方世界的交往中争取主动，也成为后来清政府法律思想上不断发生变革的肇始，开始了解和遵循国际法的规则。

田涛认为，《万国公法》的出版是与当时西方国家对中国的政策有关。清政府与西方国家之间在第二次鸦片战争之后呈现出一种和好局面，美国的驻华公使蒲安臣积极推行合作政策，"尊重中国主权利益"成为这一时期西方对华的主导政策。而《万国公法》在这一背景下出现，正体现了"西方试图以国际法说教中国，从而使清政府与欧美列强建立起为他们所认可的国际关系，把中国纳入资本主义世界体系的政治意愿。"[130]张用心对此则持完全不同的看法，认为清政府是在外交实践中自然产生了希望了解国际法知识的意图，支持《万国公法》的翻译出版也是主动和自主的行为，全部过程中不存在"受外人的诱导"，或"受外人的胁迫"。因此与其说《万国公法》的翻译出版是西方列强对华政策的产物，倒不如说是清政府自身对外政策的产物。[131]笔者从现有

---

127 赫德著，傅曾仁等译：《步入中国清廷仕途 赫德日记 1854-1863》，[美] 凯瑟琳·布鲁纳（Bruner, Katherine Frost），费正清，理查德·J·司马富编。北京：中国海关出版社；2013 年 1 月，324 页。

128 《筹办夷务始末》同治朝，卷 27，25-26 页。

129 丁韪良著、沈弘等译《花甲忆记》，159 页，W.A.P. Martin, *A cycle of Cathay*, p. 222. 此四位官员是总理衙门章京陈钦、李常华、方濬师、毛鸿图。

130 田涛：晚清国际法输入述论。《天津社会科学》，1999 年第 6 期，99-103 页。

131 张用心：万国公法的几个问题。《北京大学学报》，2005 年，46-48 页。万齐洲在

史料的考察，亦认为丁韪良翻译《万国公法》是个人的行为，同治时期晚清政府的自我觉醒和主动寻求发展出路的主观动机，是《万国公法》得以问世最重要的因素。丁韪良的美好愿望与清政府的主动需求达成契合。

除了《万国公法》，丁韪良还将其他西方知名的国际法学家如吴尔玺（Woolsey）、步伦（Bluntschli）和其他作者的国际法著作翻译成中文，介绍给中国，其目的就是"以供中国的政治家们使用"。[132]丁韪良在京师同文馆任职达 30 年间参与翻译的法学著作有：《万国公法》（Wheaton's *International Law*，1864）；《公法便览》（Woolsey's *International Law*，1877）；《星轺指南》（De Martens's *Guide Diplomatique*，也称《外交指南》，1877）；[133]《公法会通》（Bluntschli's *International Law*，1880）；《陆战法手册》（*Les lois de la guerre sur terre*，1883）；《新加坡律例》（*Penal Code of Straits Settlements*，1898）；《公法新编》（*Elements of International Law*，1899）；《公法千章》（*A Treatise on International Law*，1902）等。[134]

历史学家认为，丁韪良主持京师同文馆期间翻译的这些著作足以给予中国人相当的国际法知识，进而导致一场废除不平等条约运动。[135]也有学者建议要更多重视和深入研究丁韪良这些著作中的法学术语，以填补中国法学中相关领域的学术空白。

三、付诸实施：《万国公法》的应用性

《万国公法》的价值起初是被质疑的，认为它"字句拉杂，非面为讲解，不能明晰"，奕诉也曾一度怀疑丁韪良翻译公法的动机是"一则夸耀外国亦有政令，一则该文士欲效从前利玛窦等，在中国立名。"[136]直到 1864 年，总理衙门引用书中的原理，迫使普鲁士释放在中国海域掳获的丹麦船，恭亲王方

他的研究中也就以上观点进行了论述，参见万齐洲：京师同文馆与《万国公法》研究述评。《惠州学院学报》（社会科学版），2010 年第 4 期，38-41 页。

132 丁韪良著、沈弘等译：《汉学菁华》，291 页。

133 本书原文作者及其书名的由来，可参考傅德元：《星轺指掌》与晚清外交的近代化。北京师范大学学报（社会科学版），2006 年第 6 期，74-75 页。

134 参考何勤华：《传教士与中国近代法学》。法制与社会发展，2004 年第 5 期（总第59 期），99 页。

135 Immanuel C.Y. Hsu, China's *Entrace into the Family of nations: the diplomatic phase, 1858-1880*, Harvard, 1961, p.138. 参考张建华，280 页。

136 [美]史景迁：《改变中国：在中国的西方顾问》，150 页。费正清：《中国对西方的回应》，98 页。

承认："查该外国律例一书，衡以中国制度，原不尽合"，但"其中亦有可采之处"，遂令刊印三百册分拨各省官员。[137]

《万国公法》在中国出版后的第二年，日本开成书局便将它翻译成日文，此后在日本先后翻印了五次，明治维新后成为日本法学的教科书。英国驻日公使巴夏礼（Sir Harry Parkes）将日文版送给丁韪良，并对他的努力予以赞赏。这也为丁韪良在日本的国际法领域奠定了地位，他后来的基本法学译著，如《星轺指南》、《公法便览》、《公法会通》，还有欧洲国际法学会（European Institute of International Law）编写的《陆地战略新选》等，大部分都在日本被翻印。丁韪良也为自己的工作感到满意，认为在当时的国际法领域，还没有什么其他的著作被译成这两个国家的文字。[138]

王铁崖教授认为，清政府对于国际法的接受是半心半意的，而且国际法在中国完全适用的历史是短暂的，国际法并没有发生作用。[139]但从历史上看，国际法在当时的历史条件下确实发挥过它的作用。试举二例略加证明。

在光绪八年（1880）的法越战争期间，总理衙门曾经急召正在度假的丁韪良，询问他："按公法，有敌国士商拘留境内者，何以处之？"丁韪良根据公法指明，"法（国）人如在内地安分不干预战事者，仍当一体保护，勿稍逼难。"清政府听从了丁韪良的意见，按公法处事，结果"各省神父商旅无一人受屈"。[140]赵受恒称"法越之役，翁以公法教我，得以妥护侨寓之法人；庚子乱后，我国几被置于法外，翁曾以公法为我辩，援古证今，以为中华响行。公法之确据甚矣哉！"[141]可见国际法已经开始在清政府的对外政策中发挥作用。

《万国公法》被日本广泛地援引和采用，是在 1874 年日本入侵台湾的交涉论辩中，因为《万国公法》是当时对中国和日本两个国家都产生了巨大影响的国际法专著。1874 年 5-11 月间，《申报》所刊的关于日本入侵台湾的文章

---

137 徐中约《中国进入国际大家庭》，134-135 页。史景迁：《改变中国：在中国的西方顾问》，150 页。

138 丁韪良著、沈弘等译《花甲忆记》，160 页。W.A.P. Martin, *A cycle of Cathay*, p. 235.

139 王铁崖：《中国与国际法——历史与当代》，114 页。

140 丁韪良口授、赵受恒笔述：《花甲忆记》，21 页。

141 丁韪良口授、赵受恒笔述：《花甲忆记》，弁言。此时丁韪良已经 83 岁，故称之为"翁"。

和报道中，多有援引万国公法的言论。[142]前文提到《台湾公案辨略》，丁韪良指责日本统军在论及台湾"生番"时"于万国公法尚未深悉，故有此举"，并以国际公法中的"主权"概念批斥日本，力证"台湾全岛实隶中国版图，岂可以生番为自主之国，或竟视番地为无主之地"，强调"中国疆土，有事应归中国办理"。[143]在具体交涉中，清政府官员也常常援引《万国公法》中的国际法原则来维护主权，在闽浙总督李鹤年给日本讨番统领西乡从道中将的照会中，以及台湾道给李鹤年的禀文中，都大段引用丁韪良所译《万国公法》。[144]而在日本大使大久保利通[145]与总理衙门的交涉论辩中，《万国公法》同样成为了双方的重要依据。[146]作为国际法重要组成部分的国家领土、主权等问题，对于总理衙门和参与谈判的清政府官员，依旧是较为陌生的领域，如1874年9月在有关番地主权问题的辩论时，奕䜣给大久保利通的照会中说："本王大臣未能详悉泰西公法全书精义，不敢据以问难。"文祥也曾表示万国公法不适用中国："至大久保所说万国公法，并无中国在内，不能以此责备中国。"[147]

《万国公法》帮助中国的知识分子建立了国际法的概念和意识，也开始反思十九世纪签订的一系列条约。从十九世纪七十年代到九十年代初，马建忠、王韬、郑观应、薛福成等人开始以国际法为依据，分别对条约中的关税自主权问题、领事裁判权问题以及租界等问题加以分析和阐述，认为应予以修改。曾国藩和李鸿章、薛福成等人也认识到了最惠国条款对中国的危害，不过还没有以国际法对其进行分析。[148]

142 贾益：1874年日军侵台事件中的"番地无主"论与中国人主权观念的变化，95-96页。

143 丁韪良：台湾近事。《中西闻见录》二十三号，同治十三年五月（1874年6月）。

144 这些文献记载在：《巡台退思录》弁言（《台湾文献丛刊021》）、《同治甲戌日兵侵台始末》卷三（《台湾文献丛刊038》）、《甲戌公牍钞存》（《台湾文献丛刊039》、《台海思恸录》台北篇（《台湾文献丛刊040》、《恒春县志》卷十八（《台湾文献丛刊075》）、《左文襄公奏牍》（《台湾文献丛刊088》）、（清）张之洞撰《张文襄公选集》二/附录（《台湾文献丛刊097》）。在这些往来的公牍中，无论是清政府还是日本，都依据《万国公法》而力争自己国家的主权和利益。本套丛书收藏于中国科学院图书馆。本研究中史料来源：http://www.guoxuedashi.com/a21332/

145 大久保利通（1830-1878），日本明治维新的第一政治家，任明治政府内务卿。

146 贾益：1874年日军侵台事件中的"番地无主"论与中国人主权观念的变化，94页。

147 贾益：1874年日军侵台事件中的"番地无主"论与中国人主权观念的变化，96页。

148 张建华：孙中山与不平等条约概念的起始。《中国国际法年刊》（2000-2001），282-283页。

显而易见，在历史上的实际应用中，在处理国家间冲突和交往中，丁韪良所翻译的《万国公法》已经成为了樽俎折冲之利器。正如林学忠所看到的，虽然在初期的对外交涉中，清政府只是视《万国公法》为以夷制夷的工具，但随着对外交涉的频繁以及多次将万国公法应用于实际事务中所带来的成果，《万国公法》已经开始在规范晚清政府的外交行动、以及外交政策的决定过程中起到了指导作用；而遵守"万国公法"的规则，履行条约，成为了清政府维持和平确保主权的方法。[149]丁韪良和《万国公法》的影响和贡献可见一斑。

小结

有学者认为，"万国公法的传入是重新构建中国为新式的'民族国家'（nation-state），从传统帝国一统天下的'朝贡体系'，转为国家主权独立、相互平等对待、进行公平外交的'世界体系'"。[150]正如本论文在第二章曾提到，《中英南京条约》的第一款不仅表明了晚清正式以"国家"的身份与世界发生交往，同时其中所代表的"主权"、"国家"、"人权"、"平等"等，开始让中国的晚清政府接触到了国际法的相关概念，而这正是丁韪良翻译的《万国公法》所带给中国的。《万国公法》改变了中国关于"国家"的概念和固有的传统的"华夷"世界秩序观，国之所以为国乃因其自主，每一个国家都是世界的一个组成部分。《万国公法》阐述了"主权"的概念："治国之上权，谓之主权"，行于内，即为"国法"，依各国之法度；行于外，即"公法"，"本国自主而不听命于他国也，各国平战、交际，皆凭此权。"[151]在国家之间的交往中，应本着尊重国家主权的原则，不分大小，以礼相待，享有平等交往的权利。[152]正是因为有了国际法概念的基础，才有了后来中国与其他国家之间的正常交往，乃至外交。

---

149 林学忠：《从万国公法到公法外交：晚清国际法的传入、诠释与应用》。上海：上海古籍出版社，2009 年，256 页。

150 林学忠：《从万国公法到公法外交：晚清国际法的传入、诠释与应用》。上海：上海古籍出版社，2009 年，3 页。

151 《万国公法》第一卷，第二章"论邦国自治自主之权"之第五节"主权分内外"。

152 何勤华在"《万国公法》与清末国际法"中，也对相关的国际法概念做了充分的研究，可资参考，见《法学研究》，2001 年第 5 期，137-148 页。

四、贡献及评价：《万国公法》的价值与意义

学者在研究鸦片战争和不平等条约的时候，更多固化为"列强对中国的暴力强加"。若学者进一步具体考察各项条约特权形成的过程，感受到的是"震惊和遗憾"，因为"若干权利的丧失，除了外人的勒逼，昏聩无知的中国封建统治者的主动出让也是一种不应忽略的因由。"[153]这种出让应该不是主动的，而是完全的被动，这种被动源于无知，特别是对于国际法的无知导致了战争和不必要的损失，并制肘于人。

《万国公法》在翻译和出版之初，即获得了清政府官员和文人们的接受和称赞。学者对万国公法的作用和贡献，给予积极的肯定。笔者总结《万国公法》之贡献如下：

（1）《万国公法》确立了中国在世界中作为主权国家的地位

总理衙门大臣董恂在其为《万国公法》所作序言中有云："今九州外之国林立矣，不有法以维之，其何以国？"[154]晚清官员已经意识到，国家之存在，在于维之以法，一国内如此，国与国之间更是如此。董恂的评价不仅道出了丁韪良翻译《万国公法》的缘由以及对当时晚清中国的重要性，更被看作是清政府官方对《万国公法》的认识和评价，因为这篇序文曾被呈送同治皇帝过目。[155]总理衙门的大臣们也都认为："臣等查外国律例一书，衡以中国制度，原不尽合，但其中亦间有可采之处……未始不有裨益。"[156]郑观应有云："各国之借以互相维系，安于辑睦者，惟奉万国公法一书耳。……故公法一出，各国皆不敢肆行，实于世道民生，大有裨益。"[157]

国际法事关世道民生，天下辑睦。国际法鼻祖格老修斯曾言，主权国家是国际法理论根基之所在。[158]林学忠在其研究中清楚地看见，"当中国人从国际法中获得自主、平等、独立等国际法概念，理解到国家主权不容侵犯的原则，并期待享有平等主权时，便发觉到在以'文明'为国际法使用基准的国际秩序里，中国仍处于'半文明'或'野蛮'阶段，未能享有完整的国家主

---

153 郭卫东：《转折：以早期中英关系和〈南京条约〉为考察中心》，470 页。

154 丁韪良译《万国公法》，董恂序。

155 田涛：《国际法输入与晚清中国》，55 页。

156 《筹办夷务始末》（同治朝），卷二十七，26 页。

157 东元编：《郑观应集》，上海人民出版社，1982 年版，66 页、175 页。

158 [挪威]鲁纳（Rune Svarveru）著，王笑红译："万民法在中国：国际法的最初汉译，兼及《海国图志》的编纂"。

权。"[159]张燕清肯定了《万国公法》对中国现代社会的形成产生的积极作用："国际法的传入一方面为清政府认识近代国际社会、处理国际关系提供了一些依据，另一方面它所传达的西方文化观念和国际社会规范在一定程度上冲击着变革中的近代中国社会，对近代中国国家主权意识和新式国际观念的形成也不无启示意义。"[160]鸦片战争特别是一系列条约的签订，唤醒了晚清中国的主权国家意识，这也为国际法的引入提供了先决的条件和生根的土壤，而《万国公法》的出版问世，使清政府对于国家主权及国际公法有了更加清楚的概念。

（2）《万国公法》维护了中国在近代外交中的权益

1876 年任首届驻日副使的大臣张斯桂（鲁生）曾为《万国公法》作序，阐明丁韪良翻译此书，"大有裨于中华"，"其望我中华之曲体其情而俯从其议也"，英法俄美四国虽然强大，却是"非生而强也"，地球版图上大小数十国家之所以能存在，靠的就是奉万国律例为著。[161]薛福成认为在国际法面前国家无强弱，公法可以"齐大小强弱之国"，"虽至弱小之国，亦得藉公法以自存。"[162]正因为如此，曾纪泽主张中国在与亚洲诸国交涉中，"常征诸公法以立言"，以公法立言，以公法相待。[163]中国历史上第一位国家派出的驻英使臣郭嵩焘在使英期间，评价国际公法"以信义相先，尤重邦交之谊"，并且"规定严谨，诸大国互相维持，其规模气象实远出列国纷争之上。"[164]在后来中国处理国际事务和争端时，《万国公法》逐渐体现出其"大有裨于中华"之利。

（3）《万国公法》促进了中国近代国际法学的诞生

现代学者普遍认同《万国公法》的价值和地位，尤其肯定了丁韪良在现代中国国际法语词上的贡献。挪威学者鲁纳（Rune Svarveru）认为，国际法领

---

159 林学忠：《从万国公法到公法外交：晚清国际法的传入、诠释与应用》。上海：上海古籍出版社，2009 年，397 页。

160 张燕清：丁韪良与《万国公法》——兼论国际法学东渐之肇始。徐州师范大学学报（哲学社会科学版），2003 年 7 月，第 29 卷第 3 期，71 页。

161 丁韪良译《万国公法》，张斯桂序。

162 薛福成：《薛福成选集》，上海人民出版社 1987 年 9 月版，414 页。参考黄秋硕：试论丁韪良"中国觉醒"观念的形成。

163 曾纪泽：《出使英法俄国日记》，岳麓书社出版 1985 年 11 月版，187 页、225 页。参考黄秋硕：试论丁韪良"中国觉醒"观念的形成。

164 郭嵩焘：《郭嵩焘奏稿》，岳麓书社出版 1983 年版，365 页。参考黄秋硕：《试论丁韪良"中国觉醒"观念的形成》。

域的现代汉语语词之发展肇端于丁韪良，他无疑是建立国际法语词的汉语传统的第一人。[165]何勤华也同样承认《万国公法》对现代国际法概念和术语的贡献，认为这是"首次将近代国际法的基本原则、思想观念以及概念术语带入中国，对中国学术界产生了巨大的启蒙作用，直接促进了清末中国近代国际法学的诞生。"[166]余甬帆认为《万国公法》作为历史上第一部进入中国的西方法学译著，其丰富的法治思想与理念，对当时的中国起到了一定的启蒙作用，促使国人开眼看世界；更是冲击了传统的中国法律观，补充了中华法系，并逐渐促使中华法系走向解体。[167]

（4）《万国公法》提供了以夷制夷的可能

正如鲁纳所看到的，晚清中国要抵制异邦的侵略，最迫切的就是首先需要理解异邦事务，而国际法正是"外国赖以强迫中国开放市场，以及主张与中国政府建立外交关系的权利的原则之所在"。呼吁技术进步的洋务派也预见到了解国际法的迫切需要，可以说国际法为中国知识分子提供了"师夷长技以制夷"的可能。[168]梁启超在《西学书目表》中，赞誉丁韪良是公法专家："中国著译，惟同文馆本，多法家言，丁韪良盖治此学也。"[169]谭嗣同赞《万国公法》"为西人仁至义尽之书，……中国不自变法，以求列于公法，使外人代为变之，则养生送死之权利一操之外人。"[170]积极参与宣教士西学东传的王韬极力主张"欲明洋务，尤在自强"，因为"国强则公法我得而废之，亦得而兴之，国弱则我欲用公法，而公法不为我用。"[171]认为唯有变法自强，公法才能为我所用。可见即使主张维新的洋务派人士，对《万国公法》的认识依旧带有时代的局限性。

---

165 [挪威]鲁纳（Rune Svarveru）著，王笑红译："万民法在中国 国际法的最初汉译，兼及《海国图志》的编纂"。《中外法学》（Peking University Law Journa），2000 年第 3 期，300-310 页。

166 何勤华：《传教士与中国近代法学》。法制与社会发展，2004 年第 5 期（总第 59 期），97 页。

167 余甬帆：《万国公法》的译入对中华法系的影响：补充抑或是瓦解？《宿州教育学院学报》，2007 年第 5 期，33-38 页。

168 [挪威]鲁纳（Rune Svarveru）著，王笑红译："万民法在中国 国际法的最初汉译，兼及《海国图志》的编纂"。

169 参见中国史学会编：《戊戌变法》（一），上海：神州国光社，1953 年版，453 页。

170 蔡尚思、方行主编：《谭嗣同全集》（上），北京：中华书局，1981 年版，225 页。

171 王韬：《弢园文录外编》，卷二，"洋务上"，上海：中华书局，1959 年，33 页。

当丁韪良译完《万国公法》后，却遭到了某些西方人士的反对和指责。丁韪良在回忆录中记述道：法国临时代办克士可士吉听说有人在译此书时说："这个家伙是谁？竟然想让中国人对我们欧洲的国际法了如指掌？杀了他！——掐死他！他会给我们找来无数麻烦的！"[172]这样的人是少数的，大部分西方人，特别是宣教士，他们希望中国能知道与世界交往的规则，避免因无知而造成误解甚至引发战争，以更加正确的方式与世界交往。普鲁斯就认为"翻译此书必有大利，因其将使中国知悉西方各国亦讲道理，武力并非西方人唯一之法律。"[173]从中也可以看出，《万国公法》给中国带来的国际法意识，除了让中国政府增加对世界的了解，认知世界是什么，也在与世界交往的过程当中更加地主动和熟练。《万国公法》开始在中国被广泛地应用。

第三节　宣教士在国际法进入中国过程中的贡献

同丁韪良一样，许多来华宣教士在西法东渐的研究领域里一直在不懈地努力，为中国近代法和法学的萌芽与诞生起到了奠基作用。他们的主要贡献可归纳如下：

（1）向中国人宣传西方的各项法律原则

道光十二年（1832），英国宣教士米怜（W. Milne, 1785-1822）在其著作《大英国人事略说》中，谈到了"法律面前人人平等"的原则和"律师辩护"原则："照英国法律，不分内外人色，其加害于外国人或于英民者，治其罪同为一例，皆准上衙自白其理，亦准给律师为助远客之意。"何勤华认为，米怜此处所使用的中文"律师"一词，在中国历史上是第一次出现。[174]麦都思（W. H. Medhurst, 1796-1857）编写的《地理便童略传》（1819 年），介绍了英国政治制度、司法制度，同时也介绍了美国的形成历史和政治制度方面的特点。[175]郭士

---

172 丁韪良著、沈弘等译：《花甲忆记》，159 页。根据丁韪良的注释：克士可士吉（Cecile Kleczkowski）：法国代办，1861 年进中国海关，为天津海关第一任税务司，其后历任镇江、厦门等口岸的税务司职。

173 *A cycle of Cathay*，p. 234。林治平：《科学与救恩》，260 页。

174 何勤华：《传教士与中国近代法学》，102 页。清末（1906）《大清刑事民事诉讼法》草案中首次提到"律师"。

175 熊月之：《西学东渐与晚清社会》，北京：中国人民大学出版社，2011 年，84 页。麦都思是英国伦敦会最早来华的传教士之一，1835 年抵上海，在马礼逊、米怜之后在马六甲管理伦敦会的印刷馆。

立在《东西洋考每月统记传》上，发表了一系列论文介绍英美法律制度与法学观念，在《大英国统志》（1834 年）中，介绍了英国三权分立的宪政，以及西方的法治原则："据大英国家之法度，人不能治国，止是其法律而已。"[176]裨治文的《美理哥合省国志略》（1838 年）被称作是鸦片战争以前最早以及系统介绍美国的中文著作，包括美国国情以及美国的政治和法律制度，据史学界考证，这是"鸦片战争以前最早介绍美国史地包括法律制度的中文著作"。[177]这本书也被中国士绅视为了解美国的最主要、最可靠的资料，魏源的《海国图志》、徐继畲的《瀛寰志略》及《大地全图》多采用此书做参考。[178]

宣教士还在他们创办的杂志或报纸上向中国推介和传播西方的法律。丁韪良和艾约瑟（Edkins Joseph，1823-1905）创办的《中西闻见录》、傅兰雅主编的《格致汇编》等，都有向中国传播过宪政法学、刑法学、版权法学、婚姻法学、诉讼法学和国际法学等方面的知识。[179]德国宣教士花之安在《万国公报》上连载《自西徂东》[180]长文，其中也涉及到了西方的民主制度、议会制度、总统制度、立法程序、刑罚制度、监狱制度以及新闻出版自由和国际法等内容。[181]

（2）引进和翻译西方的法学著作

1864 年丁韪良翻译出版《万国公法》之后，宣教士在宣教的同时，开始集中翻译、宣传西方国家法学观和法律制度，更多的西方法学著作被介绍到了中国。中国最早的一批西方法学名著，基本都是西方宣教士翻译的。比如傅兰雅，他翻译的西方著作多达 129 种，而在法学领域的主要有：《法律医学》（*Principles of Medical Jurisprudence,* 1881）、《公法总论》（*International Law,* 1894）、《各国交涉公法论》（*Commentaries upon International Law,* 1894）、《邦交公法新论》（*Manual of International Law,* 1901）等。[182]李提摩太翻译的《泰

---

176 熊月之：《西学东渐与晚清社会》，88 页。

177 熊月之：《西学东渐与晚清社会》，117-118 页。

178 熊月之：《西学东渐与晚清社会》，93-94 页。

179 何勤华：《传教士与中国近代法学》，98 页。

180 《自西徂东》：光绪十年（1884）德国传教士花之安（Ernst Faber, 1839-1899）发刊。1898 年初，光绪皇帝曾订阅 129 种西书，其中有 89 种为传教士所主持之广学会所出版的作品，而第一种就是花之安的《自西徂东》。

181 何勤华：《传教士与中国近代法学》，99 页。1900 年八国联军占领北京时，有传教士在皇宫中看到了光绪皇帝所存放的全套《万国公报》，参见熊月之：《西学东渐与晚清社会》，115 页。

182 何勤华：《传教士与中国近代法学》，99 页。

西新史揽要》[183]和林乐知的《中东战纪本末》两书，还曾被作为 1896 年长沙乡试举子的必备读物。[184]

（3）建立法律术语的中文语汇及表述

何文贤特别地注意到，1823 年马礼逊编撰完成的《华英字典》[185]是当时中国仅有的英汉汉英词典，但其中所涉及的法律词汇并不丰富，[186]对于西方宣教士来说，如何把西方法律书籍中的内容，用恰当的、中国人能够明白和接受的语汇呈现出来，困难是可以想象的。傅兰雅曾描述过他们当时翻译的状况："至于馆内（上海江南制造总局翻译馆，笔者注）译书之法，必将所欲译者，西人先熟览胸中而书理已明，则与华士同译，乃以西书之义，逐句读成华语，华士以笔述之。若有难处，则与华士斟酌何法可明。若华士有不明处，则讲明之。译后，华士将初稿改正润色，令合于中国文法。"[187]丁韪良在翻译《万国公法》的过程中，总理衙门也曾"派员校正底稿"，得到"江宁何师孟、通州李大文、大兴张炜、定海曹景荣"的帮助。[188]宣教士以其严谨的治学态度，在传播西方法学领域的概念术语方面，将西方法律术语引入中国、转化为中文的过程中，努力为中国法学的发展贡献起了重要作用。

（4）开办学堂传授国际法知识

丁韪良、傅兰雅、李提摩太、林乐知等宣教士可谓是第一批西法东渐的先驱，他们将西方法学介绍中国，对中国近代法学的萌芽、诞生及发展，具有重要的奠基作用。

丁韪良在同文馆期间，被聘为同文馆的国际法教习，开设了"万国公法"课程，学生在第七年的时候开始学习。为此丁韪良专门回到美国的耶鲁大学

---

183 《泰西新史揽要》二十三卷，附记一卷，初名《泰西近百年来大事记》，上海广学会。光绪二十一年（1895）美华书馆铸铅校印，藏上海图书馆。光绪皇帝曾对此书做过专门研究，何勤华：《传教士与中国近代法学》。101 页。

184 [美]费正清编：《剑桥中国晚清史 1800-1911》（上），北京：中国社会科学出版社，1993 年，649 页。

185 《华英字典》：世界第一部英汉-汉英的对照字典和中国境内最早使用西方活字印刷术排印的书籍。

186 何文贤：《文明的冲突与整合——"同治中兴"时期中外关系重建》，第 230-235、252 页。

187 马祖毅：《中国翻译简史："五四"以前部分》，北京：中国对外翻译出版公司，1998 年，342 页。

188 《万国公法》卷一，凡例，1 页。

学习法学方面的专业知识，并得到当时西方国际法权威吴尔玺（Theodore Dwight Woolsey）的指导。丁韪良后来将其著作 *Introduction to the study of international law* 翻译为《公法便览》[189]介绍到中国。美国宣教士林乐知1881年在上海创办中西书院，该书院在第七年的课程中，也开设了"万国公法"课程。[190]后来中国许多的教会大学，相继开设了法律教育的课程。丁韪良晚年曾接受张之洞的邀请，赴武昌学堂任总教习，"每日专讲公法一门"，同时完成了《公法新编》和《邦交提要》的翻译。[191]

　　宣教士们在中国传播西方法学的活动，促成了中国近代法学的萌芽和诞生，教会学校为中国培养了一批法律方面的人才，例如中国近代第一位法律职业家伍廷芳（1842-1922）。[192]据1917年《留美归国学生人名录》统计，教会大学毕业生在中国担任律师的有三人，其他学校是1人。而到了1931年，据《中国名人录》的统计，教会大学毕业生中担任律师的有16人，而其他大学毕业者为37人。[193]

小结

　　对于宣教士传入的西学，到底是西方文化中的精华还是糟粕？学者们则褒贬不一。持负面观点的学者认为西方宣教士传入的是"在宗教世界观指导下的劣质西学"，认为宣教士是"以基督教和西学为武器，从企图拯救中国人的灵魂发展到改造中国的文化"，因此破坏了中国的文化，他们"对中国社会的衰败化和边缘化负有不可推卸的责任"。[194]但同时他们又不得不承认宣教士们的积极贡献，"传播了对近代中国改革具有示范意义的文化知识、价值观念和制度模式"，对中国社会的影响具有双重性。[195]大部分学者客观肯定宣教士的贡献，认为宣教士传入的确实是西方法学中的精华，比如国际法知识中的

---

189 丁韪良著、沈弘等译：《汉学菁华》，326页。沈弘教授曾提到丁韪良在吴尔玺的指导下完成了一篇有关国际法的博士论文，但在耶鲁大学未找到这篇论文。也未找到丁韪良当时在耶鲁学习的相关记录，有待进一步查找。

190 何勤华：《传教士与中国近代法学》，97页。中西书院后扩展至苏州，1900年改为东吴大学。

191 [美]丁韪良口授、赵受恒笔述：《花甲忆记》，39页。

192 何勤华：《传教士与中国近代法学》，100页。

193 [美]杰西·卢茨著，曾钜生译：《中国教会大学史——1850-1950》。杭州：浙江教育出版社，1987年，473-474页。

194 王立新：《美国传教士与晚清中国现代化》，283-284页。

195 王立新：《美国传教士与晚清中国现代化》，283-284页。

许多观念、原则和制度。[196]宣教士们在宣教的同时将西方先进的思想、知识带入中国，投身晚清的文明进程的推进中，他们以传播福音和传播文化为自己的双重使命，翻译引进了大量西学著作，不仅涉及的学科广泛，涉及的知识在当时的西方国家也是比较先进的、前沿的。

如果说晚清政府与西方签订的不平等条约，使清朝的官员大臣们看到了自身缺乏对世界的认识和理解，丁韪良翻译的《万国公法》，不仅将国际法意识带入中国，同时也帮助中国理解世界是什么，让开眼看世界的晚清中国，开始脚步稳健地走向世界。

---

196 何勤华：《传教士与中国近代法学》，107 页。

第四章　西学东渐：丁韪良与
京师同文馆

学究三才圣者徒，识赅万有为通儒，闻君兼择中西术，双取骊
龙颔下珠。

——曾纪泽·中西合璧诗一章奉赠丁冠西先生[1]

1910 年（宣统二年），恰值丁韪良来华花甲一周，慨然追忆当年，"因闻
中国奉教驰禁，广开通商，拟携书来华传道设学也，然吾之东来，安能预知
国朝立同文馆、设大学堂，先后请吾充总教习，至三十年之久哉？噫！此乃
上天秘旨！"[2]

十六世纪天主教传教士利玛窦来华，开"西学东渐"之先河，将西方科
技如数学、物理学、地理学、机械学、水文力学、乃至音乐等介绍到中国；汤
若望、南怀仁等传教士运用当时西方最先进的伽利略天文学帮助中国改进历
法，并将当时最新式的西方铸炮技术介绍到中国，同时他们也成为西书中译、
中书西译的文化传播媒介。[3]明末清初的耶稣会传教士不仅对中国文化的发展
作出贡献，也推动了在中国上层社会中的传教工作。

十九世纪丁韪良等一大批新教宣教士，继续为西学在中国的传播和普及
作出努力。赵受恒曾高度赞赏丁韪良在西学东渐上的贡献："东方之新学先得
之于翁者居多也，如《格物》、《性学》、《天道溯原》诸书，皆为后学所推重。

1　W.A.P. Martin, *A cycle of Cathay*, p.365. 此为曾纪泽 1877 年赠丁韪良之扇面题词。
2　丁韪良口授、赵受恒笔述：《花甲忆记》，序。
3　李恩涵著：《近代中国外交史事新研》，44 页。

而公法四种，华国君民获益尤深。"并称赞他的品学，"不独冠于泰西，而且冠于亚东。"[4]

1849 年，22 岁的丁韪良带着希腊文、修辞学、电学、光学造诣以及加尔文教义的渊博知识，远赴中国。[5]1863 年他决定移居北京时，盼望在"大清帝国的神经中枢"及"一切影响力的来源"的北京推广教务，[6]并准备在北京"建立一所学堂来培养传教士、医生和工程师。"[7]在丁韪良看来，根植于基督教的西方科学与基督教信仰是密不可分的，传播信仰和传播西学也是相辅相成的，宣教和教育成为他生命中的两个重要组成部分。

中国的新式学校制度肇端于同治中兴初年。同治元年（1862）八月总理衙门奏设京师同文馆，此举被视为西学教育亦即新式教育在中国的开端。美国史学家史景迁曾经说过："在中国，外国人想碰教育领域尤其难。对中国人而言，教育是维系社会和谐与政治稳定的关键：两千年来，年轻学子涵泳于儒家四书五经之中……若是引入新的学科如西方的哲学、语言或自然科学，不啻是动摇国本。"[8]而此时从宁波移居北京的丁韪良，却恰恰碰了这个"国之根本"——教育，从此开启教育和传道并行的新的生涯。

本章的研究主题是"西学东渐"中的丁韪良与京师同文馆。笔者试图从以下几个方面展开研究和讨论：

1. 通过考察总理衙门的设立和京师同文馆的设立时间，探讨丁韪良在京师同文馆，如何在近代中国开启新式教育。
2. 通过考察丁韪良在京师同文馆的工作，看一位宣教士如何成为教育家及其对近代中国教育、外交、翻译出版等领域发展的贡献。
3. 评价京师同文馆在中国现代化进程中的作用："如何进入世界"。
4. 围绕同治六年京师同文馆的争辩，探讨"文化侵略"问题。
5. 从宣教策略的争论，看教育与宣教的关系。

---

4 丁韪良口授、赵受恒笔述：《花甲忆记》，弁言。

5 Peter Duus: *Science and Salvation in China：The life and work of W.A.P. Martin, 1827-1916*。参考[美]史景迁：《改变中国：在中国的西方顾问》，146 页。

6 林治平：《科学与救恩——丁韪良在华宣教之研究》。收录于《基督教与中国论集》，244 页。

7 丁韪良著、沈弘等译《花甲忆记》，第 160 页。W.A.P. Martin, *A cycle of Cathay*, p.235.

8 [美]史景迁著：《改变中国：在中国的西方顾问》，145 页。

第一节　丁韪良与京师同文馆的新式教育

教育学家认为，清末的学校教育体系，总体上是完备的，有国子监，[9]有宗学和觉罗学[10]的贵胄学校，还有八旗官学[11]，在地方也有大量的私学和书院。但其中最大的问题是文化上因循守旧，沿袭科举制度八股取士，加上科场腐败，导致了晚清封建教育状况的日益空疏落后。[12]所以有智学者如龚自珍，开始提倡"经世致用"，反对空疏无用的"义理之学"。魏源则提倡师夷长技："善师四夷者，能制四夷；不善师四夷者，外夷制之"，而"欲制外夷者，必先悉夷情始；欲悉夷情者，必先立译馆，翻译夷书始。"[13]有识之士开始倡议学习西学，设馆译书，此举推动了中国了解世界、向西方学习的新潮流。

鸦片战争后的存亡绝续之危机中，晚清政府开始躬身自省清末传统教育的废弛和没落，同治元年（1862）八月，清总理各国事务衙门奏设同文馆于北京，此举被视为西学教育亦即新式教育进入中国的开端。从京师同文馆的成立过程来看，西方的外部压力和清朝的内部需求，加上清政府的日渐觉醒，共同催生了京师同文馆的诞生。作为中国近代第一所官办的、却是按照西方教育模式建立起来的新式学堂，同文馆对晚清的外交、教育和学术等方面都产生了极大的影响。

一、决策中枢、执掌外务的总理各国事务衙门

咸丰十一年（1861）总理各国事务衙门（以下简称"总理衙门"）的设立，对咸同之际的中兴以及京师同文馆的成立都具有不可忽视的作用，可以说没有总理衙门，也许历史上就不会有同治中兴和京师同文馆。总理衙门的大臣们承载着晚清中国特别是同治朝的兴衰和走向，在晚清的现代化进程和对外关系中占据举足轻重的地位。

9　国子监，又称太学，始设于顺治元年（1644）学生按资格分为贡生和监生，教学有讲书和自习两种。

10　宗学和觉罗学为宗室和觉罗子弟设立。清皇室以"显祖宣皇帝本支为宗室，伯叔兄弟之支为觉罗"。

11　八旗官学隶属国子监，设于顺治元年（1644），八旗各立一书院。

12　谢长法，彭泽平主编：《中国教育史》，重庆：西南师范大学出版社，2012 年，188-191 页。此书为教育部、财政部高等学校特色专业教材建设——教育学之教材。

13　魏源：《海国图志·议战》。中国近代史上第一部全面系统介绍世界历史地理的巨著，1843 年出版。

鸦片战争之前，清政府并没有专门执掌外交事务的机构，1631 年成立的礼部和 1638 年创设的理藩院，主要负责管理清政府与"藩属国"的朝贡事宜。鸦片战争后，清政府和各国政府的外交事务日益繁多。咸丰十年十二月初三日（1861.1.13），桂良、文祥、奕䜣等大臣上呈《请设总理衙门等事酌拟章程六条折》，奏请设立总理衙门："近年各路军报络绎，外国事务，头绪繁杂，驻京之后，若不悉心经理，专一其事，必致办理延缓，未能悉协机宜"，因此"请设总理各国事务衙门，以专责成也。"咸丰十一年二月初一日（1861.3.11），咸丰皇帝批准"设总理各国事务衙门，以亲郡王、贝勒、军机大臣、内阁大学士、各部院尚书、侍郎等管理"。[14]"总理各国事务衙门"成立，也称"总署"或"译署"，恭亲王奕䜣、大学士桂良、户部左侍郎文祥等成为总理衙门管理大臣。孙之和称："此乃清代外交史、政治制度史、亦为中国近代史上之大事，中国中央政府正式设立专办外交事务之外交机关！总理各国通商事务衙门，是为史无前例之创举。"[15]

总理衙门同时成为清政府最重要的决策机构。据《钦定大清会典》所载，其"掌各国盟约，昭布朝廷德信，凡水陆出入之赋，舟车互市之制，书币聘飨之宜，中外疆域之限，文驿传达之事，民教交涉之端，王大臣率属定议，大事上之，小事则行，每日集公廨以治庶务。"[16]举凡"外交以及与外国有关的财政、军事、教育、矿务、交通等均归其管辖，包括处理对外关系的官方事务、管理海关（以及全部对外贸易）、管理中国和西方合办的新式事业"。海关和同文馆是由总理衙门直接管辖的两个附属机构，而总理衙门以及许多中外合办新政的开支，都是直接由海关税收支付。[17]

二、因需而设、应运而生的京师同文馆

设立京师同文馆，对于晚清政府无疑是难得的创举。就在十几年前，清政府还严律禁止外国人学习汉语，自道光二十四年（1844）《中美望厦条约》和《中法黄埔条约》签订后，禁令才被解除，允许外国人"延请士民人等教习中国语音，缮写中国文字，与各方土语……亦可以教习中国人愿学本国及外

---

14 光绪朝《钦定大清会典示例》卷一千二百二十。亦可参考《同文馆题名录》第一次，56 页。

15 孙子和著：《清代同文馆之研究》，51 页。

16 钦定大清会典》卷一百，光绪戊申（1908）十一月。

17 赫德著，傅曾仁等译：《步入中国清廷仕途 赫德日记 1854-1863》，312 页。

国语者"。而现在，他们决定要开始学习"蛮夷"的语言了，其中一个重要的因素，就是鸦片战争后清政府急需翻译人员。

1858 年 6 月 26 日清政府与英国签订了《中英天津条约》，其中第五十条规定："嗣后英国文书俱用英字书写，暂时仍以汉文配送，俟中国选派学生学习英文，英语熟习，即不用配送汉文。自今以后，遇有文词辩论之处，总以英文作为正义。此次定约，汉、英文书详细校对无讹，亦照此例。"天津条约中这一条款的签订，让清政府感受到了外语人才需要上的压力。

正如本文第二章中曾提及，在条约谈判中，担任翻译的基本是西方的来华宣教士，而清政府的官员及士大夫中，还没有通识英文或其他国家语言的人。同治元年（1862 年）八月，恭亲王奕訢在其《奏为遵议设立学习外国语言文学馆》奏疏中，明确表达了他的忧患，如果没有中国自己的本国人掌握外国语言文字，在与外国的交涉过程中，不仅不能识其性情，悉其底蕴，也无法消除隔膜，更可能受人欺蒙："咸丰十年冬间，臣等于通筹善后章程内，以外国交涉事件，必先识其性情，今语言不通，文字难辨，一切隔膜，安望其能妥协？……臣等伏案沉思，欲悉各国情形，必先谙其语言文字，方不受人欺蒙。各国皆以重资聘请中国人讲解文艺，而中国迄无熟悉外国语言文字之人，恐无以悉其底蕴。"[18]

可以看到经过鸦片战争和条约的签订，促使清政府的官员们对自己的困境有了越来越多的反省和认识，也开始主动地寻求出路和解决，"鸦片战争后，外患日迫，大僚以图强非设学练兵以培植译才将才不可，故京师同文馆与沪粤广方言馆设于同治初元。"[19]设立同文馆，培养自己的翻译人才，正是晚清政府抚躬自省后所采取的行动。

1. 京师同文馆之时间考

关于同文馆于何时设立，孙子和在其所著《清代同文馆之研究》中，[20]就提出了五种不同的说法：咸丰十年，咸丰十一年，同治元年，同治二年，同治六年。后人的论著中也是众说纷纭。根据《钦定大清会典事例》和《筹办夷务始末》中所载资料，本文尝试整理了京师同文馆的设立和发展及至最后并入

18 郑鹤声：八十年来官办编译事业之检讨。选自包遵彭，李定一，吴相湘编纂：《中国近代史论丛第一辑第七册：维新与保守》，18 页。

19 舒新城：《近代中国留学史》。上海：中华书局。民国十六年[1927]，196 页。

20 孙子和：《清代同文馆之研究》。台北：嘉新水泥公司文化基金会，民国六十六年（1977）。

京师大学堂的历程：

（1）咸丰十年（1861），恭亲王等奏请设立同文馆

咸丰十年十二月初三日（1861.1.13），恭亲王奕訢、大学士桂良、户部左侍郎文祥一同"谨悉心参度，统计全局，酌拟章程六条"，第一条为"京师请设立总理各国事务衙门"，第五条提议在总理衙门之下，设立学习外国语言文字学馆，培养"认识外国文字，通解外国言语之人，请饬"。

齐如山在回忆中声称："同文馆乃经曾袭侯纪泽等奏请，于同治元年成立，即附庸于总理各国事务衙门。"[21]但孙子和认为这种说法是不成立的，"同文馆之设立，并非如齐氏所谓由曾纪泽等奏请设立者。"[22]

（2）同年（1861）咸丰帝奏准设立同文馆

"咸丰十年奏准，于八旗子弟中年十三四以下者，挑选入馆，学习外国语言文字。知照俄罗斯文馆，妥议章程"。"考选八旗子弟，与民籍之俊秀者，记名入册，以次传馆"。[23]

（3）咸丰十一年（1861），开始设馆

在总理各国事务衙门成立之初，朝廷就下旨"照内阁理藩院俄罗斯文馆，酌定同文馆章程"。[24]

咸丰十一年，同文馆开始设馆："俄罗斯文馆归并英法美三学，一体办理……英美同文，不设美文之学。"同治元年奏准"每馆额设学生十名"，设四国语言文学馆：同治元年设立英文前馆。同治二年设法文前馆和俄文前馆，同治十年设德文前馆。[25]加上"天文、化学、算学、格致医学"，共八馆。[26]

---

21 齐如山（1875-1962）：《齐如山回忆录》。沈阳：辽宁教育出版社，2005 年，28 页。另见齐如山：《齐如山随笔》，台北：中央文物供应社，民国 42 [1953]，第五页。笔者尚未查找到曾纪泽之奏请设立同文馆的文献。齐如山家兄竺山于二十岁时经李鸿章推荐进入同文馆（28 页），而他本人是在光绪中叶"由翁文恭公同龢交派的"（38 页），二人都没有记录入馆的具体时间。齐如山后"肄业北京同文馆"（编后记，413 页）。

22 孙子和：《清代同文馆之研究》，94 页，注释二〇。

23 光绪朝《钦定大清会典》事例三，卷一千二百二十。

24 光绪朝《钦定大清会典》事例三，卷一千二百二十。明代永乐五年设立的四夷馆，为最早的培养翻译人才的外语学校。原为八馆，后又增添两馆，学习蒙古、西藏、印度、缅甸、暹罗及回教等国家语言。俄罗斯文馆创立于乾隆二十二年（1757 年）。

25 光绪朝《钦定大清会典示例》卷一千二百二十。

26 光绪朝《钦定大清会典》卷一百。另可参见郑鹤声：八十年来官办编译事业之检讨。选自《中国近代史论丛第一辑第七册：维新与保守》，19 页。

（4）同治元年（1862），同文馆开馆

五月十五日（1862.6.11），奕䜣等呈奏《酌拟同文馆章程六条》。御批："依议"。[27]据此，即为同文馆的开馆时间。[28]七月二十五日（1862.8.20），恭亲王奕䜣等呈奏《奏为遵议设立学习外国语言文学馆疏》，推举包尔腾[29]充英文教习，汉人徐树林教习汉文，"即以此学为同文馆"。[30]

《同文馆题名录》英文版中记载，同文馆英文馆开馆于1862年6月，而法文馆和俄文馆开馆于1863年春天，每馆有学生10人。[31]大多数学者都接受了同文馆创立于同治元年（1862）的说法。[32]陈青之也采纳此观点："清廷……于咸丰十一年创立总理各国事务衙门，由王大臣组织，专门办理外交事务。总理衙门于次年——同治元年——奏明皇帝，请在北京开设京师同文馆，造就翻译人才，以当交涉之选。"[33]

（5）同治二年（1863）后，上海广方言馆与广东同文馆相继成立

同治二年（1863）李鸿章奏请添设上海广方言馆疏："中国能通洋语者，仅恃通事。凡关局、军营交涉事务，无非觅雇通事，往来传话……洋务为国家怀远招携之要政，乃以枢纽付之若辈之手，遂至彼己之不知，情伪之莫辨，操纵进退，迄不得其要领"。上海广方言馆与广东同文馆相继成立。

27　宝鋆等修：《筹办夷务始末》同治朝，卷八，29-31页

28　宝鋆等修：《筹办夷务始末》同治朝，卷三二，1-2页；卷三七，30页。

29　包尔腾（John Shaw Burden, 1826-1907），英国圣公会传教士，1853年来华，1861年经英使威妥玛（Thomas Francis Wade, 1818-1895）所荐，出任京师同文馆之第一任英文馆教习，1874-1895年任香港圣公会的维多利亚主教。《同文馆题名录》第一次中，记载"威妥玛推荐英国人包尔腾教习英文，汉人徐树林教习汉文"（57页）。

30　包遵彭，李定一，吴相湘编纂：《中国近代史论丛》第一辑，台湾：正中书局。民国66[1977]。第七册，18页。

31　*Triennial Calendar of The Tungwen College*, Fourth Issue, Peking, 1888, p.5.

32　孙子和在其研究中，归纳总结了台湾地区学者关于同文馆研究的相关文献和著作：丁致聘《中国近七十年来教育纪事》（1936年），郑鹤声《八十年来官办编译事业之检讨》（1944年），齐如山《齐如山随笔》（1953年），毛子水《国立北平大学》（1954年），陈登原《中国文化史》（1956年），吴相湘《晚清宫廷实记》（1957年），黎东方《细说清朝》（1962年），萧一山《清代通史（三）》（1967年），林治平《基督教与中国近代化论丛》（1970年），吴相湘《垂帘听政——慈禧太后传之五》（1871年）。

33　陈青之：《中国教育史》，长春：吉林出版集团股份有限公司，2016年，490页。

（6）光绪二十七年（1902）正式合并于京师大学堂

光绪二十四年（1898年）京师大学堂成立。[34]管学大臣孙家鼐上奏："查同文馆原隶外务部，常年款项在海关船钞项下拨用三成，为数甚巨。"[35]清政府遂于光绪二十七年十二月初五日（1902.1.14）准奏，"所有从前设立之同文馆，毋庸隶外交部，着即归入大学堂，一并责成张百熙管理，务即认真整饬，以副委任。"[36]同文馆于光绪二十七年（1902）正式合并于京师大学堂，裁馆设科，改设为"五国语文专科"，即英、法、俄、德、日五国语言文学专科。"同文馆"从此走入历史。[37]

2."同文馆"之名称考

同治元年七月二十五日（1962.8.20），恭亲王奕訢等呈奏《奏为遵议设立学习外国语言文学馆疏》，接受了英国驻华公使威妥玛（T.F.Wade）的建议，"即以此学为同文馆，是为吾国通习外国语言文字之始，亦即近代学校之滥觞。"郑鹤声认为，因为外交上的需要，初时重在"译才"的培育，故以"同文"命名。

考究"同文馆"之名，熊月之谓"同文馆"始见于《宋史》，原是招待藩属国家贡使的处所，他认为清政府把学习外国语言文字的学校定为同文馆，把英、法等外国语言文字叫做"方言"，不无"唯我天朝独尊"之意。[38]陈旭麓认为"同文"、"方言"之名，虚骄自大之意显然可见，是"拖着根深蒂固传统观念蹒跚而行的进步"。[39]

直隶知州杨廷熙却认为"同文馆"三字系宋代狱名："考宋史，蔡京等当权，残害忠良，排斥正士，有异己者即下同文馆狱。是同文馆之名，非美名也。"因此他认为，"今复袭之，而令翰林、进士五项正途相聚其中，既失考

---

34 光绪 24 年五月二十五日（1898.7.3），京师大学堂正式成立，孙家鼐为总管学大臣。总教习为丁韪良。

35 包遵彭，李定一，吴相湘编纂：《中国近代史论丛》第一辑，台湾：正中书局。民国 66 [1977]。第七册，p.22。

36 《钦定学堂章程·上谕奏折》。参见《中国近代教育史资料汇编——学制演变》，9 页。

37 孙子和：《清代同文馆之研究》，56 页。

38 高时良编：《中国近代教育史资料汇编——洋务运动时期教育》，上海：上海教育出版社，1992，215 页。

39 陈旭麓：《近代中国社会的新陈代谢》。上海：上海社会科学院出版社，2006 年，124 页。

据，而又非嘉予士林之盛举矣。"[40]名义上是反对"同文馆"之名，而实则反对设立同文馆。同治六年，在反对同文馆设立天文馆时，他曾以低阶官员的身份连续三次上书朝廷，成为倭仁最强有力的支持者。

丁韪良将"同文馆"的英文名称定义为"School of Combined Learning"，他清楚地看到，清朝的官员们除了语言文字之外，还需要其他学科的学问。[41] 在丁韪良的心目中，同文馆自始至终都不单单只是一个教授语言的学堂，更是一个传播西学和基督教教义的重要场所。所以在他任总教习之后，对同文馆的课程设置进行了多方位的改革和拓展，将同文馆发展成为名副其实的"School of Combined Learning"。正因为此，同文馆也被看作是"总理衙门提倡西洋文化之总机构，已非狭义之同文以盖其名。"[42]

3. 新式教育之京师同文馆

3.1 学馆设置

咸丰十一年，同文馆开始设馆："俄罗斯文馆归并英法美三学，一体办理……英美同文，不设美文之学。"同治元年奏准"每馆额设学生十名"，设四国语言文学馆：同治元年设立英文前馆。同治二年设法文前馆和俄文前馆，同治十年设德文前馆。[43]加上"天文、化学、算学、格致医学"，共八馆。[44]

很多学者认为京师同文馆和理藩院辖下的四译馆有关，甚至把其中的俄罗斯馆视为是同文馆的前身，[45]其实并不尽然。俄罗斯馆应该是十七世纪末、十八世纪初期设立的，康熙二十八年（1689）《尼布楚条约》、雍正五年（1727）《恰克图条约》签订之后，俄国和清帝国之间的双边关系进入了新的模式，俄罗斯馆成为俄国人学习中文的地方，归内阁理藩院管辖。[46]在同文馆设立之

---

40 杨廷熙同治六年五月廿二日奏。宝鋆等修：《筹办夷务始末》同治朝，卷四十九，13-24 页。

41 丁韪良著、沈弘等译：《花甲忆记》，203 页。W.A.P. Martin, *A Cycle of Cathay or China*, p.301.

42 包遵彭，李定一，吴相湘编纂：《中国近代史论丛》第一辑第七册，18 页。

43 光绪朝《钦定大清会典示例》卷一千二百二十。

44 光绪朝《钦定大清会典》卷一百。另可参见郑鹤声：八十年来官办编译事业之检讨。选自《中国近代史论丛第一辑第七册：维新与保守》，19 页。

45 段怀清著：《传教士与晚清口岸文人》，广州：广东人民出版社，2007，199 页。

46 另有一俄罗斯教习馆，归国子监管辖，专为俄罗斯来华子弟而设，学习国书，为通译之用。

前，俄罗斯馆有助教二员、副教习三人，但其中只有一人"尚稍略通文艺"，而十几位学生也是"并不熟悉俄文"。大学士贾祯认为其原因应归结于"实因无精熟俄国语言文字之人为之传习，尚非有心荒废。"[47]在丁韪良的《同文馆记》中，也有记载当时并入同文馆的俄罗斯馆是名存实亡的。[48]将理藩院辖下之俄罗斯馆视为同文馆的前身这一说法似乎并不准确。

同治五年十一月初五日（1866.12.11），恭亲王奕訢在其奏疏中请奏，在京师同文馆内添设天文、算学馆，"招取满汉五品以下京外各官，延聘西人教习，以为自强之计。"[49]同年十二月二十三日（1867.1.28），奕訢等要求朝廷明发谕旨，"请翰林院、庶吉士等官入同文馆学习天文、算学，并推广招收进士出身之五品以下京外各官"。徐继畬也提倡"兼容并包，智周无外"，奏请推广招考翰林、进士等入同文馆天文算学馆学习西学。同治十年（1871），朝廷奏准"添设天文、化学、算学、格致、医学各馆以及德文前馆"。[50]自此，同文馆增授自然科学课程，并首设医学和生理学讲座，学生达百人。[51]

因同治六年五月天文算学馆的成立，在《同文馆题名录》（1888）的英文版中，称此前的为旧同文馆或语言学校（The Old Tungwen Kuan or School of Languages），此后为新同文馆或北京学院（The New Tungwen Kuan or Peking College）。丁韪良在国外刊物上发表文章时，也曾署名"the President of Peking College"。

随着同文馆的不断发展，光绪八年（1882）出现了预备馆（Preparation Department）和科学馆（Scientific Department），学生在预备馆学习三年后进入科学馆。[52]光绪十四年（1888）添设格物馆，概因"察格物一门为新学之至要，富国强兵无不资之以著成效。"[53]

---

47 贾祯"同治元年七月二十五日（1862年8月20日）奏疏"。见《筹办夷务始末》，同治朝，卷八，35-36页。

48 丁韪良著：《同文馆记》，傅任敢译。见孙子和著：《清代同文馆之研究》，55页。

49 《筹办夷务始末》同治朝，卷四十六，43-48页。

50 光绪朝《钦定大清会典示例》卷一千二百二十。

51 中国第二历史档案馆和中国社会科学院近代史研究院合编：《中国海关密档：赫德-金登干函电汇编（1874-1907）》，北京：中华书局，1990年，附录一，676页。

52 Biggerstaff, Knight：*The earliest modern government schools in China*，Cornell University Press Ithaca NY 1961.

53 《同文馆题名录》，第5次，94页。

3.2 同文馆之管理及教习设置

从《同文馆题名录》中可以看出，同文馆作为清政府的官方学校，在馆政和教习管理上，已经具有现代学校的管理模式。馆政中设有总管大臣、监察官和提调。

（1）管理大臣：《同文馆题名录》中称之为"总管大臣"，即总理衙门大臣，[54] "于本衙门大臣内特简，无定员，掌通五大洲之学，以佐朝廷一声教。" [55]虽然总理衙门大臣掌管对外事务繁多，但依旧掌管着同文馆的决策和大政方针制定，以及参与接待新生、出题、监考、阅卷、巡视等非常具体的事务。[56]

（2）管学大臣。同治五年（1866）皇帝曾钦准"简派管理同文馆大臣一员"，[57]即"管学大臣"。直到同治六年，奕䜣等因担心有大臣疑心同文馆"专以洋人为师"，再次呈奏请设"群情宗仰之一人"任管学大臣，因徐继畬[58] "老成望众，品学兼优，足为士林矜式"，"请旨饬派徐继畬作为总管同文馆事务大臣，以专稽查而资表率"。[59]徐继畬出任首任总管同文馆事务大臣。其后曾纪泽、徐用仪、[60]张荫桓、翁同龢、崇礼、袁昶等人也曾先后担任过同文馆的管学大臣。[61]

---

54 即总理衙门八位大臣：和硕恭亲王奕䜣，宝中堂，沈中堂，尚书景，尚书董，总宪崇，侍郎王，正卿夏。

55 光绪朝《钦定大清会典》卷一百，"总理各国事务衙门"之"司务厅"。

56 张美平：京师同文馆教学管理系统研究。《浙江外国语学院学报》，2016年1月第1期，44-51页。

57 光绪朝《钦定大清会典示例》卷一千二百二十。北京大学图书馆：书同文古籍数据库《清会典》。

58 徐继畬，字松龛，山西五台人，道光六年（1826年）丙申进士，同治四年十月（1865年11月）任总理衙门大臣。同治六年正月二十一日（1867.2.25）奉旨出任同文馆首任管学大臣，同治八年二月初三日（1869.3.15）以老病乞休。参孙子和：《清代同文馆之研究》，126页。

59 《请饬派徐继畬为总管同文馆事务大臣折》，同治六年正月二十一日，《筹办夷务始末》同治卷四十七，7-8页。

60 光绪朝《钦定大清会典示例》卷一千二百二十。"光绪十五年（1889），简派管理同文馆大臣二员"，即户部右侍郎曾纪泽，兵部左侍郎徐用仪。至此，管学大臣一职已经悬缺二十年之久，而此时正值同文馆"交涉事宜较前倍多，翻译言语文字最关紧要"之时（总理衙门光绪十五年二月二十九日奏疏）。

61 曾纪泽（1839-1890）：湖南湘乡人，曾国藩长子，字劼刚，号梦瞻。光绪年间曾担任清政府驻英、法、俄国大使，十二年（1886年）开始在总理衙门行走，与同文馆教习丁泰西交往甚密，常一起用饭，久谈。光绪十五年任同文馆管学大臣。

（3）监察官。在总理衙门奏疏、上谕、或同文馆章程中，没有提及"监察官"一职。从《同文馆题名录》中可查，自光绪五年（1879）第一次《同文馆题名录》之"馆政"（Superintendence）中，在总管大臣（Board of Regents）之后，就是：监察官，布政使衔总税务司赫德（Inspector Ex-officio, Robert Hart, Inspector General of Cunstoms）。[62]监察官一职一直由海关总税务司赫德担任，对同文馆负有监督之责，并参与馆务的管理。其职权包括同文馆经费的支应稽核、洋教习（包括总教习在内）的任免迁调、采购器材设备等。[63]可见作为监察官的赫德在同文馆的管理上握有决定权。

赫德（Sir Robert Hart，1835-1911），咸丰四年（1854）来华，初任英国领事馆翻译，咸丰九年（1859）开始供职清政府海关。同治二年（1863），作为清帝国外籍官员中唯一通晓汉语和商业事务的人，28岁的赫德正式出任海关总税务司，直到光绪二十四年（1908），执掌中国海关总署长达45年。美国记者 Albert Porter 曾称赞他和丁韪良是"当今中国最非凡的两位外国人"。[64]清政府在赫德病逝后发旨褒扬赫德在中国的一生：

> 丙申。谕内阁。总税务司赫德，于咸丰年间来华，由粤海关副税务司，洊升总税务司。迭受先朝恩遇，历赏按察使衔、布政使衔、花翎头品顶戴、并双龙二等第一宝星、三代正一品封典、太子少保衔。前因病请假回国，复赏加尚书衔。该总税务司供职中国，所有通商各口设关征税事宜，均由其经手创办，以及办理船厂、设同文馆、赴各国赛会、设立邮政、经始规画、悉臻妥协。遇有交涉，时备咨询。在中国宣力五十余年，深资赞助。……遽闻溘逝，轸惜殊深，加恩着赏加太子太保衔，伊子赫承先，著赏换双龙二等第三宝星。以示优异。[65]

美国著名学者费正清评价赫德是"总理衙门的外籍总顾问，常对政府决策产生一定影响"，如1866年斌椿使团出使海外、同文馆添设立天文算学馆等，

其余人的资料可参考孙子和：《清代同文馆之研究》，徐用仪（132 页），翁同龢（134 页），张荫桓（138 页），崇礼（139 页），袁昶（141 页）。

62 《同文馆题名录》第一次，中文版第 1 页。第四次所列为："监察官，头品顶戴布政使衔，总税务司赫德（Inspector Ex-officio, Sir Robert Hart, K.C.M.G., Inspector General, I.M.Cunstoms"。第五次相同。

63 张美平：京师同文馆教学管理系统研究。《浙江外国语学院学报》，2016 年第 1 期。

64 Albert Porter, *An American Mandarin*, August 24, The Outlook, v.86, 1907, p.884.

65 《清实录》：大清宣统政纪卷之六十。

都是在赫德的推动下实现的，总理衙门非常重视他对外交政策的建议和在外交谈判中的帮助。[66]研究清代海关史、乃至研究清代史，都不能不研究赫德。[67]

　　同文馆虽是设在总理衙门管理之下的教育机构，但实际控制权在海关总署。从收藏在国家第二历史档案馆的清海关赫德档案中，可以发现赫德有权决定同文馆的课程设置、洋教习的聘用和任免调迁，如被丁韪良称为"中国化学之父"的毕利干（化学教习）、华毕乐（法文教习）、欧礼斐（医学教习）、骆三畏（天文教习）等，都是赫德亲自去欧洲聘请来中国的，而他们在同文馆的服务年限都超过了 20 年以上。[68]赫德也参与同文馆的教务，如充当大考的面试官、拟定试题、带领学生查核中外条约以及开展海外语言实践等活动，并负责同文馆所需的教学设备、器材的掌管与购置。从 1888 年《海关职员录》第 14 版起，同文馆被列为海关的教育部，直到 1902 年同文馆归入京师大学堂为止。[69]在中华帝国新关职务一览表（赫德体制）"Official Ranks in the Chinese Imperial Maritime Customs Service（Hart's system）"中，同文馆被列为 Educational Department，总教习 President，教习 professors。[70]正如赫德所说，对于同文馆，他的行动有象他在海关那里一样的权威。

　　丁韪良盛赞赫德是"同文馆之父"，形容二人在同文馆的关系是："赫德供油，丁韪良点灯"。[71]最初丁韪良答应担任同文馆总教习，首要条件就是赫德答应，每年会从海关的税收中拨出一笔经费来支持同文馆的正常运转，[72]是

---

66 Fairbank J K, Liu K-C（eds.），*The Cambridge History of China*（Volume 10, Late Ch'ing, 1800-1911, Part（I）. London: Cambridge University Press, 1978. p.515

67 丁韪良评价海关"是帮助改造中国的首屈一指的代理机构之一。它们为清正廉洁提供了一个客观参照物，表现出在基督教伦理影响下长大的人可以经手大笔的金钱款项却两袖清风"。参考《汉学菁华》，158 页。

68 9 月从英国探亲返回北京，也带回新聘请的五位同文馆教习。其中方根拔在 1870 年 2 月向上海的英国领事法庭控告赫德（因方不愿以天文学教习改授数学，赫德将其免职）。法庭判处赫德付给方根拔赔偿费 1800 英镑。参《中国海关密档：赫德-金登干函电汇编（1874-1907）》，附录一，675 页。

69 参许茵：中国第二历史档案馆藏清海关赫德档案评述。《历史档案》，2007 第 2 期，112-117 页。清海关赫德档案中，可以发现同文馆的课程设置是由赫德决定的，不仅设有语文语言（外语）课程，还增设了自然科学课程。赫德还亲自过问同文馆的教学质量和教习待遇、教习的聘用掌握洋教习的任免调迁，而同文馆所需的教学设备、器材，也由赫德一并掌管与购置。

70 《中国海关密档：赫德-金登干函电汇编（1874-1907）》，710 页。

71 丁韪良著、沈弘等译：《花甲忆记》，198 页。

72 Martin W A P. *A Cycle of Cathay*, p.293.

赫德"一直为同文馆提供稳定的财力支持"。[73]孙子和说："赫德统筹关税，供应国用，对同文馆甚至京外各馆经费之支持，确属功不可没……同文馆之不致夭折，厥赖其乳水（经费）之供应无缺也。"[74]通过赫德掌管的中国海关，同文馆在四十年中似乎没有遭受经费缺乏的困扰，海关关税为同文馆的运行和日常开销提供了强大的经费支持。正是靠着赫德的鼎力维护，使得同文馆"日为世人所重，一星小小的萤火虫竟变成了一座巍峨的灯塔。"[75]

（4）提调、帮提调。同文馆内另设提调（Proctors）二人和帮提调（Assistant Proctors）二人，[76]掌经理训课，及督查学生勤惰之事。朝夕稽查馆事，治其文书；对于总教习及教习的条陈馆务事件，要"达其条议"、对于汉教习则督其训习、制其膏奖；对于学生，负有纪其勤能，纠其游惰；另外对印书处事务则有"典其锓籍"之责。

（5）同文馆总教习。《钦定大清会典》规定："设汉洋教习以分导之，立总教习以合语而董成之。总教习用洋人之兼通洋文洋学及熟中国语言文字者。"[77]同文馆成立之初，并无总教习之设，此一职始于丁韪良。同治八年（1869），经赫德推荐，丁韪良开始担任同文馆总教习，掌管全馆教务。[78]其职责大致包括制定课程计划、督察各馆功课、聘用教习、组织编译教科书、组织招生考试、筹建教学设施以及每隔三年主持编纂反映同文馆办学状况的《同文馆题名录》等。[79]毕乃德（Knight Biggerstaff）特别指出了《同文馆题名录》的重要，因为同治九年（1870 年）之后，几乎没有任何关于同文馆的官方文献，三年一刊的《同文馆题名录》（*Calender of the Tungwen College*）和私人的著作成为了解同文馆的主要资料。[80]同文馆曾先后聘请了丁韪良、傅兰雅、毕利干等 51 位洋教习。洋教习总教习的薪俸由总税务司支送报销。[81]1895 年，丁韪良辞职，欧礼斐接任总教习职位。

---

73 Teng Ssu-yü, Fairbank J K. *China's Response to the West: A Documentary Survey 1839-1923*. Cambridge: Harvard University Press, 1954. p.72.

74 孙子和：《清代同文馆之研究》，146 页。

75 丁韪良：《同文馆记》。高时良编：《中国近代教育史资料汇编——洋务运动时期教育》，141 页。

76 提调于总办章京内派充，帮提调则于管股自身章京内选充。

77 光绪朝《钦定大清会典》卷一百，"总理各国事务衙门"之"司务厅"。

78 W.A.P. Martin, *A Cycle of Cathay*, p. 293.

79 张美平：京师同文馆教学管理系统研究，46 页。

80 Biggerstaff, Knight: *The earliest modern government schools in China*, p.126.

81 Biggerstaff, Knight: *The earliest modern government schools in China*, p.126.

《钦定大清会典》对同文馆的各类教习之职责有详细规定："设汉洋教习以分导之，……汉教习用汉人举人贡生出身者。洋教习用洋人，副教习由高足学生兼充，仍习学生功课。"[82]同文馆先后聘任过54位西人教习，担任外国语言、化学、天文、医学等教习；32名汉人教习，担任中文和算学教习。[83]丁韪良在《同文馆记》中特别提到了副教习："同文馆的学生在外交界及领事署曾经任职一两期，现在尚在候差者，可以入馆复学。他们通常授以副教习名义，负领导一班之责，也有任为正式翻译官的。"[84]由此而知，副教习身份介于教习和学生之间。

3.3 课程及学制设置

同文馆的学制设置，[85]堪称开中国教育之先河，有关学制演变的研究和学说，可以说基本上始自同文馆。从课程的设置上，可以更加直观地了解同文馆新式西学教育的模式、目标和宗旨。

《同文馆题名录》开宗明义："同文馆系为国家培养人才而设"。[86]丁韪良为同文馆设计的课程采用了西方教育体制，"由洋文而及诸学共需八年"，[87]从科目上可以看出，除了学习各国语言之外，也涵盖了西方知识所有的重要学科。

首年：认字写字，浅解辞句，讲解浅书

第二年：讲解浅书，练习文法，翻译条子

第三年：讲各国地图，读各国史略，翻译选编

第四年：数理启蒙，代数学，翻译公文

第五年：讲求格物，几何原本，平三角弧三角，练习译书

第六年：讲求机器，微分积分，航海测算，练习译书

---

82 光绪朝《钦定大清会典》卷一百，"总理各国事务衙门"之"司务厅"。

83 熊月之：《西学东渐与晚清社会》，243页。

84 丁韪良著、傅任敢译：《同文馆记》。227页。

85 关于京师同文馆的学制和课程设置的研究有，章小谦、杜成宪：《中国课程概念从传统到近代的演变》（华东师范大学学报（教育科学版），2005年第4期，65-74页）；夏红卫：《跨文化传播视野下的晚清同文馆》（《北京大学学报》）哲学社会科学版，2007年第6期，135-142页）；索晓晨：《洋务运动时期英语课程研究》（2011年西安外国语大学硕士论文）；张美平：《京师同文馆教学管理系统研究》（《浙江外国语学院学报》，2016年第1期，44-51页）；黄秋硕：《丁韪良论"中国的文艺复兴"》（《福建论坛》（人文社会科学版），2017年第2期，131-138页）。

86 《同文馆题名录》，第一次，51页。

87 《同文馆题名录》，第一次，34页。

第七年：讲求化学，天文测算，万国公法，练习译书

第八年：天文测算，地理精石，富国策

年长者无暇肄及洋文仅藉译本而求诸学者共须五年。[88]

同文馆各科课程的内容被详细地规定和记载在《清会典》中，凡文字，凡天文，凡舆图，凡算学，凡化学，凡格致。[89]从课程设置中可以看到，学生在同文馆的学习是循序渐进，由浅入深的，到了第七年方可以学"万国公法"，可见万国公法的学习在同文馆是备受重视的一门课。第八年需要学习"富国策"，学生需要在学习完成外国语言、天文、化学、算学、格致之后，"学成，则习公法，或富国策，以毕其业"，因为公法及富国策被认为是"裕国之源，明乎其术，唯士为能。故必择颖悟之资、精于格致者习之。"[90]1867年，丁韪良被总理衙门任命为"富国策"与"万国公法"的教习，[91]也正是因为丁韪良的存在和贡献，以至于同文馆被美国人认为是教育中国的青年人学习国际法、海关以及欧洲语言的学校。[92]

丁韪良坚信，培养翻译，光学语言是不够的，翻译往往要涉猎到诸多专业，所以他提倡在学习语言的同时也要学其他的专业。他始终认为，"华人之智巧聪明不在西人以下，举凡推算之学，格致之理，制器尚象之法，沟河摘洛之方，倘能专精务尽得其妙，则中国日强之道在此矣。"[93]因此他对同文馆学生的期望是："成千上万胸怀鸿鹄之志的学子，能像现在他们钻研八股文一样，认真学好现代科学知识。"[94]他希望把同文馆从萤火虫变成灯塔，为此，他在同文馆奉献了自己三十年的光阴。

凭借丁韪良的努力，同文馆成为清末新式法学教育的摇篮。"清末新式法学教育最早可追溯到19世纪60年代清政府设立的京师同文馆时期"，它"将西方近代的国际法作为一个专门科目正式确定下来，并对洋务运动中发展起

---

88 《同文馆题名录》，第四次，43页。

89 《清会典》卷一百。参见高时良编：《中国近代教育史资料汇编——洋务运动时期教育》，87-93页。

90 光绪朝《钦定大清会典》卷一百，"总理各国事务衙门"之"司务厅"。

91 毕乃德：《同文馆考》。参见高时良编《中国近代教育史资料汇编·洋务运动时期教育》，163页。

92 Foster, John W., *An Appreication of Dr. W.A.P. Martin*, p.131.

93 《同文馆题名录》，第一次，61页。

94 W.A.P. Martin, *Competitive Examinations in China*, Hanlin Papers, 1880, p. 69. 译文取自史景迁：《改变中国：在中国的西方顾问》，154页。

来的其他洋务学堂讲求公法学树立了风声"；而同文馆的新式法学教育，"直接催生了近代法学，并不断推动着近代法学研究向深度与广度拓展，逐步促进了近代法学学科体系的建立与完善。"[95]

同文馆设有考试制度：分月考、季考、岁考和大考。月督其课，季试其能，岁考其程，届三年，则大考，"分别等第，奏请奖叙。不列等者，降黜有差"。由总教习"分而校之，合而衡之"。

小结

《中国教育史》对同文馆的"新"做了很好的归纳和总结：（1）同文馆是专门培养洋务外语人才的学校，而不是培养应科举的后备军；（2）同文馆的课程以学习"西文"、"西艺"为主，而不是以学习"儒家经典"、八股文等内容为主；（3）同文馆实行的是分年课程计划和班级授课制，而不是传统的随意课程安排和个别教学制。[96]这就是同文馆——晚清政府官办的新式教育之滥觞。

第二节　丁韪良在京师同文馆的工作

担任同文馆的总教习，是丁韪良在中国新的一个阶段的开始，也使他的宣教士身份备受争议。为了更好地履行作为总教习以及国际法和富国策的教授职责，丁韪良辞去了美北长老会宣教士的职务，此后的丁韪良更像一个教育家，虽然他从未忘记自己宣教士的身份以及传道的使命。称其为教育家并不为过，丁韪良在同文馆的三十年教育生涯和存于史册的贡献足以佐证。长老会也曾如此评价他：多少年来骄傲、排他并且偶像崇拜的中国政府，现在却转求一位 41 岁的外国宣教士，去培养自己国家未来很高职位的年轻人，足以证明中国政府对丁韪良的能力和诚信有绝对的信心。[97]

---

95 徐彪：论清末新式法学教育对中国近代法学的影响。《环球法律评论》，2005 年第 3 期，362-371 页。关于同文馆法学教育的研究，相关研究还有，王健：《中国近代法律教育》，中国政法大学 1999 年博士论文。王彬：浅析我国近代法律教育的课程设置。中国学科教学与课程教材史研究：《纪念《教育史研究》创刊二十周年论文集（4）》，2009 年，第 1080-1083 页。郑颖慧：中国近代法学教育肇兴及反思，《外国法制史研究》，2014 年 8 月刊，246-256 页。

96 谢长法, 彭泽平主编：《中国教育史》，重庆：西南师范大学出版社，2012 年，205 页。

97 Rev. Arthur J. Brown, *Rev. W. A. P. Martin, D. D., of China.* The Missionary review of the world, v.40, 1917, p.198.

一、同文馆总教习：从宣教士到教育家

很多学者也特别关注到丁韪良的这一转折。孙邦华曾经发出疑问：作为宣教士，丁韪良"以基督征服中国为职志，但他寓华数十年却又以办学校、译西书为活动轨迹。办学译书活动与宣教布道究竟有何内在联系？"[98]这一困惑却正是后人了解丁韪良这一段生涯的关键。柯饶富认为有三个理由支持丁韪良的决定：第一，这个职位是丁韪良宣教生涯的延续，他可以影响这个国家的领导思想；第二，丁韪良希望改革中国传统的教育体制，在官办的学校中扩展人文学科的课程是最好的途径；第三，丁韪良认为一个外国人担任官办学校的教师，可以更好地帮助中国的现代化。[99]

丁韪良1869年9月结束休假从美国回到中国，9月5日抵达上海。长老会文件记录了他的行程，并提及他期望开始履行自己在同文馆的教授职责，期望以教育和其他努力致力于中国的启蒙与道德完善。[100]

根据《同文馆题名录》中"教授名录"记载，丁韪良是同治四年（1865）到馆教授英文，[101]同治六年（1867）教授国际法，同治七年（1868）授翻译教习，同治九年（1870）升授总教习。[102]但据《同文馆题名录》英文版记载，1869年夏天同文馆的算学馆成立，秋天丁韪良被任命为同文馆总教习（President），作为学校的总监督，并教导物理学和政治学。[103]

光绪十一年（1885）十一月总理衙门奏疏中提到的又略有不同："查同文馆总教习丁韪良同治四年到馆，同治七年升授总教习之任"。根据《同文馆题名录》的记载，同治七年（1867）应该是聘请丁韪良在同文馆教授《万国公法》的时间，也因为这个聘任，丁韪良决定进一步学习，遂于1868年6月回到美国，在耶鲁大学进修国际法，"1868年，我受聘在一所新办的国立学院同文馆教授国际法，不得不把宣教事宜交给别人，自己回到美国进修，以便为新的工作岗位做准备。"[104]丁韪良在这里把同文馆称为 new government

---

98 孙邦华：简述丁韪良.《史林》，1999年第4期，84页。
99 Ralph Covell, *The Legacy of W.A.P. Martin*, 1993, p.29.
100 *The foreign missionary*. v. 28, June 1869-May 1870, p. 165, 70, 177.
101 英文馆的第一任教习是包尔腾，后任香港主教。第二任是傅兰雅，1865年辞职去上海江南制造局后，经蒲安臣和威妥玛的推荐，总理衙门聘丁韪良为同文馆英文教习。
102 《同文馆题名录》：第一次，第65页，英文版第42-43页。第四次，中文版第88页。
103 《同文馆题名录》：第四次，1888，英文版第37页。
104 丁韪良著、沈弘等译：《花甲忆记》，第164页。W.A.P. Martin, *A Cycle of Cathay*, p.241.

college。直到 1869 年 9 月回到中国。因此在任命、接受、就职的时间上有不同的记录，应该与此有关。

据丁韪良自己的回忆，他是 1869 年 11 月 26 日，在美国代办卫三畏的陪同下到同文馆就职的。[105]过后总理衙门大臣恒祺亲自到美国公使馆，当着美国公使蒲安臣的面，将总理衙门的聘书交给了丁韪良。[106]作为总理衙门，为什么会聘请一个外国人而且是宣教士担任自己官办学校的总教习，一方面是因为当时同文馆存续所面临的严峻状况，另一方面也是因为丁韪良如利玛窦一样是一位"外国专家"，中国政府需要这样的专家来帮助他们实现自己的目的。

丁韪良任职的背景

丁韪良被任命为同文馆总教习，正值同文馆的危难时刻和转折阶段，可谓临危受命。

因同文馆增设天文算学馆一事，同治六年二月十五日（1867.3.20）和三月初八日（4.12），大学士倭仁先后两次上疏，先是要求"废止同文馆取正途学习"，之后更是变本加厉地要求"同文馆以不行为是"，公开主张终止同文馆的运作，并引发了一场废止同文馆的辩论。而其结果，人心为浮言所摇，"衙门遂无复有投考者"。[107]总理衙门在同治六年九月十五日（1867.10.12）的奏疏中道出了当时同文馆所处的困境："臣衙门设立同文馆，原拟选举聪颖之士，精习泰西语言文字，递及布算测量，乃当未经开馆之先，谣诼群兴，为所惑者，不无观望。彼时投考诸人，流品不一，经臣等勉强考试，取录三十人，开馆肄业……其中尚堪造就者，不过数人。"[108]孙子和形容，经此一役，总理衙门的大臣们对同文馆已经心灰意冷，不再寄以浓厚兴趣，意欲予以遣散。端赖海关总税务司赫德致函正在美国进修的丁韪良，"丁氏闻讯，匆匆由美返华，接任总教习之职，惨淡经营，该馆始免夭折之祸。"[109]丁韪良坦言："这所学校能逃过卫道的文人学士们所发动的进攻，已是不小的胜利。"[110]

105 W. A. P. Martin, *A cycle of Cathay*, p.297. 丁韪良著、沈弘等译：《花甲忆记》，199 页。

106 丁韪良著、沈弘等译：《花甲忆记》，第 201 页，W. A. P. Martin, *A cycle of Cathay*, p.207.

107 总理衙门奏疏：同治六年三月十九日（1867 年 4 月 23 日），《筹办夷务始末》同治朝，卷四十八，12-15 页。

108 总理衙门奏疏：同治六年九月十五日（1867 年 10 月 12 日），《筹办夷务始末》同治朝，卷五十，35 页

109 孙子和：《清代同文馆之研究》，157 页。

110 丁韪良著、沈弘等译：《花甲忆记》，313 页。

赫德对丁韪良是寄予厚望的，坚称"假如说谁能办好这个学校，那就是你了。"[111]丁韪良可谓是拯救同文馆于危难之中，并在总教习职位上坚持了二十五年，同文馆从最初的译员学校，发展成为中国全备教育的萌芽（the germ of the expanded institution）[112]，并使同文馆在中国近代教育史上没有因夭折而销声匿迹，反而留下浓重的一笔。毕乃德也提到，"自丁冠西任职以后，馆务即经改组，课程范围渐加扩大，学生人数也有增加，并且学生根底打好之后，立即进而续作高深的研究。"[113]光绪十六年（1890）五月，丁韪良回美国探亲，同文馆师生为他饯行时曾献颂词，称学堂人才辈出，赖总教习分门析类、督课有方。

丁韪良和同文馆其他西方教习的努力和成绩，也得到了清政府的赞许。光绪十三年（1887）军机大臣奏疏："设立同文馆以来迄今二十余年，所有延请外国教习指授学生各国语言文字以及天文、算学、化学、医学等项，冀于洋务有裨。历年以来洋教习等均能始终不懈，各学生等因而日起有功，或随带出洋充作翻译，或升迁外省及调赴沿海各处差委者已不乏人，实属卓有成效。各教习训课之余，兼能翻译各项书籍，勤奋尤为可嘉。"因此"为同文馆洋教习著有成效，择优请奖"，为"同文馆总教习丁韪良请赏给三品衔"。[114]1898年清政府再聘丁韪良为京师大学堂总教习，总理西学并赏二品顶戴。这虽然被学者称为丁韪良"人生之巅峰"[115]，重要的是对丁韪良在近代中国教育史上的地位和影响力的肯定，学术上"学贯中西，能见其大"，努力传播新学"吸望中国振兴"。《教务杂志》发文称这是最适合丁韪良的冠冕，"50年来他以值得尊敬的生命和卓越的才华致力于中国人民的福祉。"[116]

---

111 W.A.P. Martin, *A Cycle of Cathay*, p.294，丁韪良著、沈弘等译：《花甲忆记》，199页。

112 丁韪良著、沈弘等译：《花甲忆记》，第203页。W.A.P. Martin, *A Cycle of Cathay*, p.301.

113 毕乃德：《同文馆考》。参见高时良编《中国近代教育史资料汇编·洋务运动时期教育》，163页。

114 《同文馆题名录》第5次，66页；第四次，72页。《清德宗景皇帝实录》卷二一九，光绪十一年十一月。

115 王文兵：《丁韪良与中国》，285页。

116 "New China and Its Leader". *The Chinese Recorder*, Vol. XXIX, No.9, September 1898, p. 417.

二、不忘初心：执着于教育的宣教士

　　每一个来到中国的宣教士，传播福音始终是他们最重要的使命和目标。十六世纪来华的天主教传教士，他们希望通过传播西学吸引中国人，使他们能接触到福音。鸦片战争之后的新教宣教士，希望通过自己的努力，把西学纳入中国教育，通过改变中国人的教育现状，使福音能够更广泛地传开。丁韪良坚持认为，普及教育是为中国人接受基督教预备良好的环境背景，宣教士应当重视中国传统文化的影响："从更长远的眼光看待传教事业，唯有先破除中国人的迷信心理，才可能开启传播基督福音的坦途。"[117]他的这种观点是深受马丁·路德宗教改革思想的影响。

　　段怀清对丁韪良同文馆生涯的评论，代表了相当一部分学者包括教会人士对他的看法："作为一个传教士，丁韪良在晚清中国最有影响的工作却与传教布道并没有直接的关系——尽管他的身份依然是一个传教布道者，但他所宣、所教并非是基督教，而是西方近代自然科技知识；他的目的也已不是基督教化中国，而是文明化或近代化中国。更有甚者，在离开江南地区、尤其是浙江的传教工作之后，他在北京的主要工作不仅充满了世俗色彩，而且也与宗教信仰多有矛盾冲突——他所从事的，是一个自然科技知识教育者和翻译者的工作。"[118]段怀清还特别注意指出，丁韪良在从宣教士到教育家的世俗身份的转变上，并没有剧烈的内在冲突。

　　1869 年 9 月 13 日，就在丁韪良回到中国准备接受同文馆总教习的时候，在他写给长老会的信中，对福音依旧充满希望："我看到的回报鼓励了我。本土教会的成长充满了应许。一份新的统计表格，教会会员总数已接近 6000 人，比我刚到中国的时候增加了 20 倍。"[119]在丁韪良看来，同文馆总教习的身份并不与宗教信仰、或者他的宣教士身份有矛盾和冲突，教育一直是丁韪良最大的异象，而且教育是比街头布道效果更大的宣教。在丁韪良的一生中，教育和宣教始终是丁韪良最重要的两个呼召。

---

117 史景迁：《改变中国：在中国的西方顾问》，152 页。丁韪良在《中国觉醒》中有详细的阐述，见 The Awekening of China, p.196-218.

118 段怀清：《传教士与晚清口岸文人》，广州：广东人民出版社，2007，192 页。

119 Martin to Board, September 13, 1869. *The foreign missionary*. v. 28, June 1869-May 1870, p.197.

1. 宣教和教育：家庭影响下的梦想

幼时成长的家庭使宣教和教育成为丁韪良一生的梦想。前文提到丁韪良出生在一个充满宗教热忱和拓荒精神的牧师家庭。丁韪良的父亲 William Wilson Martin 是一位受旧式教育的长老会牧师，受信仰复兴精神的影响，举家迁往印第安纳州开荒布道。父亲深知熟练的希腊文和拉丁文对一个牧师的重要性，也坚信受过教育的基督徒才是最有用的人，因此他特别关注儿女们的语文训练及教育问题。他曾设立一所学校，专门教导自己的和邻居的孩子们学习修辞、逻辑、基本数学及圣经，这个学校后来发展成为一所专门培训宣教士的学校。幼时的丁韪良和他的哥哥一起，就是在这样的环境中接受古典派的严格训练，他的语言才能也对他后来在中国的宣教工作大有裨益。[120]而父亲最大的愿望是他的儿子能成为宣教士，所以以宣教士的名字为丁韪良起名为 William Alexander Parsons，丁韪良的姐姐 Marth Venable 是 1834 年第一批被差派到南非的宣教士，哥哥孟丁元（Samuel Nevel Martin）也是长老会的宣教士，1850 年与丁韪良一道来到中国宁波宣教。

1841 年丁韪良在大学期间，受到印第安纳大学校长 Dr. Andrew Wylie 苏格兰通识哲学（Scotish Philosophy pf Common Sense）教育的影响，使丁韪良学习到如何用科学去支持信仰的方法。1846 年丁韪良选择进入新奥尔巴尼神学院（Presbyterian Theological Seminary at New Albany）学习，这所学校深受加尔文神学的影响，注重教导学生圣经语言、犹太及基督教历史，培养学生利用圣经维护长老会信条的能力。丁韪良的毕业演讲题目就是《物理科学的运用——作为宣教士的装备》（*The Use of The Physical Sciences as an Equipment of the Missionary*）。[121]林治平评价丁韪良：一个加尔文派的信徒，具有强烈的责任感，重理性，不顾及宗教教条的细微末节，喜欢科学研究的工作方法。[122]

丁韪良从印第安纳大学即将毕业时，就对从事教育工作饶有兴趣，并在一所学校开始教书。因为父亲期望他能成为一名宣教士或牧师，所以他放弃

---

120 参考林治平：《科学与救恩——丁韪良在华宣教之研究》。《基督教与中国论集》，台北：宇宙光传播中心出版社，民国 82 年（1993 年），237 页。

121 参考林治平：《科学与救恩——丁韪良在华宣教之研究》。《基督教与中国论集》，239 页。

122 参考林治平：《科学与救恩——丁韪良在华宣教之研究》。《基督教与中国论集》，239 页。

了教育的工作去读神学，最终成为了一名长老会的宣教士来到中国。但他始终热爱教育，宣教和教育成为他一生中两个最重要的工作。

2. 设学传教：改变晚清文明现状

晚清中国的教育和文明现状激发丁韪良以设学传教改变中国的落后和无知。丁韪良来到中国的第一幕是："当我们上岸时（广州），有一大群人围着我们喊："番鬼，番鬼！杀头，杀头！"我当时心里想："这就是中国人喜欢夸耀的文明？难道我们离乡背井就是为了这样一些人？"[123]丁韪良目睹了中国文化蒙昧的一面：女子缠足，杀女婴、乞讨，民间迷信，吸食鸦片等。他认为妇女们并不愚笨，只是无知："无知的妇女使中国变成了佛教国家，难道受过教育的妇女就不能把它变成基督教国家吗？"[124]看到鸦片对中国人的侵害，他认为"抽鸦片对于中国人来说是一个不折不扣的诅咒"，而"要阻止它增长的最美好愿望，就在于基督教影响的不断扩大。"[125]他深信教育能改变中国人对基督教的态度，从而改变中国人的落后文化。正如中国古语有云："义之大者，莫大于利人，利人莫大于教"（《吕氏春秋·尊师》）。

在1858年参加条约谈判的过程中，丁韪良更加感受到晚清中国对人才的迫切需要，所以当总理衙门邀请他在同文馆担任英文教习、为中国培养自己的翻译人员时，他没有拒绝。当丁韪良出任同文馆总教习时，他对同文馆的定位是："训练青年学生，以便毕业后能出任公职，尤其是参加国际交涉的政府代表。"在这一点上可以说他和总理衙门奏请设立同文馆的出发点不谋而合。丁韪良也感受到了总理衙门的觉醒和决心："他们在三处开放的港口（注：北京，上海，广州）设立学堂，以学习西方的语言与科学……可以说，这些学堂设立于各重要的前哨战"，而设在京师的同文馆不仅介绍了西方的科学，而且已经派出使节团与西方各国缔交。[126]

丁韪良深深意识到，晚清的中国知识分子，文学上他们是成人，而在科学方面，他们却仍然如孩童。当他把电报介绍给总理衙门的大臣时，其中的一位翰林表示出了对这种"文明"的轻篾："中国虽然四千年以来并未有过电

---

123 丁韪良著、沈弘等译：《花甲忆记》，7 页。

124 丁韪良著、沈弘等译：《花甲忆记》，70，49，51 页。

125 丁韪良著、沈弘等译：《花甲忆记》，53-56 页。

126 丁韪良：《中国文艺复兴》（1868 年）。收录于刘伯骥：《丁韪良遗著选粹》，155 页。

报，但却仍是泱泱大国。"[127]但中兴的同治政府和大臣们励精图治、维新自强的决心，也让丁韪良看到了希望：

> 所有的改革都与新式教育息息相关，中国已无回头的余地了。学校教育（schoolmaster）透过铁路、电报、报纸之辅助，得以消弭偏远地区的闭塞顿滞之气，为他们拓展更宽广的天地，启迪他们更高的思想境界。中国人受正确的科学和真正的宗教的激励，不出几个世代，便能跻身世界强国之林。[128]

丁韪良的远见更像一个"跨越时代的预言"，到了一百多年后的今天，变成了现实。

3. 北京：更具影响力的宣教场所

经过在宁波十年的宣教士生涯的经验，丁韪良对于在中国宣教，提出了自己的宣教战略，即建立一所以文学、神学、科学、医学来培训中国基督徒的高等学校。丁韪良称"这一学校将是中国福音先锋部队的潜在训练营"。[129]他向长老会提出了自己的方案，但因种种原因未能如愿。

天津条约谈判后，丁韪良将目光转向了北方。他希望到北京宣教的主要目的，除了天气和身体的原因，更重要的是他想在北京建立一所教会学校。在赫德的支持下他成立了崇实馆，却并不太成功。蒲安臣（Burlingame）也曾设想用中国赔偿美国人在广州被毁财产的一笔余款来建立一个学院，请丁韪良出任院长。但最终没有拿到这笔款。[130]

选择担任清政府官办的同文馆的总教习，丁韪良自己曾说过，是因为在同文馆工作，可以有机会对清政府的重要人物施加宗教影响，"我之所以留任是因为希望开辟一个比我在北京街头教堂能够发挥广泛得多的影响的场所"，[131]而"考虑到它对这个国家重要人物的影响，拒绝是不明智的。"[132]就像总理大

---

127 丁韪良著、沈弘等译：《花甲忆记》，202 页。

128 W.A.P. Martin, *A Cycle of Cathay*, p. 280。译文参见史景迁：《改变中国：在中国的西方顾问》，174 页。

129 林治平：《科学与救恩——丁韪良在华宣教之研究》，登载于林治平：《基督教与中国论集》，台北：财团法人基督教宇宙光传播中心出版社。民国 82 年（1993 年），252 页。

130 丁韪良著、沈弘等译：《花甲忆记》，第 199 页；W.A.P. Martin, *A Cycle of Cathay,* p. 297.

131 W.A.P. Martin, *A Cycle of Cathay,* p.297-298；沈弘等译：《花甲忆记》，201 页。

132 Martin to Board, Oct. 1, 1867. Ralph Covell, *W.A.P. MARTIN: Pioneer of Progress in China*, p.172.

臣董恂、谭廷襄在挽留他的时候对他讲过的话："谁知道你的学生会不会被招去教皇帝英语呢？"[133]基于这样的考虑，1869 年，丁韪良最终在向长老会递交了辞呈后，出任同文馆总教习，"因为它会获得一个有利的地位，在这个地位上我能在上帝的护佑下，更加有效地推进（基督教）事业"，因此"即使没有报酬，作为一名宣教士也会欣然同意履行这个职责的"。[134]其后的三十年，丁韪良的影响不仅渗透到晚清的高层，通过他的学生和所翻译出版的书籍也渗透到中国的其他众多领域。

4. 丁韪良与总理衙门大臣的关系

天津条约的谈判以及《万国公法》的翻译，使丁韪良的能力被总理衙门的大臣们所认同和接受。丁韪良坦言，当时赫德其实对他出任同文馆的总教习也是半信半疑的，"他信任我的理由之一就是中国当局一直对我青睐有加。在来到北京之前，我就已经结识了总理衙门的三位大臣，其余的大臣，包括恭亲王在内，我因为经常跟他们会晤，所以彼此也很熟悉。"[135]

丁韪良在参加《中美天津条约》谈判担任翻译期间，认识了直隶总督谭廷襄和仓场侍郎崇纶，二人后来都进入到总理衙门任职，这对丁韪良后来在北京的活动非常有利。恭亲王和桂良参加过 1860 年的换约谈判，列卫廉与桂良谈判的时候，就是丁韪良担任翻译。[136]因为丁韪良熟知中国的作家和作品，恭亲王奕诉送其雅号"冠西"。[137]丁韪良还向李鸿章、文祥、崇厚等赠送他自己撰写的《天道溯原》。[138]另一位大臣董恂后来应丁韪良的邀请为其译著《格物入门序》、《化学指南序》、《中西合历表》、《星轺指掌》等作序。作为同治中兴中流砥柱的总理衙门大臣们，当然也希望通过像丁韪良这样的"中国通"

---

133 丁韪良著、沈弘等译：《花甲忆记》, 201 页；W.A.P. Martin, *A Cycle of Cathay*, p.298. 《同文馆题名录》第五次，97 页："光绪十七年十一月初一日本署王大臣面奉谕旨，传翻译官张德彝、沈铎进内备差，每员间日，恭讲英文"。

134 Martin to Board, march 30. 1868. June 10, 1868. Ralph Covell, *W.A.P. MARTIN: Pioneer of Progress in China*, p.171, 157. 王维俭：《丁韪良和京师同文馆》，中山大学学报，1984 年，102 页。

135 W. A. P. Martin, *A cycle of Cathay*, p.294.

136 卫斐列：《卫三畏生平与书信》，164，172，168 页。

137 W. A. P. Martin, *A cycle of Cathay*, p.295. 丁韪良著、沈弘等译：《花甲忆记》，199 页。

138 丁韪良著、沈弘等译：《花甲忆记》，98-99，103 页；王文兵：《丁韪良与中国》，49 页。

宣教士，了解世界并通晓"夷务"。丁韪良凭借自己的才识、见识和努力，成为了清政府所需要的人才，也成为中国现代化进程的参与者和推动者，他和他所带领的同文馆，成为中西文化会通的重要桥梁，帮助近代中国进入世界大家庭。

小结

关于中国学者们对丁韪良以宣教士身份从事自然科技知识的教育和翻译的质疑，王文兵对丁韪良的"传教"加"教育"的解释是："过多地责怪丁韪良传播基督教的不纯动机是非历史的，因为没有这样的一个动机，他很难有如此高的积极性来传播我们所认为的'正确'的'科学'。"[139]从丁韪良一生的轨迹来看，他自身的使命感、良好的教育根底以及他对教育的热情是非常重要的起因，而清政府的中兴需要，为他提供了广阔的空间和最大的可能性。

三、不拘一格：丁韪良对中国教育的贡献和影响

寓华六十余载，除了同文馆期间，丁韪良对中国近代教育的贡献和影响还体现在余下方面，虽不在本研究范围之内，却是本研究极好的补充，因而简略记述，旨在增加对丁韪良教育行为的理解。

宁波话罗马拼音体系

赫德在他的日记中曾提到，在宁波的时候除了缺少学习宁波方言和官话的教师，也缺少"像后来出版的教科书之类的教材，甚至一套公认的罗马拼音体系"。[140]当时宁波话只有口语，无法用文字来表达，也没有任何课本或词汇表来指引学习。

丁韪良到宁波之后首先遇到的问题就是语言，他形容当时的境况是"在深水中拼命挣扎"，无法用语言来表达自己的需求。所以他自创了一套拼音系统，把德语中的元音作为基础，加上其他的变音符号，编制出一套音标，他希望"70岁的老婆婆和目不识丁的仆人与劳工，在接受基督教时都发现这种拼音的方法能使自己张开眼睛，用生来就会的母语阅读上帝的圣经。"[141]在到宁波的第二年（1851年），丁韪良就为此特别组成了一个学社，其宗旨就是确

---

139 王文兵：《丁韪良与中国》，480页。
140 赫德著，傅曾仁等译：《步入中国清廷仕途：赫德日记1854-1863》，49页。
141 丁韪良著、沈弘等译：《花甲忆记》，27-30页。

定一个拼音系统，可以用来把宁波口语写下来的。他请人用单独的角质材料刻了一副罗马字母的活字，以中国的方式刻板印刷识字课本，小孩子学了几天就能阅读。丁韪良寄望于会得到中国的某位皇帝的大力支持，"使得用罗马字母写成的汉语成为公共教育的媒介。"[142]伟烈亚力在《1867 年以前来华基督教传教士列传及著作目录》中，列出了数部丁韪良用宁波方言写作的书籍。[143]这套拼音系统虽然没有成为公共教育的媒介，但以其清晰性和简便性，获得了当时宣教士的赞赏，"完全认同一位本地人已经学会写拼音的事实，并可预见到推广这种拼音方法的重大意义"。[144]

中国语言培训

1862 年丁韪良在第一次休假从美国回到中国的时候，因为上海长老会负责人克陛存（M. C. CuBertson, 1819-1862）的去世，他需要短暂停留在上海代理传教站的相关事务。在此期间，为了培养宣教士的语言能力，以便更好地传道、教学，丁韪良专门编写了一本教材《认字新法常字双千》[145]，并组织长老会的宣教士学习，他深信这本书可以免去宣教士"经年的艰难且或许无用的劳作"。[146]虽是作为语言培训的教材，基本上是按照《圣经》内容来编写的，也将中国文化融入其中。

北京崇实馆（Truth Hall School）

作为宣教士，丁韪良极力呼吁教会应在中国进行科学教育。1862 年他曾写信给美国北长老会教会秘书 Walter Lowrie，建议长老会差会在北方建立新的传教点的同时，建立教会学校（Mission College），开设文学、科学、医学

---

142 丁韪良著、沈弘等译：《花甲忆记》，27-30 页。

143 [英]伟烈亚力（Alexander Wylie）著，倪文君译：《1867 年以前来华基督教传教士列传及著作目录》。桂林：广西师范大学出版社，2011 年，212-214 页。

144 关于宁波方言拼音系统的相关研究可参考，郭红：新教传教士与宁波方言文字事工考，《宗教学研究》，2014 年第 1 期，207-217 页。王东杰：清末官绅推行切音字的努力与成效，《四川大学学报》（哲学社会科学版），2011 年第 4 期，36-55 页。

145 Rev. W.A.P. Martin, *The Analytical Reader: A Short Method for Learning to Read and Write Chinese*, Shanghai: Presbyterian Mission Press, 1863. 丁韪良还编制过一本《双千言》（The Two Thousand Character Classic）.相关研究可参考：邓金叶《丁韪良〈认字新法识字双千〉研究》（重庆师范大学 2016 硕士论文）。

146 W. A. P. Martin, *A cycle of Cathay*, p.20。参见王文兵：《丁韪良与中国》。北京：外语教学与研究出版社，2008 年，第 87 页。Martin to Board, #274, CL. V. Shanghai, Sep. 18, 1862.

和神学等学科。之所以要这样做，是因为丁韪良清楚地意识到，在中国，"文学为人所欣赏，科学正在发展，医疗知识被给予很高评价，因此培养具有这些方面能力的学生是推进教会发展的需要。"[147]

1864 年 5 月 6 日，丁韪良在北京临近总理衙门的地方开办了一所主日学校，即崇实馆，教学内容包括中国经籍教育、科学、医学及外科学，神学。他深切地感受到中国对教育的需要，期望这所学校会成为中国福音先锋部队的潜在训练营。[148]他的办学得到了海关总税务司赫德的赞助，每年从海关罚没款项中拨出 1000 两银子资助他，另外私人捐赠 500 两。丁韪良在崇实馆中用基督教的教义教导学生，引起学生对圣经的兴趣和重视。这段期间丁韪良最大的成就，就是在传道的同时，完成了公法（public law）的第一本教科书，和一套格物学（natural philosophy）教材《格物入门》。[149]

丁韪良看到，中国的科举考试仅仅局限于八股文、伦理和政治范围，化学还停留在炼金术的雏形。两百年前耶稣会传教士虽在数学和天文学方面作出极大的贡献，但却没有涉及到物理学或者力学的概念，因为物理学是从他们那个时代才逐渐形成的。[150]所以丁韪良希望能接续他们未完成的工作，为中国补上这一空白，因为中国"急需此类书籍"。在赫德的请求下，1868 年清政府出资印刷《格物入门》，并刊印了十册专供皇帝阅读的御版（in usum Augusti），"荣幸地摆上了皇帝的案头"。[151]这套书也曾在日本出版。

丁韪良论中国教育及科举

丁韪良对于中国的宣教教育和文化有许多精辟的认识和独到的见解，并

---

147 Martin to Board #4, April 28, 1862. China Letters, Vol 7. 参见邸笑飞：丁韪良早期科学活动及科学辅教观——基于长老会档案的分析。《自然辩证法通讯》，2009 年第 1 期，67 页。

148 林治平：《科学与救恩——丁韪良在华宣教之研究》，237 页。

149 丁冠西（韪良）著：《格物入门》，戊辰仲春月镌，京都同文馆存版。全函共七卷，卷一：水学；卷二：气学；卷三：火学；卷四：电学；卷五：力学；卷六：化学；卷七：算学。三十年后出版了《重增格物入门》，京师大学堂刊行，光绪乙亥（1899）上海美华书馆铅版。全函共七卷，卷一：力学；卷二：水学；卷三：气学；卷四：火学；卷五：电学；卷六：化学；卷七：测算举隅。这两套书在耶鲁大学图书馆均有收藏。

150 丁韪良著、沈弘等译：《花甲忆记》，第 160-161 页。W.A.P. Martin, *A Cycle of Cathay*, p.236.

151 丁韪良著、沈弘等译：《花甲忆记》，第 160-161 页。W.A.P. Martin, *A Cycle of Cathay*, p.236.

经常在国际性的会议上发表论文，让世界了解中国。在丁韪良的《翰林集》第一编中，收录了丁韪良关于论中国教育的四篇文章:《翰林院和国子监》(The Hanlin Yuan and Imperial Academy)、[152]《中国的科举考试》(Competitive Examinations in China)、[153]《中国的教育》(Education in China)、以及《中国一所古老的大学》(An Old University in China)。这些论著后来被收录在《汉学菁华》的第四卷:《中国的教育》。[154]

在《中国的文艺复兴》[155]中，丁韪良对中国的科举制度极为推崇，称之为"文学竞争之卓越制度"，并说美国人不久应放弃投票箱，而学中国科举。[156]在《中国的觉醒》中，他再次提到科举考试，称之为"类似民主政治的意味"，因其对官员的任用，不是凭着君主或权臣的私意，而是经由考试以考验士子的才能，凭其学识而授以国家的职位，使每一个人均有靠努力而上进的机会。[157]但同时丁韪良也看到了科举缺乏专门的适用性，并建议"稍用西术于科场"，在科举考试中加入科学试题和格致科目。丁韪良也曾向内阁大臣们反复陈述将科学植入科举考试的必要性，认为中国的科举"在维持中国统一和将中国的文明保持在一个像样的水平上所起的作用，超过了任何其他一种事物"。[158]丁韪良的科举观虽有偏颇，但也表现出他对中国文化的宽容和理解。

光绪二十七年（1901.8.1），清廷颁布法令改革考试制度，重点考察政治经济学、宪法法律等西式学科；9月，命令所有学堂都必须教授西方的现代科学，每个省会建立一所大学，并派遣留学生到国外去学习西学。[159]光绪二十九年二月（1903.3）直隶总督袁世凯、两江总督张之洞第一次奏请递减科举："是科举一日不废，即学校一日不能大兴，将士子永远无实在之学问，国家

---

152 丁韪良在1873年10月美国东方学会上的演讲稿，收录于 Journal of the American Oriental Society v.10, 1871-80, p. lxxiii-lxxiv.

153 丁韪良在1869年5月美国东方学会上的演讲，题目为 "On the Comoetitive Examination-System in China", Journal of the American Oriental Society V.9, 1868-69, p. liv-lv. 同一期中丁韪良还发表了另外一篇演讲:《关于中国的早期发明》"On Early Inventions of the Chinese", p. liii.

154 丁韪良著、沈弘等译:《汉学菁华》，185-297页。

155 W.A.P. Martin, *The Renaissance in China*. The New Englaner, Vol. 28, 1869, p.47-68.

156 刘伯骥:《丁韪良遗着选粹》，台北：台湾中华书局，1981年。149页。

157 刘伯骥:《丁韪良遗着选粹》，171页。

158 沈弘等译:《花甲忆记》，215，21页。

159 李提摩太:《李提摩太在华回忆录》，209页。

永远无救时之人才，中国永远不能进入富强，即永远不能争衡于各国。"[160]光绪三十一年（1905.9.2），清政府宣布废除科举制度，中国几千年来封建的私塾制和八股取士的科举制度终于打破了。正是以同文馆为代表的新式学堂教育，以及丁韪良和宣教士们，把近代西方的教育体制和课程内容传到中国，动摇了中国的科举制度。丁韪良提倡"科举加考科学"自功不可没。

小结

丁韪良在同文馆辛勤耕耘三十载。虽然他因接受同文馆总教习而辞去了长老会的宣教士职务，在丁韪良离世以后，美国长老会对同文馆在中国的特殊地位以及丁韪良在其中的影响作了重新的评价，这个评价可能是对丁韪良的同文馆总教习生涯最好的总结。"在这所学校，西学就如清澈的潺潺溪水，流入中国未来政治家的头脑里。……传教士很少愿意离开他们独特的传教工作去接受政府服务，但这个机会被认为是如此的特殊，以至于人们普遍认为他不应该拒绝这个机会。"[161]丁韪良在晚年的演讲中，也依旧坚持自己的观点，"福音这种革新力量的作用，是中国乃至世界唯一的希望。"[162]

丁韪良等宣教士在中国兴办新式教育，对中国的整个近代教育体制影响深远，张百熙曾承认新学对中国发展之重要："古今中外，学术不同，其所以致用之途则一，值智力并争之世，为富强致治之规，朝廷以更新之故而求之人才，以求才之故而本之学校，则不能不节取欧美日本诸邦之成法，以佐我中国二千余年旧制，亦时势使然。"[163]只可惜有如此卓见的管学大臣，却在 1902 年以经费紧张为由，集体辞退了丁韪良等京师大学堂的全体西教习。

四、不问西东：京师同文馆的编译及出版事业

> 西洋教士来华传教，对中国最大贡献，实在于知识之传播，思想之启发，两者表现于兴办教育与译印书籍、发行报刊。自 19 世纪

---

160 舒新城编：《近代中国教育史料》，北京：中国人民大学出版社，2012 年，554 页。亦可见于陈学恂主编：《中国近代教育史教学参考资料》（上），北京：人民教育出版社，1993 年，571 页。

161 Rev. Arthur J. Brown, D.D., LL.D., Rev. W. A. P. Martin, D. D., of China.

162 W.A.P. Martin, *A Trip to Manchuria*. The Chinese Recorder and Missionary Journal, Vol. XXXIX, 1908, p. 56.

163 张百熙：《进呈学堂章程折》，光绪二十八年七月十二日（1902.8.15）。陈学恂主编：《中国近代教育史教学参考资料》（上），北京：人民教育出版社，1993 年，527 页。

以来，凡承西洋教士之直接熏陶与文字启示之中国官绅，多能感悟
领会而酝酿醒觉思想。同时举凡世界地理、万国史志、科学发明、
工艺技术，亦多因西洋教士的介绍而在中国推广。[164]

1582 年，耶稣会传教士利玛窦、汤若望、南怀仁、艾儒略等先后来到中
国，为中国这个古老的农业社会带来了全新的观念、见解、推理方法和物质
文明。中国一部分思想敏锐的知识分子如徐光启、李之藻等纷纷学习引进，
在中国历史上掀起了第一次大翻译运动。[165]西书翻译的重要，正在于可以"开
古今同文之治，养国家戡乱之才"。[166]

清朝的官办编译事业始于同文馆。同文馆设立之初，"虽专在培养翻译人
才，以备当时对外翻译交涉之用……然丁韪良、毕立干等所译西洋政教法制
格致制造之书，亦足以启发新知，而对于文字学之贡献，尤为本期翻译事业
之特色。翻译了一批关于西方科学技术的著作，介绍了第谷（Tycho Brahe）
宇宙体系、天文、数学、力学、地理、几何光学、测绘学、医学、化学、机械
原理、火器技术、建筑技术等。"[167]这也是丁韪良在同文馆任职总教习所取得
的一个非凡成绩，1888 年以前同文馆译著达二十余种[168]，将西方的先进知识
源源不断引入中国。

丁韪良非常重视将西方的"实学"介绍到中国来，同治十年（1874）他
提出了一个译书计划，其中开列六条章程，呈请总理衙门批准在案。[169]他的

---

164 王尔敏：《近代中国与基督教论文集》，台湾宇宙光出版社。1981 年，序言，第 3
　　页。关于近代新教传教士在华的翻译和出版事业的研究，亦可参考：梁工：基督
　　教与明清之际的中西文化交流，《北京图书馆馆刊》1998 年第 3 期，63-69 页。
　　周岩厦、商颖、张光琪：新教传教士与近代中国西学译介的开启，《浙江科技学
　　院学报》2011 年第 5 期，352-357 页。张光琪：传教士与晚清国人世界观嬗变，
　　《吉林广播电视大学学报》2012 年第 4 期，13-16 页。王海、王筱桐：基督教在
　　华传教士报刊的世俗化之争，《国际新闻界》2012 年 4 月，102-106 页。
165 欧志远：《传教士与中国近代科学》。自然辩证法研究，第 3 卷，第 5 期，1987。
　　57-63 页。
166 孙子和著：《清代同文馆之研究》，38 页。
167 郑鹤声：八十年来官办编译事业之检讨。收录于包遵彭，李定一，吴相湘编纂：
　　《中国近代史论丛第一辑第七册：维新与保守》，18 页。
168 郑鹤声：八十年来官办编译事业之检讨。收录于包遵彭，李定一，吴相湘编纂：
　　《中国近代史论丛第一辑第七册：维新与保守》，28 页。
169 中国史学会主编：《中国近代史资料丛刊·洋务运动：二》，上海：上海人民出版
　　社，1961 年，64 页。参考傅德元：《星轺指掌》与晚清外交的近代化，北京师范
　　大学学报（社会科学版），2006 年第 6 期，74 页。

目标是，将"陆续增译各国名家著作，俾中华文人学士虽未通习洋文，亦得窥泰西往来交涉之道，庶几对镜参观，不致为一国议论所囿从"。[170]根据《同文馆题名录》（第五次）所列，同文馆翻译书籍确实硕果颇丰：《万国公法》（总教习丁韪良译）、《格物入门》（总教习丁韪良著）、《化学指南》（化学教习毕利干译）、《法国律例》（化学教习毕利干译）、《星轺指掌》（副教习联芳/庆常译，总教习丁韪良鉴定）、《公法便览》（副教习汪凤藻凤仪等译，总教习丁韪良鉴定）、《英文举隅》（副教习汪凤藻译，总教习丁韪良鉴定）、《富国策》（副教习汪凤藻凤仪等译，总教习丁韪良鉴定）、《俄国史略》（副教习桂荣等译待刊，俄文教习夏千鉴定）、《各国史略》（学生长秀/杨枢等译未完）、《化学阐原》（化学教习毕利干译、副教习承霖助译）、《格物测算》（总教习丁韪良口授，副教习席淦/贵荣/胡玉麟等笔述）、《全体通考》（医学教习德贞译）、戊寅等年《中西合历》（天文教习海灵敦算辑，学生熙璋等译）、《中西合历》（天文教习骆三畏算辑，学生/副教习熙璋等译）、《公法会通》（总教习丁韪良译，副教习联芳、庆常等助译）、《算学课艺》（副教习席淦/贵荣编辑，算学教习李善兰鉴定）、《中国古世公法论略》（总教习丁韪良著，副教习汪凤藻译）、《星学发轫》（副教习熙璋/左庚等译，天文教习骆三畏鉴定）、《新嘉坡刑律》（副教习汪凤藻译待刊，总教习丁韪良鉴定）、《同文津梁》（总教习丁韪良著，待刊）、《汉法字汇》（化学教习毕利干编，1891）、《电理测微》（格物教习欧礼斐口述，纂修官贵荣笔述）、《坤象究原》（副教习文佑译，格物教习欧礼斐鉴定）。[171]另外《同文馆题名录》第一次中，曾提到《体骨考略》（医学教习德贞译，未完）、《公法千章》（总教习丁韪良译，副教习联芳、庆常等助译）（五十三页），但在第四次和第五次中都没有记录这两本书。

谈到同文馆对西方书籍的翻译和出版，丁韪良在晚年回忆到：

> 同文馆最初设立的目标是为了培养口译人才，但从口译转向更高一层的别国文献翻译，以为己用，则是一个自然而又必然的发展步骤。……这些书籍就像是一个杠杆，有了这么一个支点，肯定能

---

170 [美]吴尔玺（Theodore Dwight Woolsey）著、丁韪良等译，《公法便览》（*Introduction of the Study of International Law*），同文馆聚珍版，光绪三年（1877），自序。

171 此处所列书籍均为《同文馆题名录》中所存载。另在其他学者的研究中页提到了这些书籍，如于桂霞：《我国近代普通中小学教材教法研究》，东北师范大学硕士论文（2005）。张路莹：《洋教习与晚清新式学堂的建立》，哈尔滨师范大学硕士论文（2010 年）。

撬动某些东西。假如说科学的创造者是凿了一口自流井的话，那么翻译家不就是在安装输水灌溉的管道吗？[172]

作为现代新式教育楷模的同文馆，其书阁的藏书也是相当丰富。根据各次《同文馆题名录》的记录，光绪五年，汉文经籍等书 300 本，洋文 1547 本，各种功课之书，汉文算学等书 1653 本，洋文 1267 本。到了光绪十四年（1888），汉文经籍等书 300 本，洋文 1700 本，各种功课之书，汉文算学等书一 1000本。至光绪十九年（1893），汉文经籍等书 800 本，洋文 1900 本，汉文算学等书 1000 本。[173]

同文馆的西学著作的翻译也带动了更多的西方宣教士开始翻译各类西方著作，成为西学东渐的一股洪流，并最为维新派重视和赞许。梁启超称"国家欲自强，以多译西书为本；学子欲自立，以多读西书为功"，赞扬同文馆二十余年译书三百种，"择其精要而读之，于世界蓄变之迹，国土迁异之原，可以粗有所闻矣。"[174]这些为士大夫诧为未见的书籍，对他们眼界之扩展和维新思想之启迪作用是不容忽视的。

五、不器之器：京师同文馆与中国近代外交

丁韪良曾说过："同文馆初成立的时候，中国并无外交之可言。它只知道接见藩属国的贡使；除了派人赐封或训导藩属以外，从来没有派人出使过外国的。"同文馆成立之后，随着其教育理念及课程内容设置的改革，"同文馆的历史是与中国最初的外交往返和现在的外交事务都有关系的。"[175]

1. "外交"的定义和发展

诚如丁韪良所言，十九世纪中叶以前，中国可以说除了边界问题与俄国打过交道外，并没有实质意义的外交。在当时，中国以外的国家均为"蛮夷"，

172 丁韪良著、沈弘等译：《花甲忆记》，216 页。

173 第一次《同文馆题名录》，55 页。第四次《同文馆题名录》，61 页。第五次《同文馆题名录》。

174 梁启超：《西学目录表》，收录于中国史学会主编：《中国近代史资料丛刊：戊戌变法（一）》，上海：神州国光社，1953 年，447-448 页。

175 丁韪良：《同文馆记》。引自朱有、高时良主编：《中国近代学制史料》，第一辑上册，163，183，188，189 页。关于同文馆的外交，大多数学者在论及近代中西文化交流时多有涉及，如马树德：洋务运动与中西文化交流，《中国文化研究》2001年春之卷，51-57 页。康菲：简评洋务运动与中西文化交流，《科教文汇（上旬刊）》2008 年 11 月，239 页。

中国以天朝自居，自不与其处于相等地位。临近的藩属国家每年会按常理来京进贡，但不能称之为外交。与外国之间虽然已有贸易往来，但在政治上却是几乎空白。

　　大部分学者普遍认为，欧洲是在经历了三十年战争（1618-1648 年）之后，才有了真正意义上的国家观念和主权观念，从而发展出"外交"。也有学者注意到了另外一个史实，即在中国的春秋战国时期（公元前 770-221 年间），已经存在一个早于西欧体系的"华夏体系"，这个自成体系的"国际社会"的外交体系及其产生的外交思想"具有早熟和惊人的现实性的特征，尤其是人文、社会、国际行为准则等方面。"[176]春秋时期各诸侯国在交往中，以"礼"来规范国家间的往来行为，由此形成其外交思想的主要特点，"用某种公认的价值观念或意识形态来规范当时的国家的行为"。[177]丁韪良对这一时期颇多研究，认为在中国的战国时期，各诸侯国间"各自独立决定和处理自己的内政外交，相互承认并达成了一些明确的共同的国家关系准则"。这个时期也出现了杰出的外交家如张仪、苏秦，他们"合纵、连横战略"与后来之国际法颇多相同。[178]《春秋左传》、《管子》等著作也堪称是中国古代国际关系史的杰作，"其中包含着丰富的外交思想和国际政治理论的素材"。[179]孙子之"上兵伐谋，其次伐交，其次伐兵，其下攻城。"（《孙子兵法·谋攻篇》）虽为用兵之法，亦可视之为国与国之间外交活动的谋略。

　　也有学者发展孔子"礼之用，和为贵"之思想，认为"和合"思想在中国古代外交史上具有重要地位，而"崇和尚合"是中国古代外交思想的基本理念。正如《尚书·尧典》以"协和万邦"作为指导思想协调天下各个诸侯国之间的彼此关系。[180]

　　"外交"一词最早见于中国古文中，意指"人臣私见诸侯"。《谷梁传·隐公元年》："寰内诸侯，非有天子之命，不得出会诸侯；不正其外交，故弗与朝

---

176 叶自成、庞珣：中国春秋战国时期的外交思想流派及其与西方的比较。《世界经济与政治》，2001 年第 12 期，24-29 页。

177 叶自成、庞珣：中国春秋战国时期的外交思想流派及其与西方的比较。《世界经济与政治》，2001 年第 12 期，24-29 页。

178 丁韪良著、沈弘等译：《汉学菁华》。*Diplomacy in Ancient China*, Hanin Papers, Second Series, 1894, p.142-172.

179 叶自成、庞珣：中国春秋战国时期的外交思想流派及其与西方的比较。

180 张立文：《和合学概论——21 世纪文化战略的构想》（上、下卷），北京：首都师范大学出版社，1996 年。

也。"《礼记·郊特牲》："为人臣者无外交，不敢贰君也。"郑玄注："私觐是外交也。"即与外国私相交往、勾结，有"里通外国"之嫌。

　　"外交"，英语的 diplomacy，源自希腊语中的"diploma"，原义是指古希腊的君主或元老院，当他们对外派遣使节的时候，会颁发一个证明身份的"特许证书"。目前有记录可查的，第一个常驻使节是 1455 年米兰公爵派往热纳亚的使节。1796 年，英国学者埃德蒙·伯克（Edmund Burke, 1729-1797）首先使用了 diplomacy 一词，[181]将"外交"广义的定义为："通常是指主权国家通过其官方代表，在遵守国际惯例的基础上，为维护自身的利益，采用约定俗成的和平方式，与其他主权国家或由主权国家组成的国际组织所进行的正式的、官方的交往与沟通，以便有效地处理国家关系、参与国际事务。"基于外交法的基本理论就是："外交活动的根本目的是最大限度地追求国家利益"。所以国际上的外交活动都是围绕着本国的国家利益进行的，而国家利益是外交活动的正当性依据。[182]

　　外交与国际法是分不开的，各国使团的确立也是依靠国际法的原则。格劳秀斯在《战争与和平法》中，从国际法的角度提出了国家主权的思想，以及长驻使节及其制度的确立。近代西方的大使馆制度形成于 1648 年威斯特伐利亚和会之后，外交使团则出现于十七世纪，外交使节的权利、义务与特权在十八世纪时已经基本确立，十九世纪初编为法典，即 1861 年 4 月 18 日的《维也纳外交关系公约》。[183]外交使节享有的权利、特权（Privileges）和豁免（immunities）都已经有了明文的规定。而中国因为闭关自守，对这些国际间关系的发展和规范完全不了解，所以才发生了 1860 年的巴夏礼事件，导致了第二次鸦片战争中最惨痛的一幕。

---

181 金正昆：《外交学》，北京：中国人民大学出版社，2004 年，第 7 页。其他对"外交"的相关研究可参考，王立新：《意识形态与美国外交政策》，北京大学出版社，2007 年。陈慧华：论外交语言中的语用原则，《齐齐哈尔师范高等专科学校学报》2010 年第 6 期，59-60 页。孙赔君：《武汉城市外交研究》，华中师范大学硕士论文（2013）。王立新：《意识形态与美国外交政策》，北京大学出版社，2007 年。

182 于歌：《美国的本质——基督新教支配的国家和外交》。北京：当代中国出版社。2015 年，2 页。

183 [英] J.G.斯塔克著，赵维田译：《国际法导论》（1977 年第八版）。石家庄：法律出版社，1984 年，329 页。

在中国的历史中，顺治十二年（1655），俄国曾两次遣使节来中国，希望两国互市。而当时的清政府将俄国视为与邻近朝贡国同等，在给俄国沙皇的信中有云："尔国远处西北，从未一达中华，今尔诚心向化，遣使贡进方物，朕实嘉之。特赐礼物，即令尔使人赍至，以明朕柔远之至意。尔其钦承，永效忠顺，以世恩宠。"[184]康熙九年（1670）俄国再次遣使，清廷也只是视之为归顺。从此两国边境纷争不息，直至康熙二十七年（1688）《尼布楚合约》的签订，才使两国的东北边境问题得以暂时解决。

咸丰十一年（1861），一系列条约签订之后，各国纷纷在北京设立公使馆。新成立的总理各国事务衙门接管了礼部和理藩院，执掌对外交往事务。经过两次鸦片战争，总理衙门已经清楚意识到，西方国家对中国的"一切情形日臻熟悉，而外国情形，中国未能周知。"于是总理衙门奏请"派员前往各国探其利弊"。[185]在赫德的极力游说下，清政府于同治五年（1866）第一次遣使，派斌椿随赫德前往欧洲，游历英、法、俄、德、瑞典等国，"谒其君相，访其风俗"。同治七年（1868），退任的美国前驻华公使蒲安臣（Anson Burlingame）受清政府聘任，权充办理中外交涉事务使臣，前往美国，双方按平等互惠之精神订续约八条，"为中外订约以来最合理之事"。[186]

同治年间开启的外交活动，为后来的清朝对外关系打下基础。光绪元年（1875），清政府正式下诏遣使驻外，次年（1876）郭嵩焘出使英国，"中国之有驻外使臣，始自郭嵩焘"。[187]

小结

现代的"国家"观念和"主权"观念，对于鸦片战争之前的中国来讲，或许是陌生的。1842年签订了《中英南京条约》，第一款的内容是："嗣后大清大皇帝、大英国君主永存平和，所属华英人民彼此友睦，各住他国者必受该国保佑身家全安。"其实其中已经包含了国家、主权、领土、人权等概念，但无论是咸丰皇帝或是签约谈判的大臣，可能都没有从国际法和外交的层面去认识和理解，而只是作为约束被动的接受。藉由丁韪良翻译的《万国公法》，

---

184 萧一山：《世界通史》（一），华东师范大学出版社，2006年，604页。
185 周利兵：评说总理衙门的作用。《云梦学刊》，2007年12月，42-43页。
186 周利兵：评说总理衙门的作用。《云梦学刊》，2007年12月，670页。
187 彭泽益：《郭嵩焘之出使欧西及其贡献》，收录于包遵彭，李定一，吴相湘编纂：《中国近代史论丛》第一辑第七册，62页。

中国人第一此接触并认知了这些法律的、外交的名词和概念。到了同文馆时代，中国开始使用这些国际法和外交的理念，进行正常的国际间外交，正式走入了国际大家庭。

2. 同文馆学生对近代中国外交事业之贡献

在谈到同文馆与晚清中国的外交时，丁韪良曾感慨，因为同文馆与总管外交事务的总理衙门有着紧密的联系，而同文馆总教习的职位"给了我极好的机会，去观察近三十年来京师的外交进程。"[188]他也非常感谢海关总税务司赫德，"正是他推动一个胆怯和在黑暗中摸索的清政府在外交事务中迈出了最初的步伐；正是他引导总理衙门的大臣们把一个培养译员的同文馆升格到了外交学院的档次。"[189]

丁韪良在《古代中国的外交》中说："外交"可以被定义为国家间进行交往的艺术，这种"国际交往对于中国人来说是一门新的艺术，但却是一门他们能显示出色天才的艺术……先于任何现存国家而创建的一门艺术。"[190]丁韪良认为中国在古代就已经拥有了优秀的外交家如苏秦、张仪，及其卓越的外交战术如"纵横"（合纵连横）。但在后来的古代中国的外交中，由于"中国人与外界的长期隔离和由一位皇帝统治广袤国家的方式，导致了他们蔑视其他国家，在与其他国家发生争执时往往诉诸武力，而非外交。"中国与西方列国发生冲突的主要原因也是没有外交手腕，所以中国需要在"逆境"中重新学习。[191]以上见解充分展现了丁韪良对中国和中国文化的理解和关注，也正因为这份理解和关注，使他更能在一些关乎中国发展的问题上，去帮助中国。

陈康琪在《郎潜纪闻》一书中曾论及，"同文馆者，聘西人为教授，凡中国搢绅至齐民家聪颖子弟，均许投牒赴馆，学习天文、句股、造船、制器诸法。……其尤隽异者，奖以清秩，盖宦途之终南也。"[192]《同文馆题名录》中

---

188 W.A.P. Martin, *A cycle of Cathay*, Perface, p.5.

189 丁韪良著、沈弘等译：《中国觉醒》，158 页。

190 丁韪良著、沈弘等译：《汉学菁华》，307 页。关于丁韪良的著作《汉学精华》的研究，可参考沈弘：读丁韪良的《汉学菁华》，《中华读书报》2008 年 3 月 5 日第 019 版。周国林：日暮乡关何处是——丁韪良《汉学菁华》书后，《教育文化论坛》2012 年第 6 期，7-9 页。何辉：丁韪良《汉学菁华》中的中国，（上）《国际公关》2015 年第 6 期，88-89 页，（下）2016 年第 1 期，90-91 页。

191 丁韪良著、沈弘等译：《汉学菁华》，323 页。

192 [清]陈康祺：《郎潜纪闻初笔 二笔 三笔》，北京：中华书局，1984 年。

也记载，同文馆毕业生的主要工作就是译书，在总署充当翻译，课业较精者选派随使出洋，择优奏保官职。[193]同文馆不但为国家提供了许多经世致用的栋梁之才，更是成为外交人才的摇篮。

《同文馆题名录》中所附"学生离校后情况一览表"，在离校后的 91 人中，有 40 人在外交或涉外部门任职，成为晚清外交舞台的生力军。受到良好教育和训练的同文馆学生，在外交活动中确实起到了重要的作用。同治五年（1866）斌春出使欧美各国，同文馆学生张德彝[194]、凤仪、彦慧随同前往。同治七年（1868），蒲安臣使团中也有六位同文馆学生张德彝、凤仪、联芳、廷俊、桂荣、塔克什纳参加，历访英、法、美等十一国。光绪十一年（1885），丁韪良称同文馆是"一个训练外交人员的地方"。[195]光绪十五年（1889），"使臣所带翻译，大半同文馆学生"。[196]光绪二十一年（1895），同文馆学生庆常奉旨驻法国，"开晚清新式人才持节外洋的先河"。[197]此后驻各国的公使多有同文馆的学生，详细记载在每一次的《同文馆题名录》中。[198]光绪六年（1880），清政府也曾派丁韪良出使美国、欧洲、日本，考察各国的教育制度。[199]

历史学家们在研究近代中国的外交史时，也记载了同文馆的学生充当以翻译为职能的辅助性官员，如翻译官、参赞、随员等。[200]同文馆学生在随使臣出洋时，在实践中实习外交事务，同时也在为未来成为外交家做准备。丁韪良自

193 《同文馆题名录》第一次，26 页；第四次，32 页

194 张德彝曾担任过光绪皇帝的英文老师，光绪二十七年（1901）奉旨出使英、意、比国。

195 丁韪良著、沈弘等译：《花甲忆记》，133 页。

196 [清]席裕福、沈师徐辑：《皇朝政典类纂》（第 474 卷），台北：文海出版社，1982年，11223 页。

197 梁冰：晚清驻外公使群体的出洋阅历述论。暨南学报（哲学社会科学版），2017年第 9 期，123-128 页。庆常曾随同崇厚转赴俄国交涉伊犁，被称赞"法文精熟，兼通英、德语言，在洋多年，强记多闻，俄事尤为谙悉。"

198 著名的学生有：吴宗濂（驻意公使）、刘镜人（驻荷俄公使）、杨晟（驻荷德奥公使）、刘式训（驻法巴公使及外交部次长）、陆征祥（曾任驻荷俄公使国务总理兼外交总长）、颜惠庆（曾任驻德丹公使国务总理兼外交总长）等。汪凤藻：二品顶戴，记名知府翰林院编修出使日本大臣（癸未进士）。见《同文馆题名录》第五次，34 页。同文馆学生驻英、法、德、俄钦差公署的名单，见《同文馆题名录》第一次，28 页；第四次，27 页。

199 史景迁：《改变中国：在中国的西方顾问》，155 页。

200 王立诚：《外交家的诞生：顾维钧与近代中国外交官文化的变迁》。收录于金光耀主编：《顾维钧与中国外交》，上海：上海古籍出版社，2001 年，346 页。

己对同文馆的学生在中国近代外交中的地位是非常肯定的："同文馆四班学生之中，有出使外国者多人，有任外交总长者一人，此外服务于外交界及领事署者，为数也很多。可见同文馆这种先导的运动也自有其重要的地位。"[201]

3. 丁韪良的《星轺指掌》

在《万国公法》翻译完成之后，总理大臣文祥阅读后称："我们向欧洲派遣使者时，将以此为准则"。[202]丁韪良的另外一篇译著《星轺指掌》[203]，也同样对中国近代外交活动的开展起到了不容忽视的作用。

《星轺指掌》被称为是晚清刊印的第一部专门介绍西方外交制度的国际法译作，首次将西方近代外交制度系统地介绍到中国，包括国际关系准则、各国外交机构、使臣、礼仪规范等，填补了晚清外交学著作的空白，在派遣驻外使臣、处理外交事务等方面也起到了推动作用。[204]总理大臣董恂在序文中称赞该书：

> 同文馆总教习丁冠西先生明练典故，淹通古今，深有味乎礼从宜、使从俗之意，爰取迩来海外诸国交际事宜，译以华言，用备星轺之采。士大夫本忠信笃教之训，成约束坚明之举，将片言重于九鼎，一纸书贤于十部，从此俾四海永清，中外禔福，合乎时而不戾乎古，则是书未始非我行人之一助也。[205]

《星轺指掌》是由丁韪良与同文馆学生合作翻译完成的，由副教习联芳和庆常翻译初稿，贵荣、杜法孟稍加润色，复经丁韪良校雠，鉴定，"期免舛错事"。[206]此书主要论述西方 1648 年威斯特发里亚和约之后，各国因相互

---

201 丁韪良：《同文馆记》。高时良编：《中国近代教育史资料汇编——洋务运动时期教育》，143 页。

202 沈弘等译：《花甲忆记》，253 页。

203 翻译自：Charles De Martens, Karl, Freiherr von, *Guide Diplomatique*，（也称《外交指南》，1866 年法文版），同文馆聚珍版，光绪二年（1876）。董恂作序。《凡例》中提到"原书为布国马尔顿所著"，后经葛福根重刊并加注。

204 傅德元：《星轺指掌》与晚清外交的近代化。北京师范大学学报（社会科学版），2006 年第 6 期，74 页。关于《星轺指掌》的研究，亦有黄秋硕：《试论汉学家丁韪良对中国文化的释读》，福建师范大学硕士论文（2012）。万齐洲：《星轺指掌》与近代西方外交关系法及外交术语的输入，《惠州学院学报》，2011 年第 2 期，74-77 页。

205 [德]马尔顿（Charles De Martens）著，丁韪良校核：《星轺指掌》（La Guide Diplomatique），同文馆聚珍版，光绪二年（1876）。董恂序。

206 《同文馆题名录》，第 5 次。《星轺指掌》凡例，后联芳任驻俄参赞，庆常在欧洲政绩卓著，曾数次出任驻巴黎代办；贵荣还参与翻译了《公法便览》和《公法会

交往而逐渐形成的外交制度、准则和礼仪。这部著作给晚清中国介绍了近代西方新的外交制度、国际关系准则、外交礼仪规范，以及新的思想观念和政治制度。这本书的刊行，与中国第一个外交官郭嵩焘被差出使的时间刚好一致（光绪二年），其后清政府向海外派遣的外交官员，基本上都阅读过此书，并将其带到出使之国，以供参考。可以说，《星轺指掌》为清政府及其外交官员提供了一本外交指南，成为晚清三十余年间使臣们的必读书。[207]另一方面，自晚清开始向国外派驻外交人员的职衔称谓，包括公使、参赞、总领事、正副领事，以及国书（文凭）、照会、护照（执照）、外务部、参赞、协理、条约、豁免等外交专用名词，或出自《星轺指掌》，或由此书固定下来，沿用至今。[208]

小结

从某种意义上说，"同治中兴"是晚清中外关系的"蜜月期"。[209]台湾学者段昌国认为，咸同之际是中国外交转变的第一个关键时期，而总理衙门的创设，更是这个转变过程的里程碑。[210]芮玛丽认为，中国政府在1859-1861年的危机中所面临的直接威胁就是外国侵略，而"中兴政府迅速地掌握了西方的外交制度并以之服务于中国自身的目的，没有什么能比这一点更鲜明地表明这个传统国家在其末期依然具有生命力。"[211]而他们所建立和执行的新的外交策略，使"中国与西方的外交关系在性质上已是完全近代化了。"[212]丁韪良和他所执掌的同文馆，对中国近代外交事业的发展，无疑起到了推波助澜的作用。

通》，为丁韪良的《西学考略》写"跋"；札法盂应是同文馆年纪较大的学生，丁韪良曾称他是已经当上了祖父的老学生。

207 傅德元：《星轺指掌》与晚清外交的近代化。北京师范大学学报（社会科学版），2006年第6期，78页。

208 傅德元：《星轺指掌》与晚清外交的近代化。北京师范大学学报（社会科学版），2006年第6期，78页。万齐洲：《星轺指掌》与近代西方外交关系法及外交术语的输入。惠州学院学报（社会科学版），2011年第2期，76页。另外冯天瑜先生的《新语探源》、马西尼的《现代汉语词汇的形成》、王健的《沟通两个世界的法律意义》、方维规的《东西洋考自主之理》、李贵连的《话说权利》也对这些法学术语进行了探讨和研究。

209 何文贤：《文明的冲突与整合——"同治中兴"时期中外关系重建》。摘要，第一页。

210 段昌国：《恭亲王奕欣与咸同之际的外交与政治纠纷（1858-1865）》，6页。

211 芮玛丽：《同治中兴》，274页。

212 芮玛丽：《同治中兴》，289页。

第三节　笔削褒贬京师同文馆

丁韪良自己在晚年时曾高度评价同文馆："有希望革新这个古老帝国的是新教育，新教育的肇端是同文馆。新教育的潮流之所以日臻蓬勃，来源虽多，但其最初的源泉却是五十年前在北京设立的一个研究外国语文的小学校——同文馆。"[213]

一、积极评价：经世致用人才培育之滥觞

孙子和高度评价了清代同文馆的贡献，"其一，为中国树立现代教育之楷模，并成为沟通中西学术文化的桥梁；其二，为清末民初职业外交官之摇篮，亦为教育、内政、军事等若干重要幕僚之出处。"[214]张之洞在光绪十九年十月二十二日（1893.11.29）《奏设湖北自强学堂》时，援引同文馆之成就为先例："治术以培植人才为本，经济以通达时务为先，自同治以来总理各国事务衙门设立同文馆，创开风气……人才奋兴，成效显著。"[215]

同文馆可谓开晚清政府办学之先河。在方言教育（外国语言文字）方面，自 1862 年恭亲王奕䜣奏请在北京创办京师同文馆之后，各地方官员也纷纷上书请设同文馆。1863 年李鸿章奏请"仿照同文馆之例"，在上海设立上海广方言馆；1864 年广州将军瑞麟等奏请在广州开设广州同文馆；1887 年新疆巡抚刘襄勤奏请"挑选学徒于省城设立新疆俄文馆"；1889 年吉林将军长顺等奏请在珲春设立俄文书院，专门培养俄文翻译；1893 年湖广总督张之洞奏请在武昌开办湖北自强学堂，初设方言、格致、算学、商务四斋，后改为专习泰西方言的外国语学堂，分英、法、俄、德、东文五门。[216]

---

[213] 陈学恂：《中国近代教育史教学参考资料》（上册），北京：人民教育出版社，1986年，36 页。其他研究同文馆新式教育的研究还有：张平海：中国教育早期现代化研究，华东师范大学博士论文（2001）。杨齐福、于冠生：试论洋务学堂的兴起及其影响，《兰州铁道学院学报》，2001 年第 5 期，99-103 页。詹素平：试论洋务教育对中国教育近代化的影响，《井冈山学院学报》2005 年第 2 期，42-47 页。李俊香：开启中国的新式教育——文祥与京师同文馆，《开封教育学院学报》2008年第 1 期 75-76 页。杨勇：洋务运动教育改革与明治维新教育改革比较研究，河北大学博士论文（2011）。郑小平：西学与中国传统文化及教育观念的冲突——关于京师同文馆的一场辩论，《吉林省教育学院学报》2018 年第 4 期，7-10 页。

[214] 孙子和：《清代同文馆之研究》，73 页。

[215] 高时良编：《中国近代教育史资料汇编——洋务运动时期教育》，上海：上海教育出版社，1992，259 页。

[216] 相关研究请参考：邓亦兵：洋务派所办企业经营方式的变化及其利弊，《历史教

1888 年台湾巡抚刘铭传[217]奏请在台湾设立西学馆，以培养翻译人才。在其奏疏中也赞誉自京师设立同文馆，风气日开，人才蔚起，故台湾自当仿效：[218]

> 窃惟中外通商，互准研学文艺，自京师设立同文馆，招选满汉子弟，延请西师，天津、上海、福建、广东仿造枪炮船械之地，无不兼设学堂，风气日开，人才蔚起，海防洋务，利赖良多。台湾为海疆冲要之区，通商筹防，动关交涉。只以一隅孤陋，各国语言文字，辄未知所讲求。臣初到台，翻译取才内地，重洋遥隔，要挟多端，月薪至百余金，尚非精通西学。因思聘延教习，就地育才……臣尝亲加考察所习语言文字，均有成效可观。拟渐进以图算、测量、制造之学，冀各学生砥砺研磨，日臻有用。

按照光绪十四年六月二十日奉朱批："该衙门知道。钦此。"可知台湾西学堂成立于 1888 年。[219]另据《台湾省通志》记载，台湾西学堂创立于光绪十三年（1887）三月，延聘丹麦人辖治臣（Hating）及英国人布茂林（Pumolling）为外国语文之教授，另有助教二人，汉教习三四人，虽名为西学堂，实名称为高等之普通教育机关。光绪十七年（1891）邵友濂任巡抚时，因紧缩台政而被裁撤。虽仅四年，但其成绩颇有可观。[220]

同文馆倾力培养人才之举，被认为与国家兴亡休戚相关。总理衙门最初设立同文馆的目的，可能只是希望"通夷人之语言文字，以除其隔膜，望其

学》1981 年第 11 期，56-58 页。唐燕：洋务运动与中国近代职业教育的兴起，《职教论坛》2006 年 5 月综合版，58-61 页。

217 刘铭传，字省三，安徽合肥人。咸丰年间太平军之役，所向克捷，授直隶提督。又以平捻功，封一等男。清光绪十年中法战起，诏任督办台湾事务大臣，明年，和约成，专筹善后；迨建省议定，改任台湾巡抚。在台竭力经营，清代台湾之积极建设，实始于此。

218 《台湾设立西学堂招选生徒延聘西师立案折》（光绪十四年六月初四日，1888.7.12）。参考高时良编：《中国近代教育史资料汇编——洋务运动时期教育》，上海：上海教育出版社，1992，255-256 页。亦可参考刘铭传撰：《刘壮肃公奏议·卷六·建省略》。

219 张平海：洋务学堂的兴办及其存在问题分析。《上海青年管理干部学院学报》，2004 年 6 月，50-54 页。

220 参邵友濂：《裁撤台湾西学堂片》，可知撤堂时间是光绪十九年七月二十七日（1893.9.7）。参考高时良编：《中国近代教育史资料汇编——洋务运动时期教育》，上海：上海教育出版社，1992，257 页。

妥协"。随着同文馆的发展，他们逐渐意识到人才的重要，"天下之学不兴，则天下之才不成；天下之才不成，虽圣人无由致治。……人才兴，则百事举，而财兴兵自足矣，何富兴强之足筹。"总理衙门也对未来国家人才济济充满信心："中国欲图富强，势不得不亟培人才；而欲培人才，势不得不亟师西法……以《万国公法》、《富国策》、性理、测算、格化、天文等学为大宗，而旁及于中国经史百家之书，……诚如是也，二十年之后，中国之人才焉有不蔚然而起者乎？"[221]

同文馆的学生学习《万国公法》，同时也需要学习《富国策》。《富国策》被认为是最早传入中国的西方经济理论，[222]丁韪良称其为"西学之新学，近代最重之，其义在使民足衣足食，无一夫失所。至强兵一道，虽在所不论，然亦有不期而自得之理存焉"，同时"重在偃武修和"、"兼逮格致诸学，并专以开发智巧"。更为重要的是并不丢弃对学生道德的培养，"富国策虽旨在广发财源，而未尝遗失仁义，缘若绝仁弃义，则无论再有何策，终难利国矣。"[223]《富国策》在丁韪良的亲自参与、校订下，成为第一个比较完整的传入中国的西方近代经济学中文译本。[224]可见，同文馆的治学方针就是致力于中国的"自强"，培养经世致用的实用人才。

林治平说过：关于同文馆的成就，若站在中国教育史的立场上来看，则自同治元年至光绪廿七年间，为中国新式教育发展的萌芽阶段，就此意义言之，同文馆的重要性就决不容吾人忽视了。[225]

二、消极评价：崇洋贱汉，难育异才

随着基督教宣教士将西方文明和教育大规模带入中国，西方文化和中国传统文化之间的冲突也不可避免。对于现代新式学堂的学习，当然也是众议

221 阙名：《宜仿西法以培人才论》。参见高时良编：《中国近代教育史资料汇编——洋务运动时期教育》，上海：上海教育出版社，1992，290 页。

222 王立新：《美国传教士与晚清中国现代化》，91-92 页。

223 [英]法思德（Henry Fawcett）著，汪凤藻译，丁韪良核定：《富国策》（Manual of Political Economy）。北京：同文馆，光绪六年（1880）。凡例。

224 关于《富国策》的研究及经济学在华早期传播的影响和作用，可参考张登德：晚清《富国策》的译刊与传播（师范大学学报），2008 年第四期，122-125 页）；傅元德：《富国策》的翻译与西方经济学在华的早期传播（《社会科学战线》，2010年第 2 期，112-119 页）；熊月之：《西学东渐与晚清社会》（2011 年，252-253 页）。

225 林治平：《科学与救恩》，255 页。

纷纭。陈青之广引郑观应的《西学附注》、李端棻的《请推广学校折》、陈其璋的《请整顿同文馆疏》等言论，认为新式教育的学堂，本身就开的太少，学生学的又只是皮毛，而老师也未能认真教授，诸如武备水师学堂招收的学生又都是无业贱民，所以"开办三十余年，除少数部分外毫无成绩可观"。孙家鼐也贬抑同文馆"斤斤于文字语言，充其量不过得数十翻译人才而止"。[226]有识之士则看到了强大的旧的教育势力，成为新式教育发展的障碍。[227]学堂数量不足，确实是当时的一个突出问题，正如李端棻所言："巨厦非一木所能支，横流非独柱所能砥，天下之大，事变之亟，必求多士，始济艰难。""唯奉行日久，积习日深，多课帖括，难育异才"，所以李端棻建议"增广课程，变通章程"。[228]

李端棻并没有否定新式学堂，他指出当下的问题，目的是为了推广，为国家多收奇才异能之用。真正反对同文馆的保守势力，则认为晚清的官员与士大夫"既未对西方文化作深刻的宽阔的了解与研究，也并无意比较西方社会提出追求更高远的社会目标与更丰富的社会内涵"，即使自强运动的洋务派人士也很少人主张"将西方文化当作人类文化发展中的智慧成果"而给予积极的肯定和认识。[229]范文澜就直接否定京师同文馆在人才培养方面的贡献："这个小书馆，实际进行的是崇拜洋人、贱视汉人、放任满人骄惰的教育，每年经费数千两，不曾造就翻译的人才。"[230]

现代学者的评价具有时代的特点，多从西方文化入侵的角度批评同文馆的"殖民工具"角色。赵蕙蓉认为：一旦掌握了外国语言文字工具，西方资本主义社会的科学技术与先进的思想就不可避免地随之而入，所以同文馆是中国人民面向西方、面向世界跨出的一步，也是西方资本主义加深侵略中国的产物。[231]她同时认为同文馆的创设是洋务运动的产物，是洋务派进行洋务活

226 孙家鼐：《议复开办京师大学堂折》，光绪二十二年七月。见中国史学会翦伯赞等主编：《中国近代史资料丛刊·戊戌变法（二）》。上海：神州国光社，1953年，425页。

227 陈青之：《中国教育史》，长春：吉林出版集团有限公司，2016年，498页。

228 李端棻：《奏请推广学校以励人才折》，光绪二十二年，《皇朝道咸同光奏议·变法类·学校》。也可参考高时良编：《中国近代教育史资料汇编——洋务运动时期教育》，上海：上海教育出版社，1992，695页。

229 李恩涵著：《近代中国外交史事新研》，台北：台湾商务印书馆股份有限公司，2004年，64页。

230 范文澜：《中国近代史》（上册），北京：北京人民出版社，1962年。

231 赵蕙蓉：北京近代教育源泉探—论析京师同文馆.《北京社会科学》，1990年第4期，44-55页。

动的必要，是属于洋务运动不可缺少的一部分，或者说，它本身就是洋务运动。[232]郭吾真更加认为："由于同文馆的成立，洋务派不仅在反革命军事技术上和洋人建立了血肉相连的关系，而且在精神、思想意识上也结成了反革命的攻守同盟，进一步标志了中国半殖民地半封建秩序的正式建成。"[233]

小结

同文馆的历史意义和贡献是显而易见的，虽然它诞生于鸦片战争之后，却是同治政府自强意识复苏的结果，"若不改弦更张，力图模仿西法以自强，势难立国图存也。"[234]在丁韪良和总理衙门的共同努力下，同文馆从最初的译文学校，发展成为学习国际法、富国策、西方现代科学的多学科的现代化教育模式的学校，也成为西方宣教士在中国兴办教育的典范，其积极的时代价值和为中国培养经世致用人才的贡献是值得肯定的。

三、"文化侵略"抑或"文化融通"

"基督教是文化侵略"这个研究范式长期占据中国基督教史研究的主导地位，[235]很多学者认为"基督教在1840年以来在中国被视为'帝国主义文化侵略'和'殖民扩张'之组成部分"。[236]二十世纪六十年代，美国历史学家史莱辛格（Arthur Schlesinger）在论述美国在华宣教事业时，认为"文化侵略"是存在的，是"一种文化有目的地反对另一种文化的思想与价值观念的侵略。"[237]晚清保守势力正是如此认为，基督教带来的西方文化，是有目的地要改变中国的文化思想和价值观念。同治五年同文馆时期，曾发生了一场对西方文化的抵制，也反映出在中国的现代化进程中，西方的新式教育和理念，与中国传统文化思想和教育理念的冲突。

西学与中国传统文化及观念的冲突

真正的关于同文馆的最大一场冲突爆发于同治六年，也是中国传统教育

---

232 赵蕙蓉：北京近代教育源泉探一论析京师同文馆。《北京社会科学》，1990年第4期，44-55页。亦可参考赵蕙蓉：百年前北京中西文化的一场冲突对我们的启示。《北京历史与现实研究学术研讨会论文集》，1989年，296-321页。

233 范文澜：《中国近代史》（上册），北京：北京人民出版社，1962年，32页。

234 吴相湘：《晚清宫廷实记》，台北：正中书局，民国七十七年[1988]，100页。

235 陶飞亚：《中国基督教史研究的新趋向》，《史林》，2013年第2期，106页。

236 卓新平：《神圣与世俗之间》。哈尔滨：黑龙江人民出版社，2004年，272-273页。

237 陶飞亚："文化侵略"源流考。文史哲，2003年第5期，31页。

理念与西方教育的一次正面撞击。[238]同治五年（1866），恭亲王奕䜣奏请增设天文算学，并主张让科举正途人员进入同文馆学习，"开馆求才，古无成格，惟延揽之方能广，斯聪明之士争来。"[239]这一主张遭到了朝廷大臣及文人如张盛藻、倭仁、杨廷熙等人的强烈反对和抵触，他们与以总理衙门大臣奕䜣为代表的洋务派进行了一场针锋相对的辩驳。这场辩论主要集中在以下几个方面：

（1）中国文化博大精深，毋须学习他人

隶州知州杨廷熙在奏疏中力陈中国文化的博大精深，举天文、历法、数理、技艺为天下之最精最备："中国自羲、轩、尧、舜、禹、汤、文、武、周公、孔、孟以及先儒曩哲，或仰观俯察，开天明道，或缵承绍述，继天立极，使一元之理，二五之精，三极之道，旁通四达，体之为天人性命参赞化育之经，用之为帝典王谟圣功贤学之准，广大悉备，幽明可通。所以历代之言天文者，中国为精；言数学者，中国为最；言技艺方术者，中国为备。……又况载国朝二百余年时宪无失闰之讥，天象无昏迷之诮。是此时之天文算学，较历代为尤精也。"他指责同文馆是自卑尊人，舍中国而师夷狄，"中国为人才渊薮，数理精蕴……夫以中国之大，养士之久，岂无一二明数学之士，足以驾西人而上者哉？"[240]

山东道监察御史张盛藻称，中国数百年深仁厚泽以尧舜孔孟之道为教育，而且"我朝颁行宪书，一遵御制数理精蕴，不爽毫厘，可谓超轶前古矣。即或参用洋人算术，不过借西法以印证中法耳。"[241]大学士倭仁也奏称："天下之大，何患无才，如以天文算学必须讲习，博采旁求，必有精其术者，何必夷人？何必师事夷人？"[242]

针对保守派认为中国人师法西人是深以为可耻，是不识时务，奕䜣具疏辩护，称中国以采西学制洋器为自强之道，是当务之急："臣等伏思此次招考

---

238 可参见郑小平：西学与中国传统文化及教育观念的冲突——关于京师同文馆的一场辩论，《吉林省教育学院学报》2018年第4期，7-10页。

239 《筹办夷务始末》，同治朝，卷四十六，43-48页。

240 杨廷熙：同治六年五月廿二日（1867.6.23）呈奏，五月廿九日（6月30日）由督察院左都御史灵桂等代为转奏。《筹办夷务始末》（同治朝），卷49，13-24页。

241 张盛藻：同治六年正月二十九日（1867.3.5）奏疏，《筹办夷务始末》，同治朝，卷47，15-16页。

242 倭仁：同治六年二月十五日（1867.3.20）奏疏，《筹办夷务始末》（同治朝），卷47，24-25页。

天文算学之议，并非务奇好异，震于西人术数之学也，盖以西人制造之法，无不由度数而生，今中国议欲讲求制造轮船机器诸法，苟不藉西士为先导，俾讲明机巧之原，制作之本……论者不察，必有以臣等此举为不急之务者，必有以舍中法而从西人为非者，甚且有以中国人师法西人为深可耻者，此皆不识时务也。夫中国之宜谋自强，至今日而已亟矣！识时务者莫不以采西学制洋器为自强之道。"[243]恭亲王奕䜣在独尊天朝文化的氛围中，敢于承认中国文化中确实有不及西方文化的地方，值得中国师法西人，学他人之长技以自强，此等胸怀和远见确实可以称作是晚清中国现代化进程中的中流砥柱，他的思想中已经深具现代化的意识，符合韦伯的社会学观点，"有目标、有计划、以较短的时间、最有效的途径，学习、借用和移植先进国家成果的过程。"[244]

（2）宁使中国无技艺，不使中国有西学

十六世纪钦天监监正杨光先反对汤若望时，曾提出"宁可使中夏无好历法，不可使中夏有西洋人"。到了十九世纪，倭仁发出同样的声音："宁使中国无技艺，不使中国有西学。"他在其奏疏中称，今日之西学不过是"一艺之末"，"古今来未闻有恃术数而能起衰振弱者也"。[245]杨廷熙也认为西学不过是"奇技淫巧，衰世所为；杂霸骓虞，圣明无补"。[246]他称："孔子不言天道，孟子不重天时，非故秘也，诚以天文数学，机祥所寓。学之精者，祸福之见太明，思自全而不为世用，事事诿诸气数，而或息其忠孝节义之心；学之不精，则逆理违天，道听途说，必开奇邪诳惑之端，为世道人心风俗之害。伊古以来，圣神贤哲不言天而言人，不言数而言理，其用意至深远矣。"[247]

在反对西学的同时，保守派主张臣民之强在于气节，立国之道在于人心。张盛藻认为，"朝廷之强，莫如整纲纪，明政刑，严赏罚，求贤养民练兵筹饷诸大端。臣民之强，则惟气节一端。"[248]倭仁也认为："窃闻立国之道，尚礼仪不尚权谋，根本之图，在人心不在技艺。"[249]以致陈康琪慨叹倭

---

243 吴相湘编著：《晚清宫庭实纪》，101-104 页。

244 罗荣渠：《现代化新论：世界与中国的现代化进程》。北京：北京大学出版社，1993年，15 页。

245 倭仁：同治六年二月十五日（1867 年 3 月 20 日）奏疏。

246 杨廷熙：同治六年五月廿二日（1867.6.23）呈奏。

247 杨廷熙：同治六年五月廿二日（1867.6.23）呈奏。

248 张盛藻：同治六年正月二十九日（1867.3.5）奏疏。

249 倭仁：同治六年二月十五日（1867 年 3 月 20 日）奏疏。

仁之言，"倭公诚理学名儒，狂澜砥柱，在枢廷诸老，或亦深思熟计，志在自疆哉？"[250]

恭亲王奕䜣愤而疾书，指责保守派的因循积习，不以不如人为耻："夫天下之耻，莫耻于不若人……夫日本蕞尔国耳，尚知发愤为雄，独中国狃于因循积习，不思振作，耻孰甚焉？今不以不如人为耻，而独以学其人为耻，将安于不如而终不学，遂可雪其耻乎？"[251]举日本为例以示警醒，深知何为耻，如何雪耻，维新派的胸怀和眼界彰显于此。

（3）工匠之事，儒者不屑为之

张盛藻强烈反对科举正途人员学习实学，认为朝廷命官只应该"读孔孟之书，学尧舜之道，明礼达用，规模宏远也。何必令其习为机巧专用制造轮船洋枪之理乎？"主张"文儒近臣，不当崇尚技能，师法夷裔。"[252]

倭仁和杨廷熙担心国家精心培养的未来之栋材学习西学将后患无穷。倭仁奏曰："今以诵习诗书者而奉夷为师，其志行已可概见，无论所学必不能精，即使能精，又安望其存心正大、尽力报国乎？恐不为夷人用者鲜矣"[253]如果国家所培养而储以有用者从夷为师，将"正气为之不伸，邪氛因而弥炽"。[254]杨廷熙认为儒士学习技艺，将丧失忠义之气，廉耻之道："况科甲人员，读圣贤书，将以致君泽民为任，移风易俗为能，一旦使之师事仇敌，窃恐朝夕相聚，西人或怀私挟诈，施以蛊毒，饮之迷药，遂终身依附于彼，昏瞀不醒，习其教者牢不可破，而忠义之气自此消矣，廉耻之道自此丧矣，机械变诈之行自此起矣。圣贤之大道不修，士林之节概不讲，无一非西学阶之厉也。"[255]

对于这种"制造乃工匠之事，儒者不屑为之"的论调，奕䜣引古喻今予以反驳："查周礼考工一记，所载皆梓匠轮舆之事……盖匠人习其事，儒者明其理，理明而用宏焉。今日之事，学其理也，乃儒者格物致知之事。"[256]同时

---

250 [清]陈康祺：《郎潜纪闻初笔 二笔 三笔》，北京：中华书局，1984 年，7 页。

251 恭亲王奕䜣：同治五年十二月二十三日（1867.1.28）奏疏，《筹办夷务始末》，同治朝，卷八，29-36 页

252 张盛藻：同治六年正月二十九日（1867.3.5）奏疏。

253 倭仁：同治六年三月初八日（1867.4.12）奏疏，《筹办夷务始末》（同治朝），卷48，10-12 页

254 倭仁：同治六年二月十五日（1867.3.20）奏疏，《筹办夷务始末》（同治朝），卷47，24-25 页。

255 杨廷熙：同治六年五月廿二日（1867.6.23）呈奏。

256 恭亲王奕䜣：同治五年十二月二十三日（1867.1.28）奏疏。

他认为"诚以读书明理之士，存心正大，而今日之局，又学士大夫所痛心疾首者，必能卧薪尝胆，共深刻励，以求自强。"[257]国家危难之际，读书明理之士更当以国家之自强、雪国家之耻辱为己任，方为报答国家数百年以尧舜孔孟之道为教育以培养的深仁厚泽。

（4）夷人诡诘，不共戴天之耻

倭仁指责同文馆延聘夷人教习是"上亏国体，下失人心"，因为"夷人吾仇也"，自咸丰十年称兵犯顺，"此我朝两百年来未有之辱，学士大夫无不痛心疾首，饮恨至今，朝廷亦不得已而与之和耳，能一日忘此仇耻乎？"倭仁认为西方即使有精巧之学，但人心诡诘，"夷人机心最重，狡诈多端，今欲习其秘术以制彼死命，彼纵阳为指授，安知不另有诡谋？"[258]"今求之一艺之末，而又奉夷人为师，无论夷人诡诘，未必传其精巧，即使教者诚教，学者诚学，所成就者不过术数之士。"[259]倭仁更认为在中国倡办西学是基督教宣教士的阴谋："闻夷人传教，常以读书人不肯习教为恨，今令正途从学，恐所习未必能精，而读书人已为所惑，适坠其术中耳。"[260]

杨廷熙将西方国家视为敌国："夫洋人之与中原，敌国也，世雠也，天地神明所震怒，忠臣烈士所痛心。"他同倭仁一样认为同文馆延聘西人在馆教习，大伤风化，"开设同文馆。揆诸立馆之心，亦既虑洋人布满天下。……夫洋人诡谲百出，所为狡焉思逞。"[261]一周后杨廷熙再次上奏："中国之可羞可耻，未有大于西洋之流毒、西洋之倡乱矣。……今日不耻不共戴天之雠，而羞不知星宿之士，何忘大耻而务于小耻也？"[262]

奕訢没有与倭仁等保守派纠缠"夷夏之辩"，而是引证康熙皇帝当年也曾因仰慕西方科学，破格任用天主教传教士汤若望等人为钦天监。在同文馆中聘用西人教习，不仅使学生直接学习西方的语言，更是可以直接接触到最先进的西方自然科学领域。

---

257 总理各国事务奕訢等折，同治六年三月初二日（1867.4.6），《筹办夷务始末》，同治朝，卷48。

258 倭仁：同治六年三月初八日（1867.4.12）奏疏。

259 倭仁：同治六年二月十五日（1867.3.20）奏疏。

260 倭仁：同治六年二月十五日（1867.3.20）奏疏。

261 杨廷熙：同治六年五月廿二日（1867.6.23）呈奏。

262 杨廷熙：同治六年五月廿二日（1867.6.23）呈奏。

（5）恐惧基督教，西学未成而中原多故

杨廷熙视基督教为违天害理、灭伦废义之教："查耶稣之教，流入中国有年，不能诱善良而行习者，以其书皆怪诞不经之书，其教乃违天害理灭伦废义之教，所以稍有知识者必不听其蛊惑也。今而使少年科甲官员习其天文数学，北面修弟子之仪，不二十年间，循例升转，内而公卿大臣，外而督抚大吏，皆惟教是从，惟命是听，出于门墙者也。万一循私情，废公义，其害可胜言哉！又恐天下之人，因科甲尚且学习，遂相习成风。或奉行不善，一时颟蒙愚鲁之辈、奸宄不法之徒，藉习天文算学为名，结党成群，互相引诱煽惑，倚仗势力，造言生事，洋人愈得步进步，连合响应，以倡乱阶，恐西学未成而中原多故矣！"[263]担忧如果让少年科甲官员学习天文算学，则必受基督教的蛊惑而连合结党，不仅不能为国家所用，反而成为国家未来动乱之隐患。

此奏被同治帝谕旨驳斥："甚属荒谬！"[264]同治帝对同文馆任用西人教习时也是禁止传教。李鸿章奏请"广东仿照同文馆、设立学馆学习外国语言文字"时，同治帝虽已谕令广州将军等查照办理，但同时也要求，"惟该馆学生，专习外国语言文字，不准西人藉端影射，将天主教暗中传习该抚仍当随时稽察"。[265]同文馆中许多教习，如包尔腾、傅兰雅等与丁韪良一样都是宣教士，在当时的中国最精通中国语言文化并了解西方先进科技的，却正是西方宣教士。他们在教育上的努力是被中国朝廷肯定的。

面对双方的争辩，朝廷的意见就格外重要，直接决定着同文馆的走向和命运。同治皇帝批复："兹据张盛藻奏，科甲正途，读书学道，何必令其习为机巧，于士习人心，大有关系等语。朝廷设立同文馆，取用正途学习，原以天文算术，为儒者所当知，不得目为机巧。正途人员，用心较精，则学习自易，亦于读书学道无所偏废……不过借西法以印证中法，并非舍圣道而入歧途，何至有碍于人心士习耶？"[266]同治帝的上谕将人心导向一个新的渠道，其结果带来晚清文人思想的革命。在朝廷的支持下，算学馆终于成立。由此也可看见当时清廷治学思维的开放，为同治中兴之又一明证。正因为有思想开明的皇帝和总理衙门大臣，"一切进步的政策才有了实施的可能"，丁韪良称这是同文馆的幸运。

---

263 杨廷熙：同治六年五月廿二日（1867.6.23）呈奏。

264 《筹办夷务始末》（同治朝），卷49，24-25页。

265 《清实录》，同治二年（1863）癸亥二月，卷五七，71页。

266 同治六年正月二十九日（1867.3.5）上谕，《筹办夷务始末》，同治朝，卷四十七，16-17页。

小结

鲁迅先生在《看镜有感》中的一段话，似乎活画出清廷这场辩论中保守派的心态，引用在此，作镜观以道正己：

> 汉唐虽然也有边患，但魄力究竟雄大，人民具有不至于为异族奴隶的自信心，或者竟毫未想到。凡取用外来事物的时候，就如将彼俘来一样，自由驱使，绝不介怀。一到衰蔽陵夷之际，神经可就衰弱过敏了，每遇外国东西，便觉得仿佛彼来俘我一样，推拒，惶恐，退缩，逃避，抖成一团，又必想一篇道理来掩饰，而国粹遂成为屠王和屠奴的宝贝。[267]

关于"文化侵略"

陶飞亚认为，"文化侵略"的提法无疑起源于文化上的危机感，是伴随着基督教在中国影响的不断扩大以及教会教育的发展而产生的，五四运动之后用来概括基督教及其教育事业，并一度泛化为人们集体记忆中对近代西方在华文化事业的全面认识，影响和限制了此后相当一个时期的中西文化交流。[268]

新中国成立后，毛泽东关于帝国主义文化侵略政策的观点，在相当长的一段历史时期内，影响着对鸦片战争之后宣教士兴办教育的评价："传教、办学校、办报纸与吸引留学生等，就是这个政策的实施。其目的在于造就服从他们的知识干部与愚弄广大的中国人民"，利用文化政策麻醉中国人民的精神。[269]即使在改革开放之后十年的 1985 年出版的《简明中国教育史》中，毛泽东的这段语录依旧被引用来阐述"外国侵略者对华文化教育侵略"的实质，认为鸦片战争后签订的不平等条约，虽然没有直接规定文化教育侵略的条文，但是五口通商、协定关税、领事裁判权以及最惠国待遇等已经剥夺了中国的主权，而有关条约中规定的允许外国人在五个通商口岸"设立医院、礼拜堂"等条款，无疑"为文化教育的侵略打开了大门"。而在不平等条约的保护下建立的教会学校，也就成了"对华教育侵略的据点"。[270]

---

267 鲁迅：《看镜有感》（1925.2.9）。张国功主编：《大家国学》，天津：天津人民出版社，2008 年。22-24 页。

268 陶飞亚："文化侵略"源流考。文史哲，2003 年第 5 期，31-39 页。

269 毛泽东：《中国革命与中国共产党，一九三九年十二月十五日》，华东新华书店出版，1949 年，710 页。

270 王炳照等著：《简明中国教育史》，北京：北京师范大学出版社，1985 年，275-276页。

笔者查看 2012 年出版的教育部财政部编撰的高等学校特色专业教材中《中国教育史》，已看不到"文化侵略"的词语，提到了 1840 年的鸦片战争，言西方列强的坚船利炮打开了中国的大门，中国更多地开始反思清末教育的腐败和没落，科举的病态，教育管理的废弛，并从挽救民族危亡的高度去思考中国教育的现代化问题，改革教育，学习西方，对西学东渐的贡献和作用给予更多积极和正面的认同。它肯定了京师同文馆作为中国近代最早的官办新式学校存在的积极意义，改变了封建传统意义的教育模式，打开封建教育制度的缺口并迈出向西方学习自然科学知识的第一步，促进了中国近代教育及中西文化教育的发展。[271]

正如熊月之所言，这场围绕着同文馆的辩论，是"近代中西文化会面后引起的第一场大的争论"，预示着以后文化冲突的长期性、尖锐性。[272]这也是本论文讨论此话题的一个出发点，以史为鉴，积极面对文明程度高于自己的外来开化计划。

关于教会教育

据统计，1860 年以前，仅基督新教设于香港及五个通商口岸的各式学校有 50 所，学生千余人。1860 年后，教会学校的数量骤增，到 1877 年第一次"在华新教宣教士代表大会"[273]之前，基督教在中国各地设立了 462 所各类教会学校，学生 8522 人。到了 1890 年第二次大会之前，全国基督教会学校的学生数已达 16836 人。[274]

早期教会学校是作为宣教的辅助手段。1818 年马礼逊、米怜在马六甲建立的"英华书院"（The Anglo-Chinese College）成为基督教宣教士开办的第一所中文学校，开宣教士创办学校的先河。学院开办的目的是"教授中国的年轻人英语和基督教教义，同时教授宣教士和其他人中国的语言和文学"，但其"终极

---

271 谢长法，彭泽平主编：《中国教育史》，重庆：西南师范大学出版社，2012 年，205 页。

272 熊月之：《西学东渐与晚清社会》，261 页。

273 在华新教传教士代表大会（the General Conference of the Protestant Missionaries of China）在上海共举办过三次，第一次是 1877 年，第二次是 1890 年，第三次是 1907 年。前两次丁韪良提交了论文，第三次则亲自出席了大会，这一届是新教百年纪念会议 The China Centenary Missionary Conference。

274 熊月之：《西学东渐与晚清社会》，第 226，228 页。王立新的研究数据略有出入：至 1877 年，欧美新教各差会在华开办的学校共 347 所，招收学生 5917 人。见王立新：《美国传教士与晚清中国现代化》，118 页。

目标是在地上建立基督的国度"。[275]马礼逊非常清楚教育只是手段，不是目的。

美国赴华宣教士第一人裨治文于 1830 年 2 月到达广州，创办"贝满学校"，是基督教新教宣教士在中国本土建立的第一所学校。1844 年爱尔德赛（Miss M.Aldersey）开设的宁波女塾是近代中国最早由宣教士设立的教会女学。1845 年美国长老会在宁波开办了崇信义塾。[276]当时美国宣教士在中国开办的学校有：宁波男塾（1944 年）、上海清心书院（1850 年），福州格致书院（1853 年），山东蒙养学堂和北京贝满女塾（1864 年），北京崇实馆（1864 年丁韪良办），上海培雅学堂（1865 年），上海度恩书院（1866 年），北京潞河男塾（1867 年）……。[277]教会学校的出现，对晚清中国的教育变革带来深远影响。越来越多的宣教士在宣教的同时参与了中国的教育事业，教育成为宣教最重要的辅助手段。

大部分的学者客观地承认教会教育的积极一面，王立新认为宣教士把西方社会现代性的知识、观点、规范和制度传入中国，是对中国传统文化的"现代性挑战"，不仅诱发了近代中国人寻求变革的意识，也有助于"近代中国知识分子科学、自由、平等、民主等价值观的形成和实现"。[278]

《中国教育史》（2012 年）提到，鸦片战争后西方宣教士和教会团体开始以传教、行医等形式公开在中国各地开展文化教育活动，在五个通商口岸创办了大量的教堂、医院、学校等，是在不平等条约的庇护下"对华进行有组织的文化教育渗透"。[279]不过书中对教会教育先进的一面、以及对促进中国教育现代化方面的贡献，还是给予了肯定：（1）引入了西方当时最先进的教学内容（西文、西艺等）、教学组织模式（班级授课制）、教学方法（谈话、问答）；（2）引进了西方先进的管理模式，制定了从入学年限到考试管理的完备

---

275 Brian Harrison, *waiting for China: the Anglo-Chinese College of Malacca 1818-1843, and 19th century Mission*, Hong Kong University Press, 1979, p.35.

276 宁波是美国长老会作为海外传道部在中国的主要传教站，麦嘉缔（Divie Bethune McCartee） 是第一位抵达宁波的美国长老会传教士（1844 年 6 月）。丁韪良则于 1850 年受美国长老会差派来宁波差会。崇信义塾民国时期基督教大学——之江大学的前身。

277 以上信息参考王立新：《美国传教士与晚清中国现代化》，天津：天津人民出版社，2008 年。117-118 页。本论文只列出了 1869 年之前的教会学校，更多信息也可参考熊月之：《西学东渐与晚清社会》，228 页。

278 王立新：《美国传教士与晚清中国现代化》，284 页。

279 谢长法，彭泽平主编：《中国教育史》，209 页。

学校管理规程；（3）培养了一批具有西方近代思想意识及科学文化的新式人才，不仅使国人打开眼界，而且为我国教育的发展提供了借鉴的范式。从正面肯定了教会学校"在教学内容、教学方法、管理手段等方面都有别于中国的传统教育，成为中国教育史上最早以现代学校形式传播西学的新型教育组织，为中国教育的发展提供了参照和借鉴。"[280]

《中国教育史》认为教会教育的落后性表现在它的"宗教性"，无论教会及宣教士们多么热忱地办理学校，其目的不是想真心实意地发展中国教育，而是想通过教育这种手段传播教义，为基督征服中国。[281]

教会和宣教士办学肯定包含着通过教育传播教义、为基督赢得中国的目的，但是他们发展中国教育的初心也是真心实意的，这点从上述书中对教会教育的作用和贡献的肯定，以及呈现出来的成果中是可以证实的。虽然如此，在放下对教会学校和教育的偏见和成见方面，已是非常大的进步。

宣教士对中国近代教育的发展所作的贡献是值得尊重的。"普世教育"的观念使任何人均有享受教育的权利，"两性平等教育"让女性享受平等的教育权，"分级教育"提出普及教育、中等教育和高等教育的理念，为当今教育的模式开了先河。

第四节　教育与宣教：关于宣教策略的争论

几乎所有的宣教士都是带着传福音的使命来到中国，而其中很多宣教士非常重视在中国的教育，以教育为传道的辅助手段。他们"坚信教育在改变人的态度、思想、以及为基督教在中国扎根铺平道路方面所起的作用"，[282]同时也坚信从事教育并没有改变他们宣教士的身份。1869 年 12 月 1 日，丁韪良在向美国长老会总部递交的辞呈中就曾明确表示，同文馆总教习的职位，只是改变了他的角色，但宣教士的功能并没有改变，甚或是更有效的宣教的方式：

> 我期望自己被看作是终生的宣教士，在灵里我依旧是宣教士和
> 工人，因为我相信，对这里的人民最有益的方式，就是对我来说最

---

280 谢长法，彭泽平主编：《中国教育史》，209 页。

281 谢长法，彭泽平主编：《中国教育史》，211 页。

282 [美]杰西·卢茨著，曾钜生译：《中国教会大学史——1850-1950》。杭州：浙江教育出版社，1987 年，32 页。

有效的方式。曾经有一位最高级政府官员，在我不在场的时候对其
他人说过：如果所有的宣教士都像丁韪良那样，也许他自己也会成
为基督徒。上帝知道，我说这些不是出于虚荣，只是想让你们看见，
我完全没有被世俗化，或是轻忽了给我的这个机会。同文馆是世俗
的，但是在我手中，借着上帝的祝福，它至少不会像它应该有的样
子那样反对基督教。[283]

在十九世纪的中国和西方国家的所有接触和关系当中，新教宣教士一直
担当着远超过宣教自身的重要角色，他们在中外关系史上的地位也是举足轻
重。在传播基督福音的同时，宣教士以宗教改革带来的普世教育、"天职"观
念和文化使命活跃于社会的各个领域，也始终与中国的政治、文化、教育、
外交、经济的发展和改革息息相关。谢扶雅认为基督教历史本身就是一部传
道史，新教则以开医院、设学校、兴办种种社会事业来推广其教义。[284]新教
的宣教士们成为双重文化的传播者。

对新教宣教士的这种宣教方式，顾长声的看法代表了很多学者的观点：
"传教士本来的使命是传播基督教，并不负有介绍宗教以外的中西文化的任
务。"[285]孙邦华则看到了在当时的历史环境下宣教士投身教育的原因，他认为
新教宣教士是被迫改变了在中国的宣教方式，因为中国人不信奉上帝，自然
对宣教士所传播的福音不敢兴趣，为了改变中国人对福音的冷漠、厌恶、甚
至敌视、排斥，迫使丁韪良、林乐知等宣教士调整了布道方法和策略，[286]"以
中国兴起的学习西方的潮流为契机，以兴办新式教育、传播西学为间接手段，
即以基督教为核心的西方文化改造中国文化，以期建立一个有利于基督教传
播的良好氛围。"这道出了宣教士们在中国兴办教育的部分原因，宣教士真切
地希望通过自己的努力对中国的教育进步尽一份努力，"用教育惩罚迷信和无
知"，[287]使中国摆脱愚昧和落后。

283 Martin to Board, #169, Dec.1, 1869. Ralph Covell, *Pioneer of Progress in China*, p.175.
284 谢扶雅：《基督教纲要》。上海：中华书局，民国23年（1934年），98页。
285 顾长声：《传教士与近代中国》。上海：上海人民出版社，2013年，375页。亦可
　　参考顾长声：传教士与近代中西文化交流——兼评《剑桥中国晚清史》关于基督
　　教在华活动的论述。《历史研究》，1989年6月，56-64页。
286 孙邦华：简述丁韪良。《史林》，1999年第4期，84页。
287 李提摩太：《李提摩太在华回忆录》，序言，3页。

十九世纪下半期的绝大多数宣教士，还是将传福音、建教会、发展信徒作为他们来到中国的主要任务并为之鞠躬尽瘁。英国伦敦会宣教士杨格非（Griffith John, 1831-1912）认为，最好的宣教方式就是每天在礼拜堂里和街道上传播福音，他坚信只有在现场传播福音才是在中国最为有效的布道方式，[288]并终其一生都在努力开拓新的宣教领域。中国内地会创始人戴德生（James Hudson Taylor）坚持认为，他们的主要任务就是为尽可能多的人传授福音的知识，所以他们采取的方式是巡回演讲与布道，建立传教站。戴德生明确表示："如果我们用学校或教育代替圣灵的能力来改变人心，这将是极大的错误。如果我们的意念是人能藉着教育的过程，而非藉着重生的再造，来改变归正，这将是极大的错误"。[289]虽然也有人指责他们的神学过于狭隘、过时，对"福传"（evangelization）的定义过于机械、僵硬，但该会一直忠实于自己的创立宗旨。[290]戴德生也成为基要派宣教策略的代表。

美部会在 1837 年的第 28 届报告中就声明："美部会在异教地区的传教站的首要目标是，在上帝的保佑下，建立本地教会，将其交由具有一定能力与资历的本土牧师管理和教牧，并为其提供充足资源，以保证他们自己能够做到自传福音"，呼吁所有宣教士专注于宣讲福音，"除发展新基督徒和能给基督教带来恒久影响的活动外，哪怕牺牲其他所有与此没有直接关系的活动也在所不惜。"[291]因此裨治文被要求退出《中国丛报》的编辑工作。而裨治文则认为，"我们同中国人往来失败的最主要的原因之一，就是没能了解他们的个性，因而无法同他们交流，并对他们施加积极的影响"；西方要想解决和中国的政治分歧，就必须要多了解中国的文化和社会，并从根本上去改善及影响中国人的心灵。[292]伯驾在 1834 年来华前也曾收到美部会的告诫：

> 你如遇机会，可运用你的内外科知识解除人民肉身的痛苦，你
> 也随时可以用我们的科学技术帮助他们。但你绝对不要忘记，只有

---

288 汤普森：《杨格非：晚清五十年》，121-122 页。

289 Dr. & Mrs. Howard Taylor, *Hudson Taylor in early years*（New York: Hodear and Stoughton; George H. Doran Co. 1912）Vol. 2, p.407. 参顾卫民：《基督教与近代中国社会》。上海：上海人民出版社，2010 年。142 页。

290 赖德烈（Kenneth Scott Latourette）：《基督教在华传教史》，337 页。

291 《美部会第 28 届年会报告》（*Twenty-Eighth Annual Meeting of the Board*）。参考[美]雷孜智：《千禧年的感召》，168-169 页。

292 裨治文：《中国人的思维特征》（*Intellectual Character of the Chinese*），登载于《中国丛报》1835（5），3 页。参考雷孜智：《千禧年的感召：裨治文传》，149 页。

当这些能作为福音的婢女时才可能引起你的注视。医生的特性决不能替代或干扰你作为一个传教士的特性，不管作为一个懂得科学的人怎样受到尊敬或是对中国传教有多少好处。[293]

作为基督教的宣教差会，他们差派宣教士来华的主要目标是宣教，所以对宣教士的要求一定是以宣教为第一目标。李提摩太也曾经受到指责，认为他是借着传播基督福音之名教授自然科学与异端邪说的混合物，改变了宣教的目的，是不忠的行为。丁韪良编制罗马拼字系统和翻译《万国公法》，也曾被长老会的负责人指责为与宣教事业并无直接关系。

1877 年第一次新教宣教士全国大会在上海举办，会上关于创办文化教育事业与宣教的关系，形成两种对立的意见。杨格非指出"世俗教育"是一把双刃剑，既可以扩大宣教机会，也可能因科学冲淡宗教信仰。他的观点代表了许多传统基要派宣教士的观点："我们到中国并不是为了发展其资源，促进其产业，也不仅仅是为了推动文明的发展，我们在这里是为了同黑暗势力进行斗争，拯救世人于罪恶之中，为基督教征服中国。"因此批评林乐知、丁韪良等人不务正业。[294]狄考文（Calvin Wilson Mateer，1836-1908）则为他们辩护，称办学是"造就能把西方文明引进中国的领袖人物"。[295]傅兰雅（John Fryer）也为之争辩。[296]虽然一部分宣教士反对教育办学，但宣教士们却一致认为医药传教是吸引人信教的很好的敲门砖。[297]

赖德烈也对戴德生和李提摩太所代表的不同宣教立场和两种不同的宣教策略作出评价：

李提摩太希望华人生活的方方面面都因西方文明的健康成分的传入而得到升华，而戴德生则将自己的精力限制于当时新教所理解的福音的传播上。李提摩太的神学思想更为自由和灵活，因而他

---

293 顾长声：《传教士与近代中国》，43 页。亦可参考熊月之：晚清西学东渐过程中的价值取向。《社会科学》，2010 年第 4 期，115-122 页。

294 Griffith John, *The Holy Spirit in Connection with our Work*. Records of the General Conference of the Protestant Missionaries of China, held at Shanghai, May 10-24, 1877, p.32-44.

295 Calvin Wilson Mateer, *The Relation of Protestant Missions to Education*, Records of the General Conference of the Protestant Missionaries of China, held at Shanghai, May 10-24, 1877, p.171-180（重点 174 页）。可参考《中国基督教（新教）史》287 页。

296 *Records of the General Conference of the Protestant Missionaries of China*, held at Shanghai, May 10-24, 1877, p. 474, 236.

297 姚民权：《中国基督教简史》，140 页。

也就更容易看到华人的种种非基督教信仰中的有益成分。他们二人都是伟大的传教士，二人的思想都被传教界认为是合理而正确的传教思想，这也就显示了新教的包容性。[298]

丁韪良引用时任日本副使张鲁生[299]的话，为自己和其他传播教育与科学的宣教士辩护。张鲁生对宣教士在科学传播与教育上的价值给予肯定："从外国商业所得之利益，虽未足以抵偿其所引起之灾祸，但吾人由传教士教导所得之利益，则不胜枚举。"他摘要了由两个世纪前耶稣会神父的作品开始，直至当下新教宣教士的著作，"此全部是传教士之著作，彼等善为适应环境以增加智识，并能鼓舞中国之智识分子。彼等对吾人之影响，将为无穷。"[300]张鲁生认为很多受了西方先进科学与教育影响的士大夫，舍弃了偶像崇拜，从基督教信仰中获得一种坚强的力量，因其能协同科学的普及，以解除国家受迷信的束缚。[301]

丁韪良在 1890 年宣教士全国大会上仍在努力希望其他的宣教士改变观点。他提醒宣教士们吸取清初天主教在华宣教失败的教训："当年罗马教廷在对待中国本土宗教习俗的问题上的顽固立场，导致基督教失去了中国。"丁韪良认为，明朝时期的利玛窦之所以在中国传教获得成功，"他的科学知识被证明是最主要的一个关键"。[302]在谈到清政府对基督教传教的态度时，丁韪良再次提到耶稣会传教士们的宣教策略：

> 三百年前抵达中国的耶稣会宣教士依靠他们的学识获得了统治者的好感，同时极其谨慎地避免激发后者的偏见。而这样做的结果，他们的信仰迅速地传播开来，很有希望得到整个帝国的归信。[303]

在这一点上谢和耐的看法与丁韪良基本相同，他认为利玛窦对待中国的反应的判断是正确的，他在把"中国上层人士吸引到基督教一边的努力中，

---

298 赖德烈：《基督教在华传教史》，330 页。

299 即张斯桂，字鲁生，曾为丁韪良所译《万国公法》作序。

300 丁韪良：《中国文艺复兴》（1868 年）。参见刘伯骥：《丁韪良遗著选粹》，159 页

301 丁韪良：《中国文艺复兴》（1868 年）。参见刘伯骥：《丁韪良遗著选粹》，160 页；英文原文 321 页。

302 丁韪良著、沈弘译：《中国觉醒》，113 页。

303 W.A.P. Martin, *Attitude of the Chinese Government toward Christian Missions*, The Missionary review of the world, v.7, 1896, p.842.

非常注意不因为一种不谨慎的虔诚而引起反感"。[304]孙尚扬在总结利玛窦时期耶稣会士的传教策略时，持相似观点："利玛窦的适应性的传教策略建立在他对中国社会文化的敏锐观察基础之上，体现了基督教的人文主义精神，即对基督宗教之外的其他文化的尊重与宽容，他因此而得到了丰裕的回报。"[305]与丁韪良的看见是一致的。

英国学者李约瑟评价明末清初耶稣会在中国的传教活动时曾说过，他们把欧洲的科学和数学带到中国，只是为了达到传教的目的："他们力图通过把文艺复兴时期的科学精华带往中国的方法，来完成他们的宗教使命，这是一种极其开明的行动；不过，对于他们来说，科学只不过是达到目的的一种手段而已。他们的目的，自然是利用西方科学的威力来支持并抬高西方宗教的地位。这种新科学……发源于基督教国家。"[306]

林治平总结丁韪良一生从事宣教事业的两大目标："一为赢得中国人相信基督教以便在他们心中播下永生的盼望；一为以西方的知识技术教导中国人，使他们远离知识的沼泽地区与文化的落后。"[307]丁韪良在晚年的时候也更加认识到："盖谓振中华，必须以圣道为本，如圣教不兴，则民无以新矣。"[308]他深信，伴随科学而来的基督教，将带着一股属灵的力量，注定会在中国人的内心世界中产生一场广泛而深远的巨大革命。[309]

小结

广学会的评论代表了大多数在华宣教士对宗教与科学的关系的认知："科学没有宗教会导致人的自私和道德败坏；而宗教没有科学也常常会导致人的心胸狭窄和迷信。真正的科学和真正的宗教是互不排斥的，他们像一对孪生子——从天堂来的两个天使，充满光明、生命和欢乐来祝福人类。"[310]普世教育和义务教育正是在马丁·路德、加尔文等宗教改革家的引导和积极推动下

---

304 [法]谢和耐：《中国与基督教——中西文化的首次撞击》，371 页。

305 孙尚扬：《简论基督教文化在中国的传播与发展》。中央社会主义学院学报，2017年第 4 期，106 页。

306 李约瑟：《中国科学技术史》第 4 卷第 2 分册，北京：科学出版社，1975 年，673页。

307 林治平：《科学与救恩》，262 页。亦可参考王月："丁韪良与中国现代化——从《花甲忆记》说开来"，《中国图书评论》，2010 年 2 月，84-89 页。

308 丁韪良著、沈弘等译：《花甲忆记》，42 页。

309 W.A.P. Martin, *A cycle of Cathay*, p.264.

310 《广学会年报》（1897），引自熊月之：《西学东渐与晚清社会》，19 页。

建立和发展的，在他们的理念中，教育是重要的，人人需要受教育，而且"人们有必要理解圣经的话语和话语所扎根之世界的本质"。[311]

明末清初因利玛窦规矩而导致的"礼仪之争"，无论对宽容中国礼仪的耶稣会士和中国信徒，还是对反对耶稣会宣教策略的如多明我会等其它天主教修会，甚或对罗马教廷，以及捍卫自己文化传统和利益的中国皇帝，对各方而言，其结局都是"零和博弈"。[312]

晚清在华的新教宣教士们，作为先驱，无论对科学或教育的态度如何，他们以自身的宣教活动实践着不同的宣教理念和宣教策略，无论是如戴德生之根基于发展地方教会，还是如杨格非之发展地区性宣教事业的中层宣教路线，或者如林乐知、丁韪良以科学和教育传道，甚或如丁韪良、李提摩太等与清政府的统治者直接发生往来的高层路线，正如使徒保罗所说："无论怎样，基督究竟被传开了！"（腓立比书1:18）。

---

311 [美]阿尔文·施密特著：《基督教对文明的影响》，143 页。关于宗教改革对教育的影响，可参见本论文第一章第一节"宗教改革"之"普世教育"部分的内容。

312 孙尚扬：简论基督教文化在中国的传播与发展。《中央社会主义学院学报》，2017年第 4 期，104-112 页。

第五章 结 语

一、结语

人物臧否：评价丁韪良

作为宣教士，丁韪良希望中国能成为基督教国家中的一员；作为在中国生活超过了半个世纪的外国人，他期待这个世界上最古老的、人口最多的帝国得以真正的振兴，从而达到"基督教文化、西方工业文明与中国帝制相融合"。[1]虽然他的幻想最终破灭了，但是他对中国文化的了解是深刻的，对中华民族的感情和同情心是真诚、深厚的。

美国研究丁韪良的著名学者柯饶富（Ralph Covell）称赞丁韪良是中国近代国家教育的先驱，在晚清的中国发展了法律、科学、数学和政治经济学等学科，并凭借这些贡献，"他获得了同时代的人的尊重，因为他以他的能力使基督教信仰与中国文化体系连接起来……他的职责要超过原定的正常的宣教士的职责"，同时称誉丁韪良不但是真理的宣告者，他也是进步的先驱。[2]

但丁韪良最重要的身份始终是一名宣教士，他作为宣教士来到中国，他所从事的所有事业，依旧是为了他最初来中国的动机：传播福音。宣教事业可以说是信仰的，也可以说是文化的，需要宣教士的文化使命感，对非基督教的世界有关心，有爱心，并愿意委身于拯救灵魂的工作。正如郝平曾评价

---

1 沈弘：《跨越时代的预言》，《中国觉醒》出版后记，235 页。
2 Ralph Covell: *The Legacy of W.A.P. Martin,* 1993, p.29.

利玛窦在中国活动，目的是为扩大基督教的影响，同时确立了一种对待异于基督教的文化的态度，即对中国文化的尊重，并在文化对话中表现出了极大的宽容和理解。[3]丁韪良也是一样，他尊重和理解中国文化，并希望用基督教文化影响中国文化，为此他付出了一生的努力。

从某种程度上可以说，丁韪良无意间参与了中国近现代化进程的启动和初期发展。如果说西方的坚船利炮从外部敲开了中国的大门，丁韪良则是参与到了中国现代化进程的内部，凭借自己的才智、见识和努力，成为了清政府所需要的人才，成为中国现代化进程的参与者和推动者，帮助晚清的中国开眼看世界，了解世界。他和他所带领的同文馆，成为中西文化会通的重要桥梁，帮助近代中国进入世界大家庭。从个人的层面，丁韪良实现了自己宣教士和教育家双重身份的融合，教育成为了他传播福音的手段和途径，实现了他最初的愿望。从社会的层面，基督教全面进入中国的同时，西方的文明和科学也传入中国，两者共同从外部推动了晚清中国的现代化进程。虽然后来维新被扼杀，但其现代化进程的脚步在历史中前进了一步。

史实笔削：评价咸同之际丁韪良的在华活动

鸦片战争开启了中西关系新时代，既是基督新教在华全面宣教历史的开端，也是晚清中国现代化进程的开端。鸦片战争之后来华的丁韪良及其他基督新教宣教士，在时间上，正是处于近代中国社会形态的转折期，从封建社会向近代社会转变，中国被迫面临的巨变和同治王朝主动求变的需要，为宣教士们参与这个转变过程提供了可能。在空间上，他们是处于基督的国度和世俗的国度之间，文明的西方和封建的中国之间，以及晚清政府和其母国政府之间，在反差鲜明的两种语言、两种文化传统、两种不同文明进程的现实之间，宣教士本身拥有的素质和使命感，使他们同时成为真理和文明的传播者的角色成为可能。宣教士们以自己的亲身经历，成为那个时代的记录者，也起到了对当时中国社会的教育、法律、外交等领域的引导者的作用。研究每一个宣教士，就是在研究基督教入华史，也是在研究中国的近代史。而研究中国近代史，同样也离不开对基督教和宣教士的研究，可以说近代基督教的在华宣教史是中国近代历史的重要组成部分，正因为如此，这段历史研究的重要性显而易见。

---

3 王文兵：《丁韪良与中国》，总序，III.

正是基于这种重要性，本论文在对丁韪良咸同之际在华活动的研究中，始终以基督教在华宣教史和中国现代化进程为两条并行的主线，将丁韪良及宣教士群体在历史中的作为置于其中，动态地观察其互动和相关事件的发展，力求正确而理性地看待宣教士在基督教传播和西方文化传播中的双重身份和作用。

在对丁韪良在咸同之际的三个主要活动的研究中，"中国现代化进程因素模式"充分解释了咸同时期丁韪良的在华活动给基督教在华宣教史、以及晚清中国的现代化进程带来的影响。当基督教和西方文明作为"外来因素"介入时，传统的中国受到强大的挑战，中国自身内部开始发生了根本性的变化。从另外一个角度，无论从基督教在华宣教史还是近代中国的现代化进程，笔者认同"同治中兴"都是一个重要前提，晚清政府选择了"有目标、有计划、以较短的时间、最有效的途径，学习、借用和移植先进国家成果。"[4]基督教和西方文明加入到中国文化的内部运作之中，推动了整个现代化进程。

从现代化进程的角度观察，鸦片战争迫使晚清政府"睁眼看世界"，条约及其签订过程中所带来的新问题和新观念，让总理衙门的大臣们开始思考未来大清的道路和方向；条约中的"国家"、"主权"、"平等"等概念，改变了中国固有的"华夷"世界秩序观，让晚清政府接触到"什么是世界"；条约同时促成了清政府对基督教政策的转变，"宗教宽容条款"成为保障宣教士在华宣教合法地位的基本条款，新教在中国的宣教全面开放；而条约的签订更是影响了丁韪良、伯驾、裨治文、卫三畏等一大批宣教士，或政治，或外交，或教育，或办报，或译书……以各种形式投身晚清的现代化进程中。

条约的签订唤醒中国对国际法的意识和需要，《万国公法》则是帮助中国真正地去认识世界："世界是什么"。万国公法的传入，将中国重新构建为新式的"民族国家"（nation-state），从一统天下的"朝贡体系"，转为主权独立、平等对待、公平外交的"世界体系"。[5]《万国公法》不仅成为中国系统构建国际法体系历程的开端，也标志着清政府开始主动输入西方法学，并意味着中国正在被逐步纳入国际法体系，确立了中国在世界中作为主权国家的地位。

4　罗荣渠：《现代化新论：世界与中国的现代化进程》。北京：北京大学出版社，1993年，15页。

5　林学忠：《从万国公法到公法外交：晚清国际法的传入、诠释与应用》。上海：上海古籍出版社，2009年，3页。

晚清政府开始按照国际法原则和世界秩序的规范与各国展开外交，解决政治和外交争端，维护自己的合法权益。

京师同文馆的新式教育和近代外交进一步帮助中国"如何走进世界"。同文馆开晚清政府办学之先河，成为沟通中西学术文化的桥梁，为中国的现代教育树立了楷模。它成为清末民初国家需用的外交官之摇篮，为政府培养了教育、内政、军事等若干重要职能的幕僚。正如张之洞的评价："治术以培植人才为本，经济以通达时务为先，自同治以来总理各国事务衙门设立同文馆，创开风气……人才奋兴，成效显著。"[6]同文馆在西方著作的翻译出版方面，在法学和经济学的教育方面，帮助中国逐渐加深对西方世界的理解和认识，开始使用国际法和外交的理念，进行正常的国际间外交，正式走入了国际大家庭。

以"文化交流模式"来阐释万国公法和京师同文馆的历史意义是适宜的。丁韪良在条约谈判的过程中意识到了法律意识的缺乏给清政府带来的被动和弊病，他的个人行为恰与晚清政府的自我觉醒和主动寻求发展出路的主观动机相契合，构成文化交流的基础。丁韪良《万国公法》的翻译及出版，成为中国系统构建国际法体系历程的开端，也标志着中国主动输入西方法学的正式的开始。丁韪良希望以新教育革新古老帝国，"中国欲图富强，势不得不亟培人才；而欲培人才，势不得不亟师西法"，同文馆成为中国新教育的肇端，倾力培养经世致用人才，与国家兴亡休戚与共。藉此，西方的国际法、新式教育体制和模式，加入到了中国文化和外交的内部运作之中。

宣教士的使命感，使他们意识到中西文明的不平等的关系，也意识到自己的责任是帮助中华民族的文明脱离愚昧而达到或接近开化中心的水平。"开化计划模式"解释了鸦片战争后新教宣教士在中国兴办教育、医院、慈善、文化出版等事业的动机：用基督教改变中国，同时用西方基督教国家的文明开化中国。以王立新的评价为总结：宣教士把西方社会现代性的知识、观点、规范和制度传入中国，对中国传统文化的"现代性挑战"，诱发了近代中国人寻求变革的意识，有助于近代中国知识分子科学、自由、平等、民主等价值观的形成和实现。[7]

---

6 高时良编：《中国近代教育史资料汇编——洋务运动时期教育》，上海：上海教育出版社，1992，259 页。

7 王立新：《美国传教士与晚清中国现代化》，284 页。

二、余议

如何看待和解释鸦片战争后丁韪良等基督新教宣教士在中国的活动及其对中国现代化进程的影响，很大程度上关乎如何看待和阐释鸦片战争之后的中国近代史，以及如何定位近代中国文明的内部问题和向西方先进文明学习的历史。外来的思想和文明，对于近代中国文明，是受益还是受困，是碰撞并发展着，还是颠覆和灾难，可能在相当长的一段时间里，仍旧会是学界研究所必须面对的问题。

关于"文明等级论"

有学者认为"文明等级论"是全球史研究的一个关键。在关于近代基督教宣教史的研究中，很多学者采用了"文明等级论"来阐释宣教士的行为和动机。由欧美人塑造的文明等级标准将世界各地的人群划分为五个等级：野蛮的（savage）、蒙昧/不开化的（barbarian）、半开化的（half-civilized）、文明/服化的（civilized）、明达/启蒙的（enlightened）。[8]尽管黑格尔曾经明确地将中国放在了"半蒙昧半文明"阶段，[9]但中国似乎并没有像日本那样公开认可自己的"半开化"地位。

涉及到本研究中的问题：

（1）刘禾认为丁韪良在翻译《万国公法》时，含糊了惠顿对"服化之国"（civilized nations）的清晰定义，因此含糊了"支那国"在文明等级中尚不属于"服化之国"的关键。[10]

（2）林学忠也曾采用"文明等级论"来解释《万国公法》对中国的影响。他在研究《万国公法》的过程中发现，"当中国人从国际法中获得自主、平等、独立等国际法概念，理解到国家主权不容侵犯的原则，并期待享有平等主权时，便发觉到在以'文明'为国际法使用基准的国际秩序里，中国仍处于'半文明'或'野蛮'阶段，未能享有完整的国家主权。"[11]正是因为《万国公法》

8　刘禾主编：《世界秩序与文明等级：全球史研究的新路径》，北京：三联书店，2016年，7页。其他还有三级之分（野蛮、蒙昧、文明）和四级之分（野蛮、蒙昧、半开化、文明）。

9　刘禾主编：《世界秩序与文明等级：全球史研究的新路径》，10页。

10　刘禾主编：《世界秩序与文明等级：全球史研究的新路径》，83页。此处出自刘禾所作《国际法的思想体系：从文野之分到全球统治》。

11　林学忠：《从万国公法到公法外交：晚清国际法的传入、诠释与应用》，397页。

的传入，重新将中国构建为新式的"民族国家"（nation-state），使中国"从传统帝国一统天下的'朝贡体系'，转为国家主权独立、相互平等对待、进行公平外交的'世界体系'"。[12]言外之意，是《万国公法》提高了中国的文明等级。

（3）王剑则在对丁韪良英译诗歌的研究中提到"文明等级"的问题。他一方面认为丁韪良的翻译活动，确实向美国甚至整个西方介绍和传播了中国文学，但另一方面又认为其根本动机并不在于促进不同文明之间的平等交流，而是在于向西方公众传播中国"半文明"的等级地位，将中国的文明形象由"野蛮"向"半文明提升"。[13]之所以做出这样的解释，是因为丁韪良作为国际法学专家，自然了解西方法学界将中国的定义为"半文明"地位。[14]王剑对丁韪良的论断和刘禾的看法呼应，刘禾也认为英美宣教士的编译活动"隐蔽地传播欧美文明等级的标准"，比如傅兰雅的《佐治刍言》和林乐知的《万国公报》。[15]

从以上学者的研究和结论中，笔者仍能感受到，这是我们对自己文化的认知所带来的问题，与"文化侵略"说的深层思想意识有一定的相关性。

在本论文写作的后期，笔者方接触到"文明等级论"这一研究概念，在研究的过程中也没有以"文明等级论"来解释丁韪良及其他宣教士在华的宣教和其他社会活动，而主要以中国现代化进程模式来阐释笔者的研究论点。因对此涉足尚浅不能展开讨论，暂且将学者围绕丁韪良与"文明等级论"的相关话题放置在此为伏笔，期待未来自己或学界有更多的研究和发现。

三、展望

本论文的目的是通过对丁韪良咸同之际在华活动的研究，倚重现存的史料和各界各家学者的研究成果，诠释基督新教宣教士对晚清中国现代化进程的影响和贡献，本研究的主线和所呈现的主要的一些观点也是在这方面研究的一种尝试，尚有不足之处期待在未来的研究中得到进一步完善。

林学忠认为，西方国际法将世界各国分成"文明"、"野蛮"和"未开"三个领域，而中国是属于"野蛮"的国家领域。

12 林学忠：《从万国公法到公法外交：晚清国际法的传入、诠释与应用》，3 页。

13 王剑："文明等级'的提升——论丁韪良英译中国神话传说和诗歌"．《中国比较文学》，2017 年 2 期，76 页。

14 王剑："文明等级'的提升——论丁韪良英译中国神话传说和诗歌"．《中国比较文学》，74 页。

15 刘禾主编：《世界秩序与文明等级：全球史研究的新路径》，8-9 页。

在阅读文献和其他学者的研究著作中，发现由于时代和意识形态的影响，主观臆断或与史实有出入之处颇多。在本论文的撰写过程中，笔者致力或查考原文，或查考史著，或比较相关研究，作了部分的更改，提出自己个人的研究观点。但仍会有很多引用的史料部分或观点部分，或许依旧存在这类问题，期待同行不吝赐教指正。

作为宣教士、教育家、法学家、作家，丁韪良在中国生活的六十余年间的活动，他的著述，以及他关于中国文化的很多理解和评价，他和中国近代历史上重要人物的关系，他和西方宣教士之间的个人关系，有很多问题是值得进一步研究的，却不是一篇博士论文可以完成的。即使是本研究所涉及的时间范围和研究事件，也仍有极大的研究空间。希望在未来的学习中能继续的研究和探讨。

值得欣慰的是，在研究的过程中，笔者在长老会的档案中发现了大量的丁韪良书信的手稿，成为研究的第一手史料；同时抱憾的是，因历史悠久，很多不是很完整，在字迹的识别中存在很大的困难，因此在本次的研究中虽然也采用了部分的信件，但仍仅仅是一小部分，还没有很好地充分地利用这批原始的宝贵资料。希望未来有机会将其做出整理，以飨同仁。

参考文献

一、中文原始文献

《圣经》(和合本)。

1. 宝鋆等修:《筹办夷务始末》同治朝,1-16 册。沈云龙主编:近代中国史料丛刊第六十二辑,文海出版社,1971 年[民国 60]。

2. 丁韪良:《中国文艺复兴》(*The Renaissance in China*, 1868 年)。收录于刘伯骥:《丁韪良遗著选粹》,台北:台湾中华书局,1981 年。

3. 丁韪良:《天道溯原》,上海:苏松上海美华书馆,同治八年(1869)。

4. 丁韪良主编:《中西闻见录》,同治十一年七月(1872.8)创刊。

5. 丁韪良等译:《星轺指掌》(Charles De Martens, Karl, Freiherr von, *Guide Diplomatique*),同文馆聚珍版,光绪二年(1876)。董恂序。

6. 法思德(Henry Fawcett)著,汪凤藻译,丁韪良核定:《富国策》(*Manual of Political Economy*)。北京:同文馆,光绪六年(1880)。

7. 丁韪良著,汪凤藻译:《中国古世公法论略》(*International law in Ancient China*, 1881 年),收录于王健主编:《西法东渐——外国人与中国法的近代变革》,2001 年,31-39 页。

8. 丁韪良:《同文馆题名录》:

   • 第一次,光绪五年刊(1879),*Calendar of the Tungwen College, first issue, Peking, 1879.*

- 第四次，光绪十四年刊（1888），*Triennial Calendar of the Tungwen College, Fourth issue, Peking, 1888.*
- 第五次，光绪十九年刊（1893），*Calendar* of the Tungwen College, 1893.

9. 丁韪良：《同文馆记》（1907 年）。收录于高时良编：《中国近代教育史资料汇编——洋务运动时期教育》，上海：上海教育出版社，1992 年。第141-149 页。陈学恂：《中国近代教育史教学参考资料》（上册），北京：人民教育出版社，1986 年。

10. 丁韪良著：《同文馆记》，傅任敢译。收录于孙子和著：《清代同文馆之研究》。

11. 丁韪良口授、赵受恒笔述：《花甲忆记》，上海广学会，1910 年（宣统二年）。

12. 丁韪良著，沈弘、恽文捷、郝田虎译：《花甲忆记：一位美国传教士眼中的晚清帝国》。桂林：广西师范大学出版社，2004 年。

13. 丁韪良著、沈弘译：《中国觉醒：国家地理、历史与炮火硝烟中的变革》。北京：世界图书出版公司北京公司，2010 年。

14. 丁韪良著、沈弘等译：《汉学菁华：中国人的精神世界及其影响力》。北京：世界图书出版公司，2010 年。

15. 惠顿（Henry Wheaton）著，丁韪良译：《万国公法》（*Wheaton's Internatioanl Law*，原书名：*Elements of the International Law*），京都崇实馆存版，同治三年（1864）孟冬镌。

16. 贾桢等修：《筹办夷务始末》咸丰朝，第1-8 册。上海：中华书局，1979 年。

17. 吴尔玺（Theodore Dwight Woolsey）著，丁韪良等译：《公法便览》（*Woolsey's International Law*，原书名：*Introduction of the Study of International Law*），光绪三年孟烁同文馆聚珍版。北京：总理各国事务衙门，1878 年。

18. 《中俄约章会要》三卷，续编一卷。同文馆聚珍版，总理衙门排印，光绪八年（1884）十月。

二、英文原始文献

<u>**W.A.P. Martin**</u>

1. *A cycle of Cathay, or, China, south and north, with personal reminiscences*, Fleming H. Revell Company, New York, Chicago, Toronto, 1896.

2. *A Trip to Manchuria.* The Chinese Recorder and Missionary Journal, Vol. XXXIX, 1908, p. 55-56.

3. *An African Pioneer.* The Missionary Review of the World. Vol.19, 1896.p.449.

4. *Attitude of the Chinese Government toward Christian Missions*, The Missionary review of the world, v.7, 1896.

5. *Chinese Legends and Other Poems.* Shanghai: Kelly & Walsh, The TienTsin Press, 1894. 1912.

6. *Hanlin Papers, or Essays on the Intellectual Life*, London: Trubner & Co., Shanghai: Kelly & Walsh, 1880.
   ○ *An Old University in China*, p.111-125.
   ○ *Competitive Examinations in China,* p.51-74.
   ○ *Education in China,* p.75-110.
   ○ *The Renaissance in China*, p.297-332.

7. *Hanlin Papers, Second Series, Essays on the History, philosopy, and Religion of the Chinese.* Shanghai, Kelly & Walsh, The Tientsin Press, 1894.
   ○ *International Law in Ancient China*, p.111-141.
   ○ *Diplomacy in Ancient China*, p.142-172.

8. *On Early Inventions of the Chinese.* Journal of the American Oriental Society V.9, 1868-69, p. liii.

9. *On the Comoetitive Examination-System in China.* Journal of the American Oriental Society V.9, 1868-69, p. liv-lv.

10. *The Analytical Reader: A Short Method for Learning to Read and Write Chinese*, Shanghai: Presbyterian Mission Press, 1863. 丁韪良还编制过一本《双千言》（*The Two Thousand Character Classic*）.

11. *The Awakening of China*. New York: Doubleday, Page and Company, 1907.

12. *The China Letters*: Martin to Board. 此批书信为笔者在费城长老会历史学会（Presbyterian Historical Society, Philadelphia）搜集的胶片文件，均为丁韪良手稿。部分见于 *China Letters of the Board of Foreign Missions of the Presbyterian Church in the United States of America*（《美国长老会外国传道部中国来信》）。

13. *The Hanlin Yuan, or Chinese Imperial Academy,* Journal of the American Oriental Society v.10, 1871-80, p. lxxiii-lxxiv.

14. *The Lore of Cathay, or the Intellect of China.* President of Chinese Imperial University, New York, Chicago, Toranto, Fleming H. Revell Company, 1901.

15. *The Present and Prospective Relations of China to the Western World*，Journal of the American Oriental Society, v.9（1868-1871）. Proceedings, 1868, xlviii-xlix.

16. *The Renaissance in China*. The New Englaner, Edited by Professor Geore P. Fisher, Professor Timothy Dwight, and Willian L. Kingsley, New Haven: Thomas J. Stafford, Vol. 28, 1869, p.47-68.

17. *The Renaissance in China*. Hanlin Papers, or Essays on the Intellectual Life, London: Trubner & Co., Shanghai: Kelly & Walsh, 1880, pp.297-332.

Journal of Foreign Missions

1. *Annual report of the Board of Foreign Missions of the Presbyterian Church*

2. *Journal of the American Oriental Society*

3. *Indiana University Alumni Quarterly*, Vol. IV. C. E. Pauley & Co., Indianapolis, 1917.

4. *Minutes* - United Presbyterian Church in the U.S.A. Philadelphia.

5. *Records of the General Conference of the Protestant Missionaries* held at Shanghai, May 10-24, 1877. Shanghai, Presbyterian Mission Press.

6. *Records of the General Conference of the Protestant Missionaries* held at Shanghai, May 7-20, 1890. Shanghai: American Presbyterian Mission Press.

7. *China Centenary Missionary Conference records* held at Shanghai, April 25 to May 8, 1907.

8. *The Chinese Recorder,* Shanghai: Presbyterian Mission Press, 1879, 1897, 1908, 1916, 1917.

9. *The Chinese repository.* Canton.1896, 1888-1889, 1889-1990, 1917.

10. *The China Review*, or Notes and Queries on the Far East, 1872-1901.

11. *The Home and foreign record of the Presbyterian Church in the United States of America.* Philadelphia: Presbyterian Board of Publication, Peter Walker, Agent.

12. *The foreign missionary.* New York: Mission House.1868.

13. *The Missionary review of the world*

14. *The New Enlander*, New Haven, Thomas J. Stafford. Vol.28, 1869.

15. *The Outlook*

三、中文研究文献

1. 包遵彭，李定一，吴相湘编纂：《中国近代史论丛》。台湾：正中书局。民国 66-68 年（1977-1979）。

2. 毕乃德（Knight Biggerstaff）：《同文馆考》。收录于高时良编：《中国近代教育史资料汇编——洋务运动时期教育》，上海：上海教育出版社，1992 年。第 158-166 页。

3. 蔡尚思、方行编：《谭嗣同全集》。北京：中华书局，1981 年。

4. 陈顾远：《中国国际法溯源》。上海：商务印书馆，中华民国二十三年。

5. 陈康祺：《郎潜纪闻初笔 二笔 三笔》。北京：中华书局，1984 年。

6. 陈青之：《中国教育史》。长春：吉林出版集团股份有限公司，2016 年。

7. 陈旭麓：《近代中国社会的新陈代谢》。上海社会科学院出版社，2006 年。

8. 陈学恂：《中国近代教育史教学参考资料》（上册）。北京：人民教育出版社，1993 年。

9. 仇华飞：《早期中美关系研究 1784-1884》。北京：人民出版社，2005 年。

10. 崔瑞德、[美]费正清主编：《剑桥中国晚清史：1800-1911 年》。北京：中国社会科学出版社，1985 年。

11. 崔华杰："传教士与中国历史研究：以《教务杂志》为中心的量化考察"。《社会科学论坛》，2011 年第 3 期，第 50-62 页。

12. 邸笑飞："丁韪良早期科学活动及科学辅教观——基于长老会档案的分析"。《自然辩证法通讯》，2009 年第 1 期，第 66-70 页。

13. 东元编：《郑观应集》。上海：上海人民出版社，1982 年版。

14. 段昌国：《恭亲王奕欣与咸同之际的外交与政治纠纷》（1858-1865）。台北：花木兰文化出版社，2010 年。

15. 段怀清：《传教士与晚清口岸文人》。广州：广东人民出版社，2007 年。

16. 范文澜：《中国近代史》（上册）。北京：北京人民出版社，1962 年。

17. 费正清：《美国与中国》。北京：商务印书馆，1971 年。

18. 费正清、刘广京主编：《剑桥中国晚清史 1800-1911 年》（上、下卷）。北京：中国社会科学出版社，2006 年。

19. 费正清、吴莉苇："新教传教士著作在中国文化史上的地位"。《国际汉学》2003 年第 2 期，119-131 页。

20. 傅德元："《星轺指掌》与晚清外交的近代化"。北京师范大学学报（社会科学版），2006 年第 6 期，74-81 页。

21. 傅德元："丁韪良《万国公法》翻译蓝本及意图新探"。《安徽史学》，2008 年第 1 期，45-53 页。

22. 傅德元："丁韪良研究述评（1917-2008）"。《江汉论坛》，2008 年 3 月刊，86-96 页。

23. 傅德元："《富国策》的翻译与西方经济学在华的早期传播"。《社会科学战线》，2010 年第 2 期，112-119 页。

24. 高时良编：《中国近代教育史资料汇编——洋务运动时期教育》。上海：上海教育出版社，1992 年。

25. 顾长声：《从马礼逊到司徒雷登——来华新教传教士评传》。上海：上海人民出版社，1985 年。

26. 顾长声："传教士与近代中西文化交流——兼评《剑桥中国晚清史》关于基督教在华活动的论述"。《历史研究》，1989 年 6 月，56-64 页。

27. 顾长声：《传教士与近代中国》。上海：上海人民出版社，2013 年。

28. 顾卫民："近代中国的保教权问题"。《当代宗教研究》，2002 年第 2 期，第 24-30 页。

29. 顾卫民：《基督教与近代中国社会》。上海：上海人民出版社，2010 年。

30. 郭嵩焘：《郭嵩焘奏稿》。长沙：岳麓书社出版，1983 年版。

31. 郭卫东：《转折——以早期中英关系和南京条约为考察中心》。石家庄：河北人民出版社，2003 年。

32. 郭卫东："清朝禁教政策演变的若干问题"。《安徽史学》，2000 年第 1 期，38-44 页。

33. 郝田虎："论丁韪良的英译中文诗歌"。《国外文学》，2007 年第 1 期，第 45-71 页。

34. 何勤华："《万国公法》与清末国际法"。《法学研究》，2001 年第 5 期，137-148 页。

35. 何勤华："传教士与中国近代法学"。《法制与社会发展》，2004 年第 5 期（总第 59 期）。

36. 何文贤：《文明的冲突与整合——"同治中兴"时期中外关系重建》。厦门：厦门大学出版社，2006 年。

37. 何晓夏，史静寰：《教会学校与中国教育近代化》。广州：广东教育出版社，1996 年。

38. 洪钧培编著：《春秋国际公法》。上海：中华书局，民国二十八年（1939）。

39. 黄仁宇：《放宽历史的视界》。北京：三联书店，2001 年。

40. 黄秋硕："丁韪良论'中国的文艺复兴'"。《福建论坛》（人文社会科学版），2017 年第 2 期，131-138 页。

41. 贾益："1874 年日军侵台事件中的'番地无主'论与中国人主权观念的变化"。《民族研究》，2009 年第 6 期，88-98 页。

42. 蒋世弟，吴振棣：《中国近代史参考资料》。北京：高等教育出版社，1988 年。

43. 金光耀主编：《顾维钧与中国外交》。上海：上海古籍出版社，2001。

44. 金淑兰、段海龙："《中西闻见录》编者与作者述略"。《内蒙古师范大学学报》（自然科学汉文版），2014 年第 6 期。

45. 金正昆：《外交学》。北京：中国人民大学出版社，2004 年。

46. 赖骏楠："'文明论'视野下的晚清中国及其对外关系——以〈中国评论〉（1872-1901）为考察对象"。《华东政法大学学报》，2017 年第 4 期，167-180 页。

47. 李伯重：《火枪与帐薄：早期经济全球化时代的中国与东亚世界》。北京：三联书店，2017 年。

48. 李传斌：《基督教与近代中国的不平等条约》。长沙：湖南人民出版社，2011 年。

49. 李定一：《中美早期外交史》。台北：传记文学出版社，1978 年。

50. 李恩涵：《近代中国外交史事新研》。台北：台湾商务印书馆股份有限公司，2004 年。

51. 李刚巳编：《教务纪略》四卷。台北：文海出版社有限公司，1988。

52. 李浩："从'福音的婢女'到'政治的婢女'——美国早期来华传教医生伯驾评介"。《江西社会科学》，2003 年第 7 号，75-78 页。

53. 李金强："基督教与中国近代社会转型"。《史学月刊》2013 年第 10 期，5-6 页。

54. 李育民："基督教在近代中国的传教特权"。《文史》第 45 辑。北京：中华书局出版社，1998 年。177-192 页。

55. 李育民："晚清时期条约关系观念的演变"。《历史研究》，2013 年第 5 期，83-98 页。

56. 李育民："晚清中外条约关系的畸形法律性质论析"。《湖南师范大学社会科学学报》，2017 年第 1 期，1-9 页。

57. 李天纲：《中国礼仪之争》。上海：上海古籍出版社，1985。

58. 李秀清："《中国评论》中的中国法律及其研究价值"。《比较法研究》，2017 年第 2 期，126-138 页。

59. 李约瑟：《中国科学技术史》（第 4 卷第 2 分册）。北京：科学出版社，1975 年。

60. 李志刚：《基督教与近代中国文化论文集》。台北：宇宙光传播中心出版社，民国 82 年（1993）。

61. 李志刚：《基督教早期在华传教史》。台北：台湾商务印书馆，1985 年。

62. 梁家麟：《福临中华——中国近代教会史十讲》。香港：天道书楼，1988 年。

63. 梁启超著：《中国历史研究法 中国历史研究法补编》。北京：中华书局，2014 年。

64. 梁启超：《西学目录表》。收录于中国史学会主编：《中国近代史资料丛刊：戊戌变法（一）》，上海：神州国光社，1953 年。

65. 林学忠：《从万国公法到公法外交：晚清国际法的传入、诠释与应用》。上海：上海古籍出版社，2009 年。

66. 林治平：《科学与救恩——丁韪良在华宣教之研究》。收编于《基督教与中国论集》，台北：宇宙光传播中心出版社，民国 82 年（1993）。

67. 林治平：《基督教与中国近代化论集》，台北：台湾商务印书馆，民国 64 年（1975）。

68. 刘伯骥：《丁韪良遗著选粹》。台北：台湾中华书局，1981 年，146-167 页。

69. 刘禾主编：《世界秩序与文明等级：全球史研究的新路径》。北京：三联书店，2016 年。

70. 刘明翰、郑一齐主编，姜德昌等著：《人类文明发展史》（第 2 卷）。北京：中国青年出版社，2003 年。

71. 刘小枫：《道与言——华夏文化与基督教文化相遇》。北京：三联书店，1995 年。

72. 鲁迅：《看镜有感》。张国功主编：《大家国学》。天津：天津人民出版社，2008 年，22-24 页。

73. 罗冠宗主编：《前事不忘后事之师：帝国主义利用基督教侵略中国史实述评》。北京：宗教文化出版社，2003 年。

74. 罗荣渠：《现代化新论：世界与中国的现代化进程》。北京：北京大学出版社，1993 年。

75. 罗伟虹主编：《中国基督教（新教）史》。上海：上海人民出版社，2016 年。

76. 马深：《英格兰精神与基督教文化：透视中华文明》。北京：知识产权出版社，2013 年。

77. 孟庆波："来华美国人对美国东方学会早期汉学研究的贡献（1842-1930）"。《西部学刊》，2015 年 3 月刊，39-46 页。

78. 欧阳哲生："欧洲与中国文明对话的新开端——以西人在元大都'汗八里'的经验为中心的考察"。北京大学学报（哲学社会科学版），2013 年 9 月第 5 期，141-151 页。

79. 欧志远："传教士与中国近代科学"。《自然辩证法研究》，1987 年第 3 卷，第 5 期。

80. 区逢时：《上海驻德国潘仪甫参使书（并跋)》。《万国公报》第 106 卷，1897 年 11 月。

81. 程鹏："西方国际法首次传人中国问题的探讨"。《北京大学学报》（哲学社会科学版），1989 年第五期，105-113 页。

82. 齐如山：《齐如山回忆录》。沈阳：辽宁教育出版社，2005 年。

83. 齐如山：《齐如山随笔》。台北：中央文物供应社，民国 42 年（1953）。

84. 丘宏达：《中国国际法问题论集：兼论最近国际法问题》。台北：台湾商务印书馆，民国 61 年（1972）。

85. 瞿同祖：《中国法律与中国社会》。北京：商务印书馆，2010 年。

86. 沈承恩：《传教士与第二次鸦片战争和中美〈天津条约〉》。收录于罗冠宗主编：《前事不忘 后事之师：帝国主义利用基督教侵略中国史实述评》。北京：宗教文化出版社，2003 年。

87. 沈承恩：《传教士与鸦片战争》。收录于罗冠宗主编：《前事不忘 后事之师：帝国主义利用基督教侵略中国史实述评》。北京：宗教文化出版社，2003 年。

88. 沈承恩：《传教士与〈望厦条约〉》。收录于罗冠宗主编：《前事不忘 后事之师：帝国主义利用基督教侵略中国史实述评》。北京：宗教文化出版社。2003 年。

89. 沈弘："丁韪良：如何评价他在北大校史中的地位？——与陈平原教授商榷"。乐黛云、李比雄主编：《跨文化对话》第八期，上海文化出版社，2002 年，1-10 页。

90. 舒新城：《近代中国留学史》。上海：中华书局。民国 16 年（1927）。

91. 舒新城编：《近代中国教育史料》。北京：中国人民大学出版社，2012 年。

92. 司德敷编：《中华归主》。台北：商务印书馆，民国 11 年（1922）。

93. 苏精：《清季同文馆》。台北：苏精。中华民国 67 年（1978）。

94. 苏精：《清季同文馆及其师生》。台北：苏精。中华民国 74 年（1985）。

95. 孙邦华："简述丁韪良"。《史林》，1999 年第 4 期，84 页。

96. 孙尚扬、[比利时]钟鸣旦：《一八四○年前的中国基督教》。北京：学苑出版社，2004 年。

97. 孙子和：《清代同文馆之研究》。台北：嘉新水泥公司文化基金会，中华民国 66 年（1977）。

98. 谭树林："晚清在华美国传教士与近代西方国际法的传入——以伯驾为中心的考察"。《南京大学法律评论》，2010 秋季卷，352-366 页。

99. 谭树林："卫三畏与中美文化交流"。《齐鲁学刊》，1998 年第 6 期，114-118 页。

100. 谭树林：《传教士与中西文化交流》。北京：三联书店，2013 年。

101. 陶飞亚："文化侵略"源流考。《文史哲》，2003 年第 5 期，31-39 页。

102. 陶飞亚："中国基督教史研究的新趋向"。《史林》，2013 年第 2 期，105-108 页。

103. 陶飞亚、李强："晚清国家基督教治理中的官教关系"。《中国社会科学》，2016 年第三期。

104. 田涛："丁韪良与《万国公法》"。《社会科学研究》，1999 年第 5 期。

105. 田涛："晚清国际法输入述论"。《天津社会科学》，1999 年第 6 期，99-103 页。

106. 田涛："19 世纪下半期中国知识界的国际法概念"。《近代史研究》，2000

年第 2 期，102-135 页。

107. 田涛：《国际法输入与晚清中国》。济南：济南出版社，2006 年。

108. 王炳照等著：《简明中国教育史》。北京：北京师范大学出版社，1985 年。

109. 万齐洲："京师同文馆与《万国公法》研究述评"。《惠州学院学报》（社会科学版），2010 年第 4 期，38-41 页。

110. 万齐洲："京师同文馆及其译业"。《红河学院学报》，2011 年第 1 期，54-57 页。

111. 万齐洲："《星轺指掌》与近代西方外交关系法及外交术语的输入"。《惠州学院学报》（社会科学版），2011 年第 2 期，74-77 页。

112. 王尔敏：《近代中国与基督教论文集》，台湾宇宙光出版社。1981 年。

113. 王健编：《西法东渐：外国人与中国法的近代变革》。北京：中国政法大学出版社，2001 年。

114. 王健：《沟通两个世界的法律意义》。北京：中国政法大学出版社，2001 年。

115. 王剑："'文明等级'的提升——论丁韪良英译中国神话传说和诗歌"。《中国比较文学》，2017 年第 2 期，71-86 页。

116. 王静：《"觉醒的中国"：传教士眼中的辛亥革命》，华中师范大学博士论文，2012 年。

117. 王立新："晚清政府对基督教和传教士的政策"。《近代史研究》，1996 年 5 月，224-240 页。

118. 王立新：《美国传教士与晚清中国现代化》。天津：天津人民出版社，2008 年。

119. 王玫黎："中国传统文化与近代国际法探析"。《现代法学》，1998 年第 3 期，123-126 页。

120. 王庆成："清代西教在华之环境——康雍乾道咸朝若干稀见文献考释"。《历史研究》，1997 年第 6 期，40-52 页。

121. 王铁崖编：《中外旧约章汇编》。北京：三联书店，1957-1962 年。

122. 王铁崖：《中国与国际法——历史与当代》。收录于《中国国际法年刊》

（1991），北京：中国对外翻译出版公司，1992 年。

123. 王维俭："丁韪良和京师同文馆"。《中山大学学报》，1984 年，102 页。

124. 王维俭："林则徐翻译西方国际法著作考略"。《中山大学学报》，1985 年
第一期，58-67 页。

125. 王维俭："丁韪良在宁波十年宗教活动述评"。《浙江学刊》，1987 年（6），
98-102 页。

126. 王文兵：《丁韪良与中国》。北京：外语教学与研究出版社，2008 年。

127. 王文兵："此《花甲忆记》非彼《花甲忆记》：丁韪良 A Cycle of Cathay
中译本勘误补正"。《近代史研究》，2008 年第四期，150-158 页。

128. 王忠和编著：《紫金城里的洋大臣》。天津：天津人民出版社，2010 年。

129. 王中茂："西方教会内地置产条款作伪考辨"。《世界宗教研究》，2005 年
第 1 期，57-62 页。

130. 汪晖著：《现代中国思想的兴起》，上卷，第二部：帝国与国家。北京：
三联书店，2004 年。

131. 魏源：《海国图志》。长沙：岳麓书社，2011 年。

132. 吴昶兴：《再一解释：中国天主教史研究方法新拓展》。台湾新北：台湾
基督教文艺出版社，2014 年。

133. 吴相湘编著：《晚清宫庭实纪》。台北：正中书局，民国 77 年（1988）。

134. 吴宣易：《京师同文馆略史》。收录于高时良编：《中国近代教育史资料汇
编——洋务运动时期教育》，上海：上海教育出版社，1992 年，150-157
页。

135. 吴义雄：《在宗教与世俗之间——基督教新教传教士在华南沿海的早期活
动研究》。广州：广东教育出版社，2000 年。

136. 吴梓明：《中国基督教史研究的史料与视界——以中国基督教大学史研
究为个案》，收录在张先清主编《史料与视界——中文文献与中国基督教
史研究》。上海：上海人民出版社，2007 年。

137. [清]席裕福、沈师徐辑：《皇朝政典类纂》（第 474 卷）。台北：文海出版
社，1982 年。

138. 夏红卫："跨文化传播视野下的晚清同文馆"。《北京大学学报》（哲学社会科学版），2007 年第 6 期，135-142 页。

139. 肖清和主编：《中国基督教史研究》。上海：上海大学出版社，2013 年。

140. 萧一山编：《清代通史》。上海：华东师范大学出版社，2006 年。

141. [清]夏燮：《中西纪事》。岳麓书社，1988 年。

142. 谢长法，彭泽平主编：《中国教育史》。重庆：西南师范大学出版社，2012 年。

143. 谢扶雅：《基督教纲要》。上海：中华书局，1934 年。

144. 熊月之："晚清西学东渐过程中的价值取向"。《社会科学》，2010 年第 4 期，115-122 页。

145. 熊月之：《西学东渐与晚清社会》。北京：中国人民大学出版社，2011 年。

146. 徐以骅主编：《宗教与美国社会》第一辑。北京：时事出版社，2004 年。

147. 徐宗泽：《中国天主教传教史概论》。上海：圣教杂志社，1938 年。

148. 薛福成：《薛福成选集》。上海：上海人民出版社，1987 年 9 月版。

149. 姚民权、罗伟虹：《中国基督教简史》。北京：宗教文化出版社，2000 年。

150. 杨焯：《丁译〈万国公法〉研究》。北京：法律出版社，2015 年。

151. 杨大春：《晚清政府基督教政策初探》。北京：金城出版社，2004 年。

152. 杨公素：《晚清外交史》。北京：北京大学出版社，1991 年。

153. 杨靖筠：《北京基督教史》。北京：宗教文化出版社，2014 年。

154. 叶自成、庞珣："中国春秋战国时期的外交思想流派及其与西方的比较"。《世界经济与政治》，2001 年第 12 期，24-29 页。

155. 于本源：《清王朝的宗教政策》。北京：中国社会科学出版社，1999 年。

156. 于歌：《美国的本质——基督新教支配的国家和外交》。北京：当代中国出版社，2015 年。

157. [清]曾纪泽：《曾惠敏公手写日记》。台北：台湾学生书局，1965 年。

158. [清]曾纪泽：《出使英法俄国日记》。长沙：岳麓书社出版，1985 年。

159. 张美平：《民国外语教学研究》。杭州：浙江大学出版社，2012 年。

160. 张美平："京师同文馆教学管理系统研究"。《浙江外国语学院学报》，2016年第 1 期，44-51 页。

161. 张卫明："晚清国际法研究回顾与前瞻"。《西华大学学报》（哲学社会科学版），2006 年第四期，92-96 页。

162. 张卫明："近二十年晚清国际法研究的回顾与前瞻"。《法律文献信息与研究》，2007 年第 3 期，13-22 页。

163. 张卫明："借法异域：1874 年台湾漂民案中的国际法话语建构"。《台湾研究集刊》，2014 年第 1 期，31-40 页。

164. 张先清编：《史料与视界——中文文献与中国基督教史研究》。上海：上海人民出版社，2007 年。

165. 张心澂：《春秋国际公法》。北京：永华印刷局，1924 年。

166. 张燕清："丁韪良与《万国公法》——兼论国际法学东渐之肇始"。《徐州师范大学学报》（哲学社会科学版），2003 年第 3 期，67-71 页。

167. 郑小平："西学与中国传统文化及教育观念的冲突——关于京师同文馆的一场辩论"。《吉林省教育学院学报》2018 年第 4 期，7-10 页。

168. [比]钟鸣旦：《文化相遇的方法论：以 17 世纪中欧文化相遇为例》，刘贤译。《清史研究》，2006 年 11 月第 4 期，65-86 页。

169. 卓新平：《神圣与世俗之间》。哈尔滨：黑龙江人民出版社，2004 年。

170. 邹磊："先秦国际法"研究与中国"世界图景"的重建——从丁韪良到陈顾远。《国际观察》，2009 年第 3 期，22-29 页。

171. 邹振环：《影响中国近代社会的一百种译作》。北京：中国对外翻译出版公司，1996 年。

172. 中国第一历史档案馆编：《鸦片战争档案史料》。天津：天津古籍出版社，1992 年。

173. 中国第二历史档案馆和中国社会科学院近代史研究院合编：《中国海关密档：赫德-金登干函电汇编（1874-1907）》。北京：中华书局，1990 年。

174. 中国国际法学会主办：《中国国际法年刊》（2000-2001）。北京：法律出版社，2005 年。

175. 中国史学会主编：《中国近代史资料丛刊：洋务运动（二）》。上海：上海人民出版社，1961 年。

176. 中国史学会翦伯赞等主编：《中国近代史资料丛刊：戊戌变法》。上海：神州国光社，1953 年。

177. 中央研究院近代史研究所编：《教务教案档》第一辑，咸丰十年-同治五年；第二辑，同治六-九年，民国 63（1974）。

178. 左芙蓉：《基督教与近现代北京社会》。成都：巴蜀书社，2009 年。

四、中文译本

1. [美]乔治·奥尔森：《基督教神学思想史》（Roger E. Olson, *The Story of Christian Theology*），吴瑞波译。北京：北京大学出版社，2003 年。

2. [美]泰勒·丹涅特：《美国人在东亚——十九世纪美国对中国、朝鲜和日本政策的批判的研究》（Tyler Dennett, *Americans in Eastern Asia*），姚曾廙译。北京：商务印书馆，1959 年。

3. [英]菲利普·费尔南多-阿梅斯托：《1492: 世界的开端》（Felipe Fernandez-Armesto, 1492: *The Year Our World Began*），赵俊、李明英译。上海：东方出版中心，2013 年。

4. [美]丹尼尔·W·费舍：《狄考文传：一位在中国山东生活了四十五年的传教士》（Daniel W. Fisher, *Calvin Wilson Mateer: Forty-Five Years a Missionary in Shantung, China*），关志远等译。桂林：广西师范大学出版社，2007 年。

5. [美]费正清：新教传教士著作在中国文化史上的地位，吴莉苇译。《国际汉学》2003 年第 2 期，119-131 页。

6. [英]赫德：《局外旁观论》。收录于王健编：《西法东渐：外国人与中国法的近代变革》，北京：中国政法大学出版社，2001 年，3-8 页。

7. [英]赫德：《赫德与中国早期现代化——赫德日记（1863-1866）》，陈绛译，司马富、费正清、布鲁纳编。北京：中国海关出版社，2005 年。

8. [英]赫德：《步入中国清廷仕途：赫德日记 1854-1863》，傅曾仁等译，凯瑟琳·F·布鲁纳、费正清、理查德·J·司马富编。北京：中国海关出版社，2013 年。

9. [美]大卫·霍尔、马修·伯顿：《加尔文与商业》（David W. Hall, Matthew D.Burton, Calvin and commerce），石松译。成都：四川人民出版社，2015年。

10. [美]道格拉斯·F·凯利：《自由的崛起：16-18 世纪加尔文主义和五个政府的形成》，王怡，李玉臻译。南昌：江西人民出版社，2008 年。

11. [美]保罗·科恩：《1900 年以前的基督教传教活动及其影响》。崔瑞德、费正清主编：《剑桥中国晚清史：1800-1911 年》。 北京：中国社会科学出版社，1985 年。上卷，528-574 页。

12. [美]柯文：《在中国发现历史——中国中心观在美国的兴起》，林同奇译。北京：中华书局，1991 年。

13. [美]赖德烈：《基督教在华传教史》（Kenneth Scott Latourette, History of christian missions in China），雷立柏等译。香港：道风书社，2009 年。

14. [美]莱尔：《英国复兴领袖传》（J.C.Ryle, The Christian Leaders of the 18th Century），梁曙东等译。北京：华夏出版社，2007 年。

15. [美]雷孜智：《千禧年的感召：美国第一位来华新教传教士裨治文传》（Michael C. Lazich, The Impulse of the Millennium: E. C. Bridgman （1801-1861）: America's First Missionary to China），尹文娟译。桂林：广西师范大学出版社，2008 年。

16. [意]利玛窦、金尼阁：《利玛窦中国札记》，何高济等译。北京：中华书局，1983 年。

17. [英]李提摩太（Timothy Richard）：《李提摩太在华回忆录》，陈义海译。南京：江苏凤凰文艺出版社，2018 年 1 月第 1 版。

18. [挪威]鲁纳（Rune Svarveru）："万民法在中国 国际法的最初汉译，兼及《海国图志》的编纂"，王笑红译。《中外法学》，2000 年第 3 期，300-310 页。

19. [英]托马斯·马丁·林赛（Lindsay, Thomas Martin）：《宗教改革史》，孔祥民等译。北京：商务印书馆，1992 年。

20. [美]杰西·卢茨（Lutz, Jessie Gregory）：《中国教会大学史——1850-1950》，曾钜生译。杭州：浙江教育出版社，1987 年。

21. [美]马士：《中华帝国对外关系史》（Hosea Ballou Morse, *The International Relations of the Chinese Empire*），张汇文等合译。北京：商务印书馆，1963 年。

22. [美]乔治·马斯登：《认识美国基要派与福音派》（George M. Marsden, *Understanding fundamentalism and evangelicalis*），宋继杰译。北京：中央编译出版社，2004 年。

23. [英] 阿利斯特·麦格拉思（McGrath, Alister E）：《宗教改革运动思潮》（*Reformation Thought*），蔡锦图，陈佐人译。北京：中国社会科学出版社，2009 年。

24. [英]艾伦·麦克法兰：《英国个人主义的起源：家庭、财产权和社会转型》，管可秾译。北京：商务印书馆，2008 年。

25. [英]伊恩·默里：《真正的复兴》（Iain H. Murray, *Revival & revivalism*），张宇栋译。北京：团结出版社，2012 年。

26. [美]罗伯特·金·默顿：《十七世纪英格兰的科学、技术与社会》，范岱年，吴忠，蒋效东译。北京：商务印书馆，2009 年。

27. [美]倪维思：《中国和中国人》（John Livingstone Nevius, *China and the Chinese*），崔丽芳译。北京：中华书局，2011 年。

28. [美]约瑟夫·塞比斯（Sebes, S. J.）：《耶稣会士徐日升关于中俄尼布楚谈判的日记》，王立人译。北京：商务印书出版社，1973 年。

29. [美]芮玛丽：《同治中兴：中国保守主义的最后抵抗 1862-1874》（Mary Clalaugh Wright, *The Last Stand of Chinese Conservatism: The Tung-Chin Restoration, 1862-1874*），房德邻等译。北京：中国社会科学出版社，2002 年。

30. [美]史景迁：《改变中国：在中国的西方顾问》（Jonathan D. Spence, *To change China: Western Advisers in China, 1620-1960*），温洽溢译。桂林：广西师范大学出版社，2014 年。

31. [法]史式徽：《江南传教史》（J.de.la.Serviere: *Historire de la Mission du Kiang-nan*）天主教上海教区史料译写组译。上海：上海译文出版社，1983 年。

32. [美]阿尔文·施密特：《基督教对文明的影响》（Alvin J. Schmidt, *Under the influence*），汪晓丹，赵巍译。北京：北京大学出版社。2013 年。

33. [美]斯塔夫里阿诺斯:《全球通史——1500 年以后的世界》(L.S. Stavrianos, *A Global History*),吴象婴,梁赤民译。上海:上海社会科学院出版社,1992 年。

34. [英]J.G.斯塔克:《国际法导论》(1977 年第八版),赵维田译。石家庄:法律出版社,1984 年。

35. [英]斯汤顿 (George Staunton):《英使谒见乾隆纪实》,叶笃义译。上海:上海书店出版社,2005 年。

36. [英]苏慧廉:《李提摩太在中国》(William Edward Soothill, *Timothy Richard of China*)。桂林:广西师范大学出版社,2007 年。

37. [英]格拉汉姆·汤姆凌:《真理的教师:马丁·路德和他的世界》(Graham Tomlin, *Luther and His World*),张之璐译。北京:北京大学出版社,2004 年。

38. [英]罗夫·华德罗·汤普森:《杨格非:晚清五十年》,赵欣、刘斌斌译。天津:天津人民出版社,2012 年。

39. [美]蒂莫西·乔治:《改教家的神学思想》(Timothy George, *Theology of the reformers*),王丽译。北京:中国社会科学出版社,2009 年。

40. [德]马克斯·韦伯:《新教伦理与资本主义精神》(Max Weber, *The Protestant Ethic and the Spirit of Capitalism*),彭强、黄晓京译。西安:陕西师范大学出版社,2002 年。

41. [美]卫斐列:《卫三畏生平及书信:一位美国来华传教士的心路历程》,顾钧、江莉译。桂林:广西师范大学出版社,2004 年。

42. [法]卫青心:《法国对华传教政策:清末五口通商和传教自由 1842-1856》(上、下册),黄庆华译。北京:中国社会科学出版社,1991 年。

43. [英]伟烈亚力:《1867 年以前来华基督教传教士列传及著作目录》(Alexander Wylie, *Memorials of Protestant Missionaries to the Chinese: Giving a List of their Publications and Obituary Notices of the Deceased*),倪文君译。桂林:广西师范大学出版社,2011 年。

44. [法]谢和耐:《中国与基督教——中西文化的首次撞击》(Jacques Gernet, *Chinese ET Christianisme*),耿昇译。北京:商务印书馆,2013 年。

45. [英]菲利浦·约瑟夫:《列强对华外交 1894-1900 对华政治经济关系的研究》,胡滨译。北京:商务印书馆,1959 年。

五、博、硕士论文

1. 部文倩:《传教士影响下的晚清法研究》,上海师范大学硕士论文,2016 年。

2. 崔华杰:《传教士与中国历史研究:以〈教务杂志〉(the Chinese Recorder)为中心的量化考察》,上海大学博士论文,2011 年。

3. 邓金叶:《丁韪良〈认字新法识字双千〉研究》,重庆师范大学硕士论文,2016 年。

4. 洪燕:《同治年间万国公法在中国的传播和应用》,华东师范大学硕士论文,2006 年。

5. 黄秋硕:《试论汉学家丁韪良对中国文化的释读》,福建师范大学硕士论文,2012 年。

6. 刘万伟:《从严禁到宽容:清政府基督宗教政策的演变(1840-1874)》,宁波大学硕士论文,2013 年。

7. 王静:《"觉醒的中国":传教士眼中的辛亥革命》,华中师范大学博士论文,2012 年。

8. 王剑:《晚清文化背景下的丁韪良翻译活动研究》,北京大学博士论文,2014 年。

9. 肖清和:《"天会"与"吾党":明末清初天主教徒群体之形成与交往研究》,北京大学博士论文,2009 年。

10. 赵海亮:《京师同文馆与中国近代化》,山西大学硕士论文,2001 年。

11. 张素芳:《晚清时期中国对万国公法的理解及其运用》,河北师范大学硕士论文,2012 年。

12. 张卫明:《晚清中国对国际法的运用》,复旦大学博士毕业论文,2011 年。

13. 张晓宇:《从国际法视野看同治年间教案(1861-1870)》,福建师范大学硕士论文,2012 年。

六、电子文献

1. "社科院研讨会肯定传教士殉道精神"：Vatican Insider, 2017-11-13：http://vaticaninsider.lastampa.it/vatican-insider-cinese/articolo/articolo/45778/。

2. 陶飞亚：《教务杂志》研究，基督教与中国研究中心，http://christianityandchina.com/?page_id=1065

3. 台湾文献丛刊：http://www.guoxuedashi.com/a21332/

4. 约拿单："信徒皆祭司"是什么意思？http://blog.sina.com.cn/s/blog_507c06900102e7w6.html

5. 中国第一历史档案馆：《清实录》。北京大学图书馆：北京书同文古籍数据库。

6. 中国第一历史档案馆：《钦定大清会典》。北京大学图书馆：北京书同文古籍数据库。

七、西文研究文献

1. Biggerstaff, Knight. 1961. *The earliest modern government schools in China.* Ithaca, New York: Cornell University Press.

2. Brown, Arthur Judson. 1917. *Rev. W. A. P. Martin, D. D., of China.* The Missionary review of the world, Vol.40, p. 195-202.

3. Brown, Arthur Judson. 1904. *New Forces in China: an unwelcome but inevitable awakening*, New York, Chicago, Toronto: Fleming H. Revell Company, Second Edition,

4. Bridgman, Elijah Coleman. *The Chinese repository* （《中国丛报》）
   ◌ *Present Conditions of the Chinese Empire.* Vol.12, January 1843, No.1, p.1-7.
   ◌ *Intellectual Character of the Chinese.* Vol.5, 1835, p. 3.
   ◌ *Negotiation with China.* Vol. III, No.9, January 1835, p. 425-428.
   ◌ *Promulgation of Gospel in China*, Vol. III, No.9, January 1835, p. 428-438.

5. Bridgman, Eliza J. Gillett ed. 1864. *The Pioneer of American Missions in China: the Life and Labor of Elijah Coleman Bridgman*, New York: Anson D.F.Randolph.

6. Burns, Norma Jean. 1954. *W.A.P. Martin and the Westernization of China.* Indiana University, p.67.

7. Cohen, Paul A. 2010. *Discovering History in China: American Hisrorical Writing on the Recent China Past.* New York: Columbia University Press.

8. Covell, Ralph. 1978. *W.A.P. MARTIN: Pioneer of Progress in China.* Washington, D.C.: Christian University Press.

9. Covell, Ralph. 1993. *God's Footprints in China: W. A. P .Martin and Interfaith Dialogue.* American Presbyterians, Vol. 71, No. 4. pp. 233-242.

10. Covell, Ralph. 1993. *The Legacy of W.A.P. Martin,* International Bulletin of Missionary Research, January. p. 28-31.

11. Covell, Ralph. 1974. *The Life and Thought of W. A. P. Martin：Agent and Interpreter of Sino-American Contact in the Nineteenth and Early Twentieth Century.* The University of Denver.

12. Denneff, Tyler. 1922. *Americans in Eastern Asia.* New York: The Macmillan and Company.

13. Duus, Peter. 1966. *Science and Salvation in China：The life and work of W.A.P. Martin, 1827-1916.* Liu, Kwang-Ching ed. *American missionaries in China: papers from Harvard seminars,* East Asian Research Center, Harvard University, distributed by Harvard University Press, p. 11-14.

14. D. MacGillivray. 1907. *A century of Protestant missions in China （1807-1907）.* Shanghai: The American Presbyterian Mission Press.

15. Fairbank, John King. 1982. *Chinabound--Fifty Year Memoir,* New York: Harper & Row Publishers.

16. Fairbank, John King and Liu, K-C eds. 1978. *The Cambridge History of China, v.10, Late Ch'ing, 1800-1911,* Part I. London: Cambridge University Press.

17. Foster, John W. 1917. *An Appreciation of Dr. W.A.P. Martin,* Indiana University Alumni Quarterly, Vol. IV. C. E. Pauley & Co., Indianapolis.

18. Gulick, Edward V. 1973. *Peter Parker and the Opening of China,* Harvard University Press.

19. Harrison, Brian. 1979. *Waiting for China: the Anglo-Chinese College of Malacca* 1818-1843, *and 19th century Mission*, Hong Kong: Hong Kong University Press.

20. Hsü, Immanuel Chung-yueh. 1960. *China's Entrance into the Family of Nations: The Diplomatic Phase 1858-1880*. Cambridge Massachusettes: Harvard University Press.

21. Kennedy, D. James and Newcombe, Jerrty. 1994. *What if Jesus Had Never Been Born?* Nashville: Thomas Nelson.

22. Latoutette, Kenneth Scott. 1916. *Function of the Missionary in the Writing of Chinese History*, The Chinese Recorder, Vol. XLVII, p.822-824.

23. Latoutette, Kenneth Scott. 1929. *A History of Christian missions in China*. New York: The MacMillan Company.

24. Lindsay, Thomas Martin. 1906. *A History of The Reformation*，New York, Charles Scribner's Sons,

25. Liu, Kwang-Ching. 1966. *American Missionaries in China: Papers from Harvard Seminars*. Cambridge Mass: East Asian Research Center of Harvard University, Harvard University Press.

26. Liu, Kwang-Ching*: 1960. Early Christian Colleges in China.* The Journal of Asian Studies*, Nov.1, Vol. 20.

27. Marsden, George M. 1991. *Understanding Fundamentalism and Evangelicalism.* Grand Rapids, Michigan: William B. Eerdmans Publishing Company.

28. MacGillivray, D. 1907. *A Century of Protestant missions in China* （1807-1907）, Shanghai: The American Presbyterian Mission Press.

29. Nevius, Helen S. C. 1895. *The Life of John Livingston Nevius, for Forty Years a Missionary in China*. Introduction by W.A.P. Martin. New York: Fleming H. Revell.

30. Nussbaum, Arthur. 1954, *A Concise History of the Law of Nations*. New York: the Macmillan Company.

31. Porter, Albert. 1907. *An American Mandarin*, August 24, The Outlook, v.86.

32. *Remarks Concerning the Conversion of the Chinese*, The Chinese Repository, Vol. II, No.12, 1834. p. 567.

33. Stevens, George B. 1896. *The Life, Letters and Journals of Peter Parker, M.D.* Boston and Chicago: Congregational Sunday-School and Publishing Society.

34. Standaert, Nicolas. 2015. *Don't Mind the Gap: Sinology as an Art of In-Betweenness*. Philosophy Compass, Volume 10, Issue 2, Pp. 91-103.

35. Standaert, Nicolas. 2002. *Methodology in View of Contact between Cultures: the China Case in the 17th Century*. Hong Kong: Centre for the Study of Religion and Chinese Society, Chung Chi College, the Chinese University of Hong Kong. 2002.

36. Dr. & Mrs. Taylor, Howard. 1912. *Hudson Taylor in early years*. New York: Hodear and Stoughton; George H. Doran Co.

37. Teng Ssu-yü, John King Fairbank. 1954. *China's Response to the West: A Documentary Survey 1839-1923*. Cambridge: Harvard University Press.

38. Weber, Max. 1968. *The Religion of China : Confucianism and Taoism*. Translated and edited by Hans H. Gerth.（Glencoe, Ill）. Free Press Paperback.

39. Williams, Frederick Wells. 1889. *The Life and Letters of Samuel Wells Williams,* New York and London: G.P. Putnam's sons.

40. *The Chinese Recorder*（《教务杂志》）

    ○ *"New China and Its Leader"*. Vol. XXIX, No.9, September 1898, p. 417.

    ○ *"Notes and Items"*. Vol. XXVIII, No.3, March 1897, p.130.

    ○ *"The Life and Work of the Late Dr. W.A.P. Martin"*. Vol. XLVIII, Feb. 1917, p. 116-123.

    ○ *"The Toleration Clauses in the Treaties"*. Vol.X, 1879, p. 223-228.

《基督教文化研究丛书》

主编：何光沪、高师宁

（1-8编书目）

初　编 （2015 年 3 月出版）

ISBN：978-986-404-209-8　　　　定价（台币）$28,000 元

册　次	作　者	书　名	学科别（／表示跨学科）
第 1 册	刘　平	灵殇：基督教与中国现代性危机	社会学／神学
第 2 册	刘　平	道在瓦器：裸露的公共广场上的呼告——书评自选集	综合
第 3 册	吕绍勋	查尔斯·泰勒与世俗化理论	历史／宗教学
第 4 册	陈　果	黑格尔"辩证法"的真正起点和秘密——青年时期黑格尔哲学思想的发展（1785 年至 1800 年）	哲学
第 5 册	冷　欣	启示与历史——潘能伯格系统神学的哲理根基	哲学／神学
第 6 册	徐　凯	信仰下的生活与认知——伊洛地区农村基督教信徒的文化社会心理研究（上）	社会学
第 7 册	徐　凯	信仰下的生活与认知——伊洛地区农村基督教信徒的文化社会心理研究（下）	
第 8 册	孙晨荟	谷中百合——傈僳族与大花苗基督教音乐文化研究（上）	基督教音乐
第 9 册	孙晨荟	谷中百合——傈僳族与大花苗基督教音乐文化研究（下）	

册次	作者	书名	学科别
第 10 册	王 媛	附魔、驱魔与皈信——乡村天主教与民间信仰关系研究	社会学
	蔡圣晗	神谕的再造，一个城市天主教群体中的个体信仰和实践	社会学
	孙晓舒 王修晓	基督徒的内群分化：分类主客体的互动	社会学
第 11 册	秦和平	20 世纪 50－90 年代川滇黔民族地区基督教调适与发展研究（上）	历史
第 12 册	秦和平	20 世纪 50－90 年代川滇黔民族地区基督教调适与发展研究（下）	
第 13 册	侯朝阳	论陀思妥耶夫斯基小说的罪与救赎思想	基督教文学
第 14 册	余 亮	《传道书》的时间观研究	圣经研究
第 15 册	汪正飞	圣约传统与美国宪政的宗教起源	历史／法学

二 编 　（2016 年 3 月出版）

ISBN：978-986-404-521-1　　　　　　　定价（台币）$20,000 元

册　次	作　者	书　名	学科别（／表示跨学科）
第 1 册	方 耀	灵魂与自然——汤玛斯·阿奎那自然法思想新探	神学／法学
第 2 册	劉光顺	趋向至善——汤玛斯·阿奎那的伦理思想初探	神学／伦理学
第 3 册	潘明德	索洛维约夫宗教哲学思想研究	宗教哲学
第 4 册	孙 毅	转向：走在成圣的路上——加尔文《基督教要义》解读	神学
第 5 册	柏斯丁	追随论证：有神信念的知识辩护	宗教哲学
第 6 册	李向平	宗教交往与公共秩序——中国当代耶佛交往关系的社会学研究	社会学
第 7 册	張文舉	基督教文化论略	综合
第 8 册	趙文娟	侯活士品格伦理与赵紫宸人格伦理的批判性比较	神学伦理学
第 9 册	孙晨薈	雪域圣咏——滇藏川交界地区天主教仪式与音乐研究（增订版）（上）	基督教音乐
第 10 册	孙晨薈	雪域圣咏——滇藏川交界地区天主教仪式与音乐研究（增订版）（下）	
第 11 册	張 欣	天地之间—出戏——20 世纪英国天主教小说	基督教文学

三　编 （2017 年 9 月出版）

ISBN：978-986-485-132-4　　　　　　　　定价（台币）$11,000 元

册　次	作　者	书　名	学科别（／表示跨学科）
第 1 册	赵　琦	回归本真的交往方式——托马斯·阿奎那论友谊	神学／哲学
第 2 册	周兰兰	论维护人性尊严——教宗若望保禄二世的神学人类学研究	神学人类学
第 3 册	熊径知	黑格尔神学思想研究	神学／哲学
第 4 册	邢　梅	《圣经》官话和合本句法研究	圣经研究
第 5 册	肖　超	早期基督教史学探析（西元 1~4 世纪初期）	史学史
第 6 册	段知壮	宗教自由的界定性研究	宗教学／法学

四　编 （2018 年 9 月出版）

ISBN：978-986-485-490-5　　　　　　　　定价（台币）$18,000 元

册　次	作　者	书　名	学科别（／表示跨学科）
第 1 册	陈卫真 高　山	基督、圣灵、人——加尔文神学中的思辨与修辞	神学
第 2 册	林庆华	当代西方天主教相称主义伦理学研究	神学／伦理学
第 3 册	田燕妮	同为异国传教人：近代在华新教传教士与天主教传教士关系研究（1807~1941）	历史
第 4 册	张德明	基督教与华北社会研究（1927~1937）（上）	社会学
第 5 册	张德明	基督教与华北社会研究（1927~1937）（下）	
第 6 册	孙晨荟	天音北韵——华北地区天主教音乐研究（上）	基督教音乐
第 7 册	孙晨荟	天音北韵——华北地区天主教音乐研究（下）	
第 8 册	董丽慧	西洋图像的中式转译：十六十七世纪中国基督教图像研究	基督教艺术
第 9 册	张　欣	耶稣作为明镜——20 世纪欧美耶稣小说	基督教文学

五 编 （2019 年 9 月出版）

ISBN：978-986-485-809-5　　　　　　定价（台币）$20,000 元

册　次	作　者	书　名	学科别（／表示跨学科）
第 1 册	王玉鹏	纽曼的启示理解（上）	神学
第 2 册	王玉鹏	纽曼的启示理解（下）	
第 3 册	原海成	历史、理性与信仰——克尔凯郭尔的绝对悖论思想研究	哲学
第 4 册	郭世聪	儒耶价值教育比较研究——以香港为语境	宗教比较
第 5 册	刘念业	近代在华新教传教士早期的圣经汉译活动研究（1807～1862）	历史
第 6 册	鲁静如 王宜强 编著	溺女、育婴与晚清教案研究资料汇编（上）	资料汇编
第 7 册	鲁静如 王宜强 编著	溺女、育婴与晚清教案研究资料汇编（下）	
第 8 册	翟风俭	中国基督宗教音乐史（1949 年前）（上）	基督教音乐
第 9 册	翟风俭	中国基督宗教音乐史（1949 年前）（下）	

六 编 （2020 年 3 月出版）

ISBN：978-986-518-085-0　　　　　　定价（台币）$20,000 元

册　次	作　者	书　名	学科别（／表示跨学科）
第 1 册	陈倩	《大乘起信论》与佛耶对话	哲学
第 2 册	陈丰盛	近代温州基督教史（上）	历史
第 3 册	陈丰盛	近代温州基督教史（下）	
第 4 册	赵罗英	创造共同的善：中国城市宗教团体的社会资本研究——以 B 市 J 教会为例	人类学
第 5 册	梁振华	灵验与拯救：乡村基督徒的信仰与生活（上）	人类学
第 6 册	梁振华	灵验与拯救：乡村基督徒的信仰与生活（下）	
第 7 册	唐代虎	四川基督教社会服务研究（1877～1949）	人类学
第 8 册	薛媛元	上帝与缪斯的共舞——中国新诗中的基督性（1917～1949）	基督教文学

七 编 （2021 年 3 月出版）

ISBN：978-986-518-381-3　　　　　　　定价（台币）$22,000 元

册 次	作 者	书 名	学科别（／表示跨学科）
第 1 册	刘锦玲	爱德华兹的基督教德性观研究	基督教伦理学
第 2 册	黄冠乔	保尔. 克洛岱尔天主教戏剧中的佛教影响研究	宗教比较
第 3 册	宾静	清代禁教时期华籍天主教徒的传教活动（1721～1846）（上）	基督教历史
第 4 册	宾静	清代禁教时期华籍天主教徒的传教活动（1721～1846）（下）	
第 5 册	赵建玲	基督教"山东复兴"运动研究（1927～1937）（上）	基督教历史
第 6 册	赵建玲	基督教"山东复兴"运动研究（1927～1937）（下）	
第 7 册	周浪	由俗入圣：教会权力实践视角下乡村基督徒的宗教虔诚及成长	基督教社会学
第 8 册	查常平	人文学的文化逻辑——形上、艺术、宗教、美学之比较（修订本）（上）	基督教艺术
第 9 册	查常平	人文学的文化逻辑——形上、艺术、宗教、美学之比较（修订本）（下）	

八 编 （2022 年 3 月出版）

ISBN：978-986-404-209-8　　　　　　　定价（台币）$45,000 元

册 次	作 者	书 名	学科别（／表示跨学科）
第 1 册	查常平	历史与逻辑：逻辑历史学引论（修订本）（上）	历史学
第 2 册	查常平	历史与逻辑：逻辑历史学引论（修订本）（下）	
第 3 册	王澤偉	17～18 世紀初在華耶穌會士的漢字收編：以馬若瑟《六書實義》為例（上）	语言学
第 4 册	王澤偉	17～18 世紀初在華耶穌會士的漢字收編：以馬若瑟《六書實義》為例（下）	
第 5 册	刘海玲	沙勿略：天主教东传与东西方文化交流	历史

第 6 册	郑媛元	冠西东来——咸同之际丁韪良在华活动研究	历史
第 7 册	刘影	基督教慈善与资源动员——以一个城市教会为中心的考察	社会学
第 8 册	陈静	改变与认同: 瑞华浸信会与山东地方社会	社会学
第 9 册	孙晨荟	众灵的雅歌——基督宗教音乐研究文集	基督教音乐
第 10 册	曲艺	默默存想，与神同游——基督教艺术研究论文集（上）	基督教艺术
第 11 册	曲艺	默默存想，与神同游——基督教艺术研究论文集（下）	
第 12 册	利瑪竇著、梅謙立漢注孫旭義、奧覓德、格萊博基譯	《天主實義》漢意英三語對觀（上）	经典译注
第 13 册	利瑪竇著、梅謙立漢注孫旭義、奧覓德、格萊博基譯	《天主實義》漢意英三語對觀（中）	
第 14 册	利瑪竇著、梅謙立漢注孫旭義、奧覓德、格萊博基譯	《天主實義》漢意英三語對觀（下）	
第 15 册	刘平	明清民初基督教高等教育空间叙事研究——中国教会大学遗存考（第一卷）（上）	资料汇编
第 16 册	刘平	明清民初基督教高等教育空间叙事研究——中国教会大学遗存考（第一卷）（下）